Karla Höcker
Johannes Brahms

Karla Höcker

Johannes Brahms

Begegnung mit dem Menschen

Mit zahlreichen
Abbildungen

Deutscher Taschenbuch Verlag

Von Karla Höcker sind außerdem bei dtv junior lieferbar:
Das Leben des Wolfgang Amadé Mozart, Band 7974
Franz Schubert in seiner Welt, Band 7946
Clara Schumann, Band 7975

Ungekürzte Ausgabe
April 1986
Deutscher Taschenbuch Verlag GmbH & Co. KG, München
© 1983 Erika Klopp Verlag GmbH, Berlin
ISBN 3-7817-0764-4
Umschlaggestaltung: Irmgard Voigt unter Verwendung eines Fotos
aus dem Archiv für Kunst und Geschichte, Berlin
Druck und Bindung: Kösel, Kempten
Printed in Germany · ISBN 3-423-79006-7

Für Roswitha und Friedrich Zehm

Dietrich Fischer-Dieskau zu diesem Buch:

Er fand schon früh zu seiner eigensten musikalischen Sprache, ließ aber nie in der Bemühung nach, sich zu vervollkommnen. Sein Wesen spiegelt sich in seiner Musik: Neben der Neigung, sich spröde und herb zu geben, steht immer wieder ungezwungener Ausdruck seines Selbst, süße Melancholie, Zartheit und auch jungenhafter Humor. Er suchte nicht das Neue um seiner selbst willen und wirkte doch als Erneuerer der Tradition. Den Strömungen der Zeit gegenüber hatte er offene und keineswegs feindliche Ohren. Widerwillig sah er sich zur Galionsfigur gegen die Neudeutschen gemacht, nur weil er einmal leichtsinnig seine Unterschrift nicht versagt hatte. Spuren der Musik seiner „Rivalen" sind durchaus auch in der seinen zu finden. In seinem Werk fand die Musik eine neue Autonomie. Wo sie sich mit dem Wort in Vokalwerken zusammenfand, gab sie ihr Eigenleben und ihre thematische Dichte nicht auf. Und nähere sich der Wohlklang seiner Musik einmal der Grenze zum Sentimentalen, so überschritt er sie doch nie. Wie nur selten stimmten Menschsein und Künstlertum bei ihm zusammen. Von Johannes Brahms ist die Rede.

I | 1833–1876

1 | Er war kein Wunderkind

Eines ist anders gewesen in Johannes Brahms' Kindheit als bei Mozart, Beethoven oder Schubert. Er wuchs in vollständiger Anonymität auf. Niemand erwartete oder verlangte Besonderes von ihm; er stand unter keinem Zwang, mußte nichts „abliefern" wie Mozart, erhielt keine frühzeitige Fachausbildung wie die Sängerknaben Joseph Haydn und Franz Schubert oder, in aristokratischer Form, Felix Mendelssohn. Den musikalischen Stoff, der ihm geboten wurde, als er mit sieben Jahren zum ersten Lehrer kam, nahm er als etwas Selbstverständliches an, etwas, das er unbewußt längst in sich trug. (So hat er in frühen Jahren ein Notensystem zu entwickeln versucht, ohne zu ahnen, daß es schon eines gab.)

Sonst erfahren wir keine Geschichtchen vom kleinen Hannes, keine Aussprüche, wie sie namentlich von den Kindern Mozart und Schubert so zahlreich überliefert wurden. Es ist bezeichnend für die Umgebung, in der er heranwuchs: Johann Jakob Brahms, sein Vater, war Musik-Handwerker, nicht Künstler.

Die Brahms stammten aus Niedersachsen, Ostfriesland, Holstein. Es gab einen Deichbaumeister unter ihnen; der Urgroßvater von Johannes ist Tischler und Stellmacher gewesen, der Großvater Gastwirt und Krämer in Heide. Dessen ältester Sohn Peter Hinrich wurde ebenfalls Handelsmann und sollte Wirtschaft und Kramladen des Vaters später übernehmen. Musiker hatte es unter den Vorfahren nie gegeben. Aber Johann Jakob Brahms, 1806 in Heide geboren und Bruder des um 14 Jahre älteren Peter Hinrich, hatte seltsamerweise von früh an nur Interesse an Musik. Er sträubte sich heftig dagegen, einen bürgerlichen Beruf zu ergreifen, schwänzte oft die Schule, um bei einem Mitglied der nächstgelegenen Stadtpfeiferei Unterricht zu nehmen, und wirkte gelegentlich auch schon in einer Kapelle mit. Als der Vater es bemerkte, gab er nach. Er brachte den Jungen erst in die Heider, dann zur Wesselburener Stadtpfeiferei; der Sohn lernte auf diese Weise, insgesamt fünf

Stammhaus der Familie Brahms in Heide

Jahre lang, das Handwerk des Musikers, wie man es in einer Stadtpfeiferei damals verstand. Was aber war das eigentlich, eine Stadtpfeiferei?

Im Grunde ein ehrwürdiges Relikt aus dem Mittelalter. In Kleinstädten und ländlichen Gegenden wurde es zu Beginn des 19. Jahrhunderts noch als amtliche Ausbildungsstätte anerkannt. Der leitende Stadtmusikus hatte die Funktion eines Meisters; seine Schüler waren Lehrlinge, wie die der Tischler- oder Maurerzunft, sie wohnten bei ihm, mußten in Haus und Hof helfen und wurden für ein geringes Lehrgeld auf ihre zukünftige Praxis vorbereitet; das heißt, sie lernten vor allem die gängigen Instrumente handhaben. Sobald sie einigermaßen spielfähig waren, mußten sie bei musikalischen Lustbarkeiten mitwirken, die der Stadtmusikus in seinem Bezirk ausrichtete und für die er die Honorare einstrich. In den letzten drei Jahren bei Theodor Müller in Wesselburen wurde Johann Jakob tüchtig in die Lehre genommen und vervollkommnete sich im Spielen von Violine, Bratsche, Cello, Flöte und Horn.

Sein Meister bestätigte ihm im Dezember 1825, daß er während der Lehrzeit „treu, wissensbegierig, fleißig und gehorsam" gewesen sei und sprach ihn „frei und los".

Der Stand des Musikanten, der bei festlichen Gelegenheiten aufspielte (also Unterhaltungsmusik machte), war damals nicht sonderlich geachtet. Glänzende Aussichten für die Zukunft bestanden nicht, und keinesfalls in Heide. Aber in Hamburg, der großen, wohlhabenden, weltoffenen Stadt, müßte es doch Möglichkeiten geben, meinte der Neunzehnjährige, und er machte sich mit wenig Geld und viel Hoffnung auf den Weg. Der schöne Lehrbrief nützte ihm jedoch gar nichts; wahrscheinlich waren seine instrumentalen Leistungen bescheiden, die Ansprüche hier jedoch größer als in Heide.

Der hübsche, fröhliche Johann Jakob mußte zunächst als Straßenmusikant und abends in Tanzkapellen auf dem „Hamburger Berg", dem späteren St. Pauli, sein Brot verdienen. In Schlafstellen der Vorstadt fand er billige Unterkunft; es war ein recht kümmerliches Leben, das er führte. Bezeichnend für seine Strebsamkeit ist, daß er nach einiger Zeit noch ein weiteres Instrument zu erlernen begann. Er hatte bemerkt, daß Mangel an guten Kontrabaß-Spielern bestand; dieses Instrument wurde in jeder, auch der kleinsten, Kapelle gebraucht. Es erforderte keine virtuose Technik, aber rhythmische Zuverlässigkeit und die Beherrschung auch höherer Lagen, weil der Kontrabaß-Spieler zuweilen Cellostimmen übernehmen mußte. Dadurch gelang Johann Jakob der allmähliche Aufstieg ins Sextett des vornehmen Alsterpavillons.

Mit 24 Jahren konnte er sich zum erstenmal ein gutes Zimmer bei den Schwestern Nissen in der Ulrikusstraße leisten; Johanna Henrika Christiane Nissen unterhielt außerdem mit ihrer verheirateten Schwester, Christina Friederika Detmering, einen Kurzwarenladen. Der junge Musikant sah sich freundlich aufgenommen in dieser Familie und erklärte bereits nach einer Woche, er wolle Christiane heiraten. Das war überraschend, nicht nur des schnellen Entschlusses wegen. Christiane war kränklich und keineswegs besonders hübsch. Sie hinkte auch etwas; ihre einzige Schönheit soll in ihren sanften blauen Augen gelegen haben. Vor allem aber: Sie war 17 Jahre älter als ihr jugendlicher Bewerber!

Der Instinkt, dem Johann Jakob von klein auf gefolgt war, bewährte sich zunächst auch bei der Wahl der Eheliebsten. Christiane kam aus einer Familie, unter deren Vorfahren es Lehrer, Pastoren und Ratsherren gegeben hatte; ihr früh verstorbener Vater war Schneidermeister gewesen. Von ihm mag sie den ausgeprägten Schönheitssinn geerbt haben. Schon als Dreizehnjährige hatte sie Geld als Näherin verdienen müssen, war dann Kleinmädchen bei „honetten Herrschaften" gewesen und konnte sich ihr Leben lang an Bildern, Gedichten, schönen Zimmerpflanzen und Eindrücken in der Natur von Herzen freuen. Geburtstage und andere wichtige Ereignisse in der Familie wußte sie mit geringen Mitteln festlich zu gestalten. In ihren Briefen an Johannes, von denen 120 erhalten blieben, spricht sich das Zartfühlende, Rechtliche und Liebevolle ihres Wesens deutlich aus. Ihre schriftliche Ausdrucksfähigkeit war der ihres Mannes weit überlegen.

Noch lange Zeit blieb die finanzielle Lage von Johann Jakob sehr unsicher. Das wirkte sich im häufigen Wohnungswechsel der Familie, ihren zumeist recht bescheidenen Quartieren aus. Im Laufe der Jahre wuchsen drei Kinder auf; die Älteste war Elise, 1831 geboren, Johannes kam am 7. Mai 1833 auf die Welt, der Bruder Fritz folgte 1835.

Johannes wurde im sogenannten Gängeviertel, in „Schlüters Hof", geboren. Die damals vierköpfige Familie bewohnte hier Küche, Stube und einen winzigen Alkoven; alles in dieser Umgebung war eng, geräuschvoll und armselig. Heute würde man sagen: Es waren die Slums der Hafenstadt. Der kleine Johannes ist von früh an dem Laster, der Kriminalität, der Trunksucht und ihren Folgen begegnet. Manche Seltsamkeiten seines Wesens, auch seine Schwierigkeiten im Umgang mit Mädchen und Frauen des gehobenen Bürgertums, mögen in diesem schonungslosen Anschauungsunterricht der frühen Jahre ihren Ursprung gehabt haben.

Die Mutter hat trotz der Düsternis dieser Umgebung ihren Kindern ein wirkliches Heim bereiten können. Sie, wie übrigens auch der Vater, bemühte sich, ihnen eine solide Schulbildung zu verschaffen, vor allem den Söhnen. Elise litt von klein auf an heftigen Kopfschmerzen, offenbar an Migräne, und konnte deshalb nicht regelmäßig lernen. Sie besaß aber Elementarkenntnisse und schrieb später recht anschauliche Briefe an Johannes, fertigte auch hübsche Handarbeiten an und kümmerte sich um die Zimmerpflanzen, die in Christianes Wohnung nie fehlen durften.

Hannes, wie der Junge damals genannt wurde, ist zuerst in die Bürgerschule von Heinrich Friedrich Voß gegangen, vom elften Lebensjahr an in die private Realschule des Johann Friedrich Hoffmann; Fritz durchlief später die gleiche Ausbildung. Staatliche Volksschulen wurden in Hamburg erst 1870 eingerichtet. Hoffmann, ein temperamentvoller, sehr interessierter Pädagoge, hatte sein Wissen großenteils autodidaktisch erworben; Mathematik und Naturwissenschaften waren seine Lieblingsfächer. Von 1848 bis zu seinem Tode war er Sekretär der Pestalozzi-Stiftung, später Mitglied der Oberschulbehörde. Er schaffte für seine Schüler wichtige, damals noch keineswegs übliche Lehrmittel an: Karten, Globen, eine reiche wissenschaftliche Bibliothek und für den Turnunterricht sogar Klettergerüste.

Den Schulabschluß erlebte Johannes 1847, also vierzehnjährig, in Form einer feierlichen Entlassung durch Herrn Hoffmann; auch ein kleines Geschenk erhiel er zum Abschied. Als 1878 dessen 50jähriges Jubiläum als Schulvorsteher begangen wurde, hat Brahms ihm „in dankbarster Erinnerung" seine Photographie gesandt. Das wäre wohl kaum geschehen, wenn die Schulzeit nicht zu den positiven Eindrücken jener frühen Jahre gehört hätte.

Pfarrer Johannes Geffcken, bei dem Hannes eingesegnet wurde, war ein Mann von liberaler Gesinnung und vielseitiger Bildung. Er hatte an dem 1843 neu eingeführten Hamburgischen Gesangbuch mitgearbeitet und vermittelte den Konfirmanden seine Vorliebe für die Ursprünglichkeit und bildhafte Kraft der protestantischen Choräle. Auch die Bibel beschäftigte den Jungen damals schon intensiv, man kann sagen: Er war in ihr zu Hause. Das befähigte ihn später, selber Texte aus ihr auszusuchen und zu einem Ganzen zusammenzufügen, wie im *Deutschen Requiem* und den *Vier ernsten Gesängen*.

Die soziale Situation des Vaters hatte sich im Laufe der Zeit etwas gebessert; er war Hornist in der neugegründeten Bürgerwehr geworden. Der Sold dafür war zwar gering, aber fest; außerdem erhielt er eine Uniform, die dem hübschen, fröhlichen jungen Mann vorzüglich stand; allerdings mußte er auch regelmäßig zum Exerzieren antreten. Auch das Hamburger Bürgerrecht war ihm gewährt worden: Der Bürgerbrief mit dem „Bürger-Eyd" ist in Hamburger Platt abgefaßt (siehe Seite 16).

Durch seine Fortschritte im Kontrabaß-Spiel war Johann Jakob erst Aushilfe, schließlich ständiges Mitglied des Sextetts im renommierten Alster-Pavillon geworden. Mit gehobener Unterhaltungsmusik, klassischen Ouvertü-

Bürgerbrief des Joh. Jacob Brahms.
(Gedrucktes, von dem neuen Bürger unterschriebenes Formular.)

Bürger=Eyd.
· Johann Jacob Brahms
Actum Hamburg d. 21. May 1830.

Ick love und schwöre tho GOTT dem Allmächtigen, dat ick düssem Rahde und düsser Stadt will truw und hold wesen, Eer Bestes söken unde Schaden affwenden, alse ick beste kan und mag, ock nenen Upsaet wedder düssem Rahde und düsser Stadt maken, mit Worden edder Wercken, und efft ick wat erfahre, dat wedder düssem Rahde und düsser Stadt were, dat ick dat getrüwlik will vormelden. Ick will ock myn Jährlickes Schott, im glicken Törkenstüer, Tholage, Tollen, Accise, Matten, und was sünsten twischen Einem Ehrb. Rahde und der Erbgesetenen Börgerschop belevet und bevilliget werd, getrüw= und unwiegerlik by myner Wetenschop, entrichten und betholen.
Alse my GOTT helpe und syn Hilliges Wort.

J. J. Brahms
hat obigen Eyd abgestattet.

ren, Opern – Potpourris und ähnlichem erfreute er die vornehme Kundschaft. Alles das ergab zwar noch keine sichere Lebensgrundlage, doch hoffnungsvollere Aussichten. Seit dem vierten Lebensjahr des ältesten Sohnes bewohnte die Familie eine bessere Wohnung in der Ulrikusstraße.

Schon früh fiel die musikalische Begabung des kleinen Johannes auf. Es

Rechts: Der Vater Johann Jakob Brahms. Unsigniertes Ölbild. 1838

Als die Winsener Luhe
noch nicht reguliert war

Johannes Brahms und
Eduard Reményi

schien dem Vater daher selbstverständlich, daß der Junge eines Tages Orchestermusiker werden würde, wie er selber; nur sollte er eine bessere Ausbildung erhalten. Er begann zunächst, dem Kleinen Unterricht auf Streichinstrumenten zu geben. Zu seiner Verwunderung interessierte sich Hannes aber hauptsächlich für das Klavier, das es in der Brahmsschen Wohnung nicht gab, wohl aber bei einem Kollegen des Vaters. Als der Junge sieben Jahre alt war, brachte er ihn deshalb zu dem renommierten Pianisten Otto Friedrich Willibald Cossel, der seinerseits Schüler des in Hamburg angesehenen Komponisten Eduard Marxsen war. Cossel erkannte die auffallende Begabung des kleines Hannes und förderte ihn systematisch. Seine Technik entwickelte er an Etüden von Czerny, Cramer und Clementi, an virtuosen Werken von Field und Dussek. Er erschloß ihm aber auch die Kompositionen der Klassiker, worunter Bach nicht fehlte; das war in jener Epoche oberflächlicher Virtuosität recht ungewöhnlich.

Durch die Beschäftigung mit Bach, Mozart und Beethoven empfing Johannes die ersten Begriffe von dem, was „Kunst" eigentlich sein konnte. Übrigens erlaubte Cossel, da der Junge ein zartes Kind und häufig von Kopfweh geplagt war, daß er nach dem Unterricht noch bei ihm übte. Das ersparte ihm strapaziöse Wege zu weit entfernten Klavierfabriken.

Die von Hannes innig geliebte Mutter erkannte schon früh das Besondere im Wesen des ältesten Sohnes. Auch in späteren Jahren fühlte sie stets mit ihm, besaß eine Art Ahnungsvermögen für sein jeweiliges Gestimmtsein. Ein Problem besonderer Art bedeutete die große Verschiedenheit der beiden Söhne, die sie doch mit gleicher Liebe umgeben wollte. Auch Fritz war musikalisch, erhielt ebenfalls Unterricht bei Cossel und Marxsen und unterrichtete später ein Jahr lang die Kinder des Grafen von Hohenthal, von Johannes dorthin empfohlen. Fritz hatte gute Manieren, trug sich gepflegt und wurde ein überall gern gesehener Klavierlehrer. Er fühlte, daß sein Talent nicht im entferntesten an das von Johannes heranreichte und war ihm für Rat und Hilfe dankbar; ein konzertierender Musiker wurde er nicht. In späteren Jahren trat eine Entfremdung ein, die Johannes schließlich wieder überbrückte; als Fritz starb, hinterließ er dem Bruder 10000 Mark. Johannes gab sie an die noch lebenden Familienmitglieder weiter.

Mit zehn Jahren war der kleine Hannes schon ein tüchtiger Klavierspieler. Allerdings bedauerte Cossel, daß er begann, sich mit eigenen Kompositionen

Blick vom „Alten Raben" auf Hamburg. Zeichnung. Um 1850

zu beschäftigen; er hielt das für Zeitverschwendung. Ein Subskriptionskonzert, das 1843 im „Alten Raben" stattfand und bei dem der Junge, unterstützt vom Vater und einigen Kollegen, klassische Kammermusik und auch ein virtuoses Solo-Stück vortrug, wurde zum überraschenden Erfolg, sogar finanziell. Schon tauchte ein „Impresario" auf, der den Jungen am liebsten nach Amerika bringen, auf alle Fälle mit ihm auf Reisen gehen und das Geld dabei nur so scheffeln wollte. Begreiflicherweise waren die ahnungslosen Eltern von seinen Erzählungen beeindruckt; für beide, die seit Jahren so mühselig um bessere Lebensbedingungen kämpften, mußten solche Aussichten etwas Berauschendes haben.

Zum Glück gelang es Cossel, ihnen das gefährliche Experiment auszureden. Mit großer Selbstlosigkeit überzeugte er sie davon, daß Johannes nun weit genug sei, um Schüler von Eduard Marxsen zu werden, dessen Ruf als Lehrer wie als Komponist über jeden Zweifel erhaben war. Doch erst nach einer Zeit des Abwartens erklärte sich Marxsen dazu bereit; vorausgesetzt, daß die Klavierstudien bei Cossel fortgesetzt wurden. Das geschah auch, bis Cossel erklärte, daß er seinen kleinen Schüler nichts mehr lehren könne. Im

Gegensatz zu Cossel unterstützte Marxsen die Kompositionsversuche von Johannes und gab ihm Unterricht in Theorie und Formenlehre. Er hatte die schöpferische Begabung des Jungen erkannt. Übrigens hat er seinen Schüler auch daran gewöhnt, Musikstücke vom Blatt in andere Tonarten zu übertragen.

„Eifer und Fleiß weckten immer mehr mein Interesse", schrieb Marxsen dreißig Jahre später, „und die ersichtlich großen Fortschritte bestärkten meine Ansicht, daß hier ein außergewöhnliches Talent zum Heil und Segen der Kunst zu bilden sei... Beim Beginn des Studiums der Theorie zeigte sich ein scharf und tief denkender Geist, und dennoch wurde späterhin das eigentliche Schaffen ihm schwer und erforderte viel Ermutigung von meiner Seite. Auch die Formenlehre machte viel zu schaffen... Bei der Nachricht von Mendelssohns Tode machte ich unter vertrauten Freunden schon die Äußerung nach innigster Überzeugung: Ein Meister der Kunst ist heimgegangen, ein größerer erblüht uns in Brahms."

Leider gibt es vom acht-, zehn- oder zwölfjährigen Johannes keine Bilder. Daguerreotypen waren teuer und selten; die Zeit des bürgerlichen Stolzes, als man anfing, jedes Lebensalter eines heranwachsenden Kindes photographisch festzuhalten, sollte erst kommen. Bei Florence May, der ersten Biographin von Brahms, die auch zeitweilig seine Schülerin gewesen ist, lesen wir über den Eindruck, den der Siebenjährige auf Cossel machte, daß er ein blasses, zart aussehendes Kind mit hellem Teint, blauen Augen und einer Mähne von Flachshaar war, das ihm über die Schultern fiel. „Hannes war sauber und nett, wie aus einem Ei geschält – ein kleiner patenter Junge – und trug über den zu Hause gestrickten Socken ein Paar hübsche Holzschuhe, wie man deren noch heutzutage in den Läden von Hamburg sehn kann... Zu blaß und ernsthaft, um hübsch genannt zu werden, war doch etwas höchst Anziehendes in seiner Erscheinung."

Johannes war klein und blieb es auch als Erwachsener. Das Zarte und Schmächtige der Erscheinung blieb ihm lange erhalten. Noch als Zwanzigjähriger wirkte er knabenhaft, auch durch seine helle Stimme, die er während des Stimmbruchs rücksichtslos überanstrengt hatte und die auch später rauh und brüchig klang.

Ob die großen physischen Anstrengungen in den Entwicklungsjahren sein körperliches Wachstum beeinträchtigt haben, ist schwer zu sagen; auch seine

Mutter war ja zart und von kleinem Wuchs. Krank ist Johannes, abgesehen von den Kopfschmerzen, als Kind und auch später nie gewesen. Er hat das häufig mit Stolz erzählt.

Die strapaziösesten Jahre begannen für ihn, als der Vater ihn zur abendlichen Mitwirkung in Lokalen heranzog. Das Geld war noch immer sehr knapp in der Familie Brahms, und für einen Musikersohn war es selbstverständlich, so früh wie möglich mitzuverdienen. Johannes' Einnahmen – sie bestanden pro Abend aus etwa zwei Schilling – halfen jedenfalls, die häusliche Situation zu erleichtern. Tagsüber absolvierte er seine Musikstudien und Übungen und gab auch selber Klavierunterricht. Abends spielte er auf dem Hamburger Berg, in einer Matrosenkneipe. Was er dort an Elend, Obszönitäten, Gemeinheit und Leid kennenlernte, verbarg er vor anderen. Vielleicht auch vor sich selber. Doch diese Eindrücke vertieften bestimmte Wesenseigenschaften, verschärften Hemmungen, von denen er sich sein Leben lang nicht hat befreien können. Übrigens las er damals schon viel, am liebsten Werke der deutschen Romantiker; oft sollen statt der Noten, die er natürlich auswendig kannte, Bände von Jean Paul, Tieck oder Eichendorff auf dem Notenhalter vor ihm gestanden haben. Erst in späten Jahren hat er Freunden von den zwiespältigen Erlebnissen dieser Zeit erzählt und meist hinzugesetzt, er habe das alles eigentlich ganz gut vertragen: „Ich möchte diese Zeit der Dürftigkeit um keinen Preis missen, denn ich bin überzeugt, sie hat mir wohlgetan und war zu meiner Entwicklung nötig." Das klingt nach echt Brahmsschem Trotz. Auf jeden Fall griff die physische und psychische Überbelastung damals seine Gesundheit an, vor allem wohl der ständige Schlafentzug.

Aus diesem Grunde kam es zu einem Zwischenspiel, das für Johannes große Bedeutung erlangen sollte. Sein Vater war bei der Tätigkeit im Alsterpavillon im Laufe der Zeit mit einem musikinteressierten Gast ins Gespräch gekommen, dem Besitzer einer Papiermühle und eines kleinen Gutes in Winsen an der Luhe. Diesem Adolf Giesemann erzählte er manchmal von seinem Sohn und dessen Fortschritten, schließlich auch, daß er sich um seine Gesundheit Sorgen mache. Und er fragte ihn, ob Hannes nicht für ein paar Wochen zur Erholung nach Winsen kommen könne. Das wurde freudig akzeptiert. Herr Giesemann hatte ein Töchterchen, etwas jünger als Johannes, dem könne er während dieses Aufenthalts Klavierstunden geben. Im Mai 1847

In einem Animierlokal in St. Pauli. Holzstich. 1856

verließ der Junge also zum erstenmal seine Heimatstadt und fuhr nach Winsen an der Luhe. Der blasse dünne Stadtjunge kam dort mit einer stummen Klaviatur an, auf der er täglich übte, einem Notizbuch, in das er musikalische Einfälle eintrug, und erlebte hier, mit Staunen, Glückseligkeit und tiefem Aufatmen, Natur als Ganzes, als tragendes Element des Lebens. Sie blieb von da an untrennbar von seiner Lebens- und Schaffensweise und wurde der spürbare Hintergrund vieler seiner Werke.

Bei den Giesemanns war er bald Kind im Hause. Alle mochten den zarten, zunächst etwas scheuen Jungen gern; Tante Giesemann sorgte für nahrhafte Verpflegung, frische Milch und dafür, daß er sich soviel wie möglich im Freien aufhielt. Lieschen erwies sich als musikalisch, war eine brave Schülerin und zeigte ihm mit kindlichem Stolz ihr Reich: das Gut und die Haustiere, die Wiesen, Felder und Weideflächen der Umgebung, den Fluß, die Wälder – den ganzen, damals noch kaum beschränkten Freiheitsraum ländlichen Lebens. Ebenso wie Onkel Giesemann wurden auch die Nachbarn von dem erstaunlichen Klavierspiel des Hamburger Jungen angezogen; bei Zusammenkünften der Winsener Familien in einem ländlichen Lokal spielte Hannes zur Freude aller schwungvolle Tanzmusik und trug auch virtuose Solostücke vor. Schließlich wurde er gebeten, den Winsener Männergesangverein zu leiten – wenigstens, solange er sich in Winsen aufhielt. Es muß ein hübsches Bild gewesen sein, wenn der Junge, in kurzer Jacke, mit weißem Umlegekragen und langen blonden Haaren, zwölf gestandene Männer dirigierte, vornehmlich Lehrer aus Winsen und Umgebung, aber auch Goldschmied und Bäckermeister des Ortes. Für diesen kleinen Chor hat er unter anderem ein vierstimmiges *ABC-Lied* komponiert.

Einmal in der Woche fuhr Hannes mit einem Dampfer nach Hamburg. Er übte, nahm Unterricht bei Marxsen und versorgte seine eigenen Klavierschüler mit Stunden. Manchmal kam Lieschen mit und half, während er diesen Pflichten nachging, der Mutter ihres jugendlichen Freundes im Haushalt. Die beiden verstanden sich ausgezeichnet. Im zweiten und letzten Winsener Sommer bat Lieschen ihren Vater, für einen solchen Hamburger Aufenthalt zwei Theaterkarten zu spenden. Auf diese Weise kam Hannes zum erstenmal in die Oper! Man gab *Figaros Hochzeit*, und der jetzt Fünfzehnjährige war so aufgeregt, daß er mehrmals ausrief: „Lieschen, horch auf die Musik! So etwas gibt es nicht wieder!" Es war sein erstes nachhaltiges Mozart-Erlebnis, bisher hatte er nur den Klavierkomponisten kennengelernt. Als reifer Mann äußerte er einmal: „Jede Nummer in Mozarts *Figaro* ist für mich ein Wunder... Es ist mir absolut unverständlich, wie jemand etwas so absolut Vollkommenes schaffen kann; nie ist wieder so etwas gemacht worden, auch nicht von Beethoven."

Als Zwanzigjähriger hat Brahms gesagt, daß Bücher seine höchste Lust seien und daß er von Kindesbeinen an so viel gelesen habe, wie er nur irgend konnte. In der Winsener Zeit war diese Lesebesessenheit schon sehr ausgeprägt, so daß er bald alles studiert hatte, was ihn in Onkel Giesemanns Bücherei interessierte. Durch Lieschen wurde ihm die Leihbücherei einer Frau Löwenherz zugänglich; deren Sohn Aron beschaffte den Kindern (für einen Groschen pro Band), was Johannes wünschte und gefiel. Ritter- und Turniergeschichten waren darunter, auch die Geschichte *Von der schönen Magelone und dem Ritter Peter mit den silbernen Schlüsseln,* die Brahms, Jahrzehnte später, zur Komposition seines *Magelonen-Zyklus* anregte. *Die Räuber* von Schiller las er ganz unbefangen, wie einen spannenden Krimi: „Ich verlangte aber mehr von demselben Schiller und kam so aufwärts", sagte er später – mit berechtigtem Stolz.

Es ist immer wieder bewegend, zu verfolgen, wie dieser Halbwüchsige, der mit 14 Jahren die Schule verlassen mußte, selbständig, ohne die geringste Anleitung, nur seinem Instinkt folgend, sich zu eigen macht, was seine Bildung, sein sicheres Stil- und Qualitätsgefühl entwickeln half. Bei der Suche nach Liedertexten, der Zusammenstellung von Bibelworten für das *Deutsche Requiem* oder die *Vier ernsten Gesänge,* auch bei der kritischen Beurteilung von Opernbüchern, die ihm eine Zeitlang in reicher Zahl und mäßiger Qualität angeboten wurden, haben diese Fähigkeiten eine entscheidende Rolle gespielt.

Winsen und was er dort erlebte, hat in seinem sehr verschlossenen Wesen lange nachgewirkt. Die Beziehung zu Lieschen war keine Liebesgeschichte – noch nicht. Aber die erste Begegnung mit einem Mädchen seines Alters, das beherzt seine Kinderabenteuer mitmachte und ihm unbefangen zeigte, wie schön die Welt sein konnte, die er bisher von so heiterer Seite gar nicht gekannt hatte.

2 | Aufbruch

Der ländliche Aufenthalt hatte Johannes nachhaltig gekräftigt. Am 20. November trat er zum erstenmal in Hamburg in einem öffentlichen Konzert des Geigers Birgfeld als Mitwirkender auf. Er spielte u. a. die virtuose *Norma-Phantasie* von Thalberg. Im *Freischütz*, einem vielgelesenen Blatt, hieß es darüber: „Ganz besonders wird der Vortrag einer Phantasie fürs Piano von Thalberg durch einen kleinen Virtuosen namens J. Brahms gerühmt, der nicht alleine schöne Fertigkeit, Präzision, Reinheit, Kraft und Sicherheit gezeigt, sondern auch, was das Geistige, die Auffassung anbelangt, allgemein überrascht und ungeteilten Beifall sich erworben hat."

Sein erstes eigenes öffentliches Konzert gab Johannes am 21. September 1848 – im Revolutionsjahr also, das in Hamburg, dem Stadtstaat, keine unmittelbaren schweren Folgen gezeitigt hatte. Er spielte u. a. eine Fuge von Bach und eine *Serenade für die linke Hand allein* von seinem Lehrer Marxsen. Bereits im April 1849 folgte ein zweiter Abend. Diesmal begann er mit der *Waldsteinsonate* von Beethoven und beendete den ersten Teil des Programms mit einer *Phantasie über einen beliebten Walzer*, „compon. und vorgetragen vom Conzertgeber". Im *Freischütz* hieß es:

„Im Konzert von J. Brahms gab der jugendliche Virtuose die schönsten Beweise vom Fortschreiten auf der Kunstbahn. Der Vortrag der Beethovenschen Sonate bewies, daß er schon mit Glück sich an das Studium der Klassiker wagen darf, und gereicht ihm in jeder Beziehung zur Ehre. Auch die Probe von der eigenen Komposition (Phantasie für Piano) verrät ungewöhnliches Talent."

Johannes hat in den folgenden Jahren öfters in Abenden anderer Künstler mitgewirkt; ein eigenes drittes Konzert in Hamburg sollte er erst zehn Jahre später und unter ganz anderen Voraussetzungen geben. Als Sechzehnjähriger besaß er weder die unerläßliche Routine noch öffentliche Anerkennung als Virtuose; sein äußeres Erscheinungsbild blieb noch lange Zeit unbeholfen und steif. Außerdem hat er sein Leben lang fast stets ungern konzertiert: Das Sich-zur-Schau-Stellen lag ihm nicht. So mußte 1849 und in den folgenden Jahren die Nachtarbeit in Tingeltangellokalen weitergehen. Vom „Dilettanten abrichten" allein, wie er das Unterrichten einmal genannt hat, kam nicht genügend Geld ein.

Seine Klavierübungen konnte er in der Niederlage einer Instrumentenfirma absolvieren. Hier freundete er sich mit einer um sieben Jahre älteren Kollegin an, der Pianistin Louise Japha, die erstaunlicherweise Kompositionsunterricht nahm wie er – wenn auch nicht bei Marxsen. Er spielte ihr vor und konnte mit ihr über musikalische Probleme sprechen; auch an seiner Leseleidenschaft ließ er sie teilnehmen. Er verfügte damals schon über eine beachtliche Bibliothek, besaß Werke von Sophokles und Dante, Goethe, Schiller, Eichendorff, überhaupt vieles von den Romantikern. Damals legte er sich ein Heft an, in das er Sentenzen eintrug, die ihn besonders beeindruckt hatten. Er nannte die kleine Sammlung „Schatzkästlein des jungen Kreisler" in Anlehnung an eines seiner Lieblingsbücher, *Kater Murr* von E. T. A. Hoffmann.

Sein musikalisch-geistiges Leben, vor allem die Auseinandersetzung mit kompositorischen Problemen, ging konsequent weiter. Marxsen war in der klassischen Formenwelt verwurzelt, er suchte sie seinem Schüler zu vermitteln, vor allem die Beethovensche Sonatenform. Zeitgenössische Werke, selbst die der bedeutendsten Romantiker, wurden in seinem Unterricht kaum berücksichtigt, Johannes kannte daher wenig von Schumann, so gut wie nichts von Chopin. Solides satztechnisches Können, Kenntnisse der polyphonen Gesetze schienen Marxsen – wie auch dem jungen Brahms – am wichtigsten zu sein. Er wollte das kompositorische Handwerk erlernen – ähnlich, wie sein Vater seinerzeit in der Stadtpfeiferei die Beherrschung der Orchesterinstrumente.

Von außen her ergaben sich in dieser Zeit nicht viele Möglichkeiten für Johannes. Er begleitete in Konzerten anderer, wirkte hinter der Szene bei Bühnenmusiken mit und arrangierte modische Stücke für den Verleger Kranz unter verschiedenen Pseudonymen und mit hohen Opus-Zahlen; die *Transcriptions en forme de Fantaisie sur des Airs russes et bohémiens, composées pour le piano a quatre mains* erschienen unter dem Pseudonym G. W. Marks, op. 151 – viele Jahre vor Brahms' *op. 1*.

Hamburg, ein Stadtstaat der Kaufherren und Schiffahrtskompanien, hatte humane Grundsätze. Es war schon während der französischen Revolution von Emigranten aufgesucht worden, nun, 1849, wurde es wieder einmal zum Sammelpunkt für ausländische Flüchtlinge. Diesmal waren es Ungarn, Anhänger von Ludwig Kossuth, dessen Aufstand von den Österreichern blutig niedergeschlagen worden war. Vor allem die beteiligten Offiziere mußten mit scharfen Vergeltungsaktionen des Regimes rechnen. Für die meisten von ihnen war Hamburg nur eine Station auf dem Weg nach Amerika. Zum Dank für die „großmütige Unterstützung der Bürger" veranstaltete der junge ungarische Geiger Eduard Reményi, der mit ihnen nach Hamburg gekommen war, ein Konzert, das begeistert aufgenommen wurde. Brahms lernte den um drei Jahre Älteren in einem Privathause kennen; Reményi hörte ihn dort spielen, und die beiden Musiker freundeten sich schnell miteinander an. Reményi war in allem das Gegenteil des schwerblütigen Norddeutschen: selbstsicher, charmant, geschickt berechnend und von virtuosem Temperament. „Werde ich Kraitzersonate spielen, daß sich Haare fliegen", soll er einmal vor einem Auftreten gesagt haben.

Nach verschiedenen „Abschiedskonzerten" ging er im Frühjahr 1851 – angeblich – nach Amerika. Schon Ende 1852 kehrte er, aus Paris kommend, nach Hamburg zurück. Enttäuscht, erfolglos? Es bleibt unklar. Jedenfalls erneuerten sich die persönlichen Beziehungen zwischen ihm und Johannes, und im Frühjahr 1853 begaben sie sich auf eine improvisierte Konzertreise, die in Winsen begann und sich mit Hilfe des dortigen Freundeskreises auch auf Celle, Lüneburg und Hildesheim ausdehnte. Brahms hatte einige seiner neuesten Kompositionen mit auf die Reise genommen, spielte sie aber nicht in öffentlichen Konzerten. Doch hatten sie auch *Ungarische Tänze* auf dem Programm, die Johannes entzückten und die sein Partner hinreißend wiedergab. Ungarische Volksmusik hat Brahms von früh an gefesselt und später zu bedeutenden Kompositionen veranlaßt.

Übrigens vollbrachte er bei dem Konzert in Celle ein Kunststückchen, das nicht unbeachtet blieb. Das Pianoforte, das er benutzen mußte, stand fast um einen halben Ton zu tief. Zu ändern war es nicht mehr, und Reményi lehnte es ab, in so tiefer Stimmung zu spielen. Brahms transponierte darauf die Klavierstimme der Beethovenschen c-Moll-Sonate im Konzert nach cis-Moll! Der Geiger erklärte dem Publikum nachträglich das riskante Unternehmen,

Johannes Brahms, zwanzigjährig. Zeichnung von Laurens

und Brahms wurde sehr gefeiert. Es machte ihm Freude, das bei Marxsen Trainierte in der Praxis anzuwenden. Auch in späteren Jahren, z. B. bei höfischen Soireen in Detmold, wenn er auf Wunsch des Fürsten eine Violinsonate mit Konzertmeister Bargheer wiederholen mußte, hat er sich und dem Geiger den Spaß der Transkription geleistet.

Von Hildesheim aus beschloß Reményi, mit Brahms nach Hannover zu gehen, wo Joseph Joachim, der zur gleichen Zeit wie er am Wiener Konservatorium studiert hatte, seit kurzem Konzertmeister des Hoforchesters war. Brahms hatte ihn nur einmal, als Fünfzehnjähriger, in einem Hamburger Konzert gehört. Er spielte das *Beethoven-Konzert,* zu jener Zeit noch wenig bekannt. Und wie unwissend Johannes damals fachlichen Gepflogenheiten gegenüberstand, verrät ein Brief, den er später einmal an Joachim schrieb – als dieser sein Freund geworden war.

„Immer erinnert mich das *Beethoven-Konzert* an unsere erste Bekanntschaft, von der Du freilich nichts weißt. Du spieltest es in Hamburg... ich war gewiß Dein begeistertster Zuhörer. Es war eine Zeit, in der ich noch recht chaotisch schwärmte und es mir gar nicht darauf ankam, Dich für Beethoven zu halten. Das Konzert hielt ich so immer für Dein eigenes."

Joachims Entwicklungsgang war ganz anders verlaufen als der von Brahms. Er stammte aus Ungarn, kam als Siebenjähriger an das Wiener Konservatorium und mit zwölf Jahren nach Leipzig, wo Felix Mendelssohn ein bereits anerkanntes Konservatorium gegründet hatte. Der berühmte Violinist David, Konzertmeister des Gewandhauses, konnte Joachim sehr bald nichts mehr lehren; unter Mendelssohns verständiger Anleitung wuchs er zu einem vielseitig gebildeten Musiker heran. Als Dreizehnjähriger trat er zum erstenmal in London auf (wohin er allein gereist war), mit 17 Jahren wurde er Konzertmeister des Weimarer Hoforchesters und von Liszt gefördert, der ihn in den Kreis der Neudeutschen Schule zog. 1853, mit 22 Jahren, hatte er die Stellung des kgl. Konzertmeisters in Hannover übernommen, als Reményi und Brahms ihn aufsuchten. Das stürmische Temperament seines ehemaligen Mitschülers erkannte Joachim sofort wieder; der stille junge Mensch im Hintergrund faszinierte ihn vom ersten Augenblick an. Er spürte Wesensverwandtes und sah voraus, daß diese ungleichen Gefährten nicht lange beieinander bleiben würden.

Mit Joachims Empfehlungen gingen sie zu Liszt nach Weimar. Die übersteigerte theatralische Atmosphäre, die sie hier empfing, war Brahms gründlich zuwider. Er erlebte Liszt im Kreise seiner schwärmerischen Anbeter auf der Altenburg, deren Besitzerin und Gastgeberin, die Fürstin von Sayn-Wittgenstein, eng mit dem Meister verbunden war. Der „verzogene Mann" – wie Joachim später sagte – verhielt sich dem unbeholfenen jungen Hamburger gegenüber freundlich und interessiert. Als Johannes sich entsetzt weigerte, vor einem so illustren Kreis eigene Kompositionen vorzutragen, setzte sich der Meister selber an den Flügel und spielte makellos aus Brahms' Manuskript dessen *Scherzo es-Moll*. Er äußerte sich anerkennend darüber; zu gern hätte er dieses große Talent für seine Neudeutsche Schule gewonnen.

Doch Brahms, jeder Verstellung unfähig, zeigt sich gänzlich uninteressiert, auch an Liszts neuer Sonate, die dieser dem entzückten Kreis anschließend vorträgt. Reményi ist empört. Dieser ungehobelte Brahms schadet ihm ja! Er wolle nicht weiter mit ihm zusammen reisen, erklärt er kurz. Johannes ist überrascht, verletzt, auch ratlos. Wie soll es nur weitergehen? Er hat von dem unterwegs verdienten Geld kaum noch etwas übrig. Brieflich vertraut er sich Joachim an – und aus der zunächst aussichtslos scheinenden Situation entwickelt sich ein herrlicher Sommer.

Er trifft Joachim in Göttingen, der dort seine Orchesterferien verbringt und philosophische und geschichtliche Vorlesungen der Universität besucht. Ohne Johannes; der komponiert in der Zeit lieber. In den freien Stunden wird gewandert, diskutiert, mit fröhlichen Studenten getrunken und gesungen: Studentenlieder – Brahms erinnert sich ihrer nach fast dreißig Jahren bei der Komposition der *Akademischen Festouvertüre*.

Immer klarer wird beiden, daß jeder den anderen notwendig braucht: als verständnisvollen Zuhörer, als unbestechlichen Kritiker. Denn auch Joachim komponiert, sowohl Liszt wie Schumann halten viel von seiner Begabung. Brahms hat das Gefühl, daß Joachim ihm auch darin, nicht nur im gesellschaftlichen Umgang und im Konzertieren, weit überlegen ist. Joachim wiederum beglückt es, einen Menschen gefunden zu haben, der ihn versteht, dem er vertrauen kann: „Rein wie Demant, weich wie Schnee" erscheint ihm das Wesen von Johannes. Auch fühlt er sich in Hannover bodenlos vereinsamt; seine innere Unruhe, seine intellektuellen Zweifel quälen ihn zuweilen bis aufs Blut. An Gisela von Arnim, die er liebt, mit der ihn enge Freundschaft verbindet, die jedoch nicht zur Ehe führen sollte, schreibt er einmal:

Joseph Joachim 1848. Zeichnung von Friedrich Preller

„Dazu kommt, daß ich auch immer zwischen Virtuosen-, Dirigenten- und Komponistengelüsten schwanke." Für seine nervöse, komplizierte Veranlagung ist der musikbesessene, unverdorbene Johannes, für den es ein Schwanken nicht gibt, die ideale Ergänzung.

Die Mutter aus Hamburg schickt in dieser Zeit einen besorgten Brief an ihren Sohn. Sie versteht nicht, warum er so lange und ohne Verdienst (!) bei Joachim bleibt. Ihr Schreiben klingt ganz ähnlich wie Leopold Mozarts mahnende Worte an den in Mannheim säumenden Wolfgang. „Du brauchst kein Geld! Wenn Du auch Logis und Essen und Trinken hast, Du mußt doch Wäsche haben, das Fußzeug geht entzwei und überhaupt, wie kann man im fremden Land ohne Geld sein? Wenn Du jede Kleinigkeit von Herrn Joachim haben mußt, wirst Du dem Mann zu sehr verpflichtet."

Joachim beantwortet ihre Fragen indirekt mit Worten, die beide Eltern beruhigen und beglücken.

„Gestatten Sie mir, obwohl ich Ihnen unbekannt bin, daß ich mich an Sie wende, Ihnen zu sagen: Wie unendlich ich mich beglückt fühle durch das Zusammensein mit Ihrem Johannes; denn wem besser als den Eltern kann man von dem Glück erzählen, welches ihr Sohn verbreitet! Mit Ihrem Johannes ist mir eine neue Anregung auf meinem Weg zur Kunst geworden, auf die ich nicht gehofft hatte; mit ihm zu streben nach einem gemeinsamen Ziel ist mir ein frischer Sporn auf der mühsamen Bahn, die wir Musiker im Leben wandeln. Seine Reinheit, seine frühe Selbständigkeit, der ungewöhnliche Reichtum seines Herzens und seines Verstandes sprechen sich ebenso sympathisch in seiner Musik aus, wie sein ganzes Wesen allen denen freudebringend sein wird, die ihm geistig entgegenkommen." Nach erklärenden Worten über die Göttinger Situation schließt der Brief: „Wie glücklich wäre ich, meinem lieben Freund Johannes einmal einen wirklichen Dienst zu erweisen, denn daß er über mich nach Freundesrecht zu disponieren habe, versteht sich von selbst."

Nach einem gemeinsam mit Joachim veranstalteten Konzert, das die Reisekasse wieder auffüllt, schnürt Johannes sein Bündel. Er will eine Rheinwanderung machen, zunächst ohne bestimmtes Ziel. Joachim hat ihm für alle Fälle Empfehlungen an den Musikdirektor Wasielewski in Bonn, an eine musikliebende Familie in Mehlem und auch an Robert und Clara Schumann in Düsseldorf gegeben. Brahms weiß nicht recht, ob er die letztere benutzen wird. Er hat eine unangenehme Empfindung bei dem Namen Schumann. Als das Ehepaar 1850 in Hamburg konzertierte, sandte der siebzehnjährige Johannes einige seiner Kompositionen an Schumann mit der Bitte um Durchsicht. Sie kamen ungeöffnet zurück; während der unruhigen Konzerttage hatte der Meister offenbar keine Zeit dafür gefunden. Es ist wie auch später so häufig bei Brahms: Er weiß nicht, ob er mit Recht verletzt ist, sich gedemütigt fühlt – oder ob er unrecht hat und sich selber überschätzt?

Alle diese Gedanken werden beiseite gefegt von dem Erlebnis der rheinischen Landschaft. Nach Winsen, nach Weimar und Göttingen ist dies nun sein bisher stärkstes Naturerlebnis. Und nicht nur Musik klingt ihm dabei im Ohr, auch Romantikerverse, Romantikerstimmung. Für ihn sind die engen Ufer, der Loreleyfelsen, die strömenden Wasser des mächtigen Flusses überwältigende Wirklichkeit, die er mit allen Sinnen aufnimmt. Vielleicht ist noch etwas Erinnerung an die Winsener Sommer dabei, an den Rhythmus der frühen Tage mit Lieschen. Und sicher verschmelzen die neuen Eindrücke schon mit Zukünftigem, mit zukünftiger Musik, die sich in seinem Inneren zu formen beginnt, auch mit Klängen, die ihm auf dieser Wanderung begegnen. Glockengeläute, das Hämmern einer Schmiede, Lieder von Hirten, von Handwerksburschen: Volkslieder waren in jenen Jahren noch überall lebendig, namentlich in ländlichen Gegenden.

Alle diese Eindrücke verdichten die Atmosphäre, sie geht in ihn ein. Irgendwann, bei irgendeiner Komposition, werden sie als Reminiszenzen wieder aufsteigen und mit eigenen Ideen verschmelzen. Der Arbeitsprozeß zog sich bei Brahms oft jahre-, jahrzehntelang hin. Manche Werke, die er energisch angefangen hatte, wurden zurückgelegt und erst nach langer Zeit wieder aufgenommen. Sie wurden wieder und wieder verwandelt, auch, wenn sie fertig waren, noch mehrfach ausprobiert; erst wenn diese Proben befriedigend ausfielen, entließ er sie in die Öffentlichkeit. Er hatte die Kraft zu warten, bis ein Werk reif war.

Nach glücklichen Wandertagen kehrt er, ein echter Johannes Kreisler junior, bei der Familie Deichmann in Mehlem ein. Das schöne Haus gegenüber

Rechts: Franz Liszt. Gemälde von Wilhelm von Kaulbach. Um 1850

Robert und Clara Schumann. Lithographie von Eduard Kaiser

Königswinter ist bekannt als Mittelpunkt für Künstler von nah und fern, namentlich Musiker; Herr und Frau Deichmann haben ein Herz gerade für die jungen unter ihnen. Als Freund Joachims wird er herzlich aufgenommen und gebeten, längere Zeit bei ihnen zu bleiben; es sind Ferien, er soll mit den jungen Söhnen des Hauses noch weitere Wanderungen in die schöne Umgebung unternehmen; diese Ausflüge werden taktvoll finanziert.

Natürlich stehen Johannes die reichen Noten- und Büchersammlungen des Hauses zur Verfügung. Zum erstenmal lernt er hier die musikalische Welt Robert Schumanns von Grund auf kennen. Er begreift, wie oberflächlich er bisher dessen Musik beurteilt hat; mit wachsender Erregung findet er in ihr auch seine Lieblingsdichter wieder: E. T. A. Hoffmann in der *Kreisleriana*, in den *Papillons* Jean Pauls *Flegeljahre;* Brahms liebt sie ebenso wie Schumann. Durch dessen Doppelexistenz, Florestan und Eusebius, denen er in Schumanns musikalischen Schriften begegnet, rückt ihm auch der Mensch näher, der dahinter steht. Er erkennt, daß Robert Schumanns Musik kein vages romantisches Schwelgen ist, sondern bei aller klanglichen Phantasie eine eigene Gesetzmäßigkeit entfaltet. Nach dieser Bekanntschaft mit seinen Werken drängt es ihn nach Düsseldorf. Er muß Schumann kennenlernen, mit ihm sprechen! An Joachim schreibt er: „Erst seit meinem Wegsein aus Hamburg und besonders während meines Aufenthaltes in Mehlem lernte ich Schumanns Werke kennen und verehren. Ich möchte bei ihm Abbitte tun."

Und so steht er am 30. September 1853 vor der Haustür in der Bilker Straße und wird freundlich aufgenommen. Schumann, der durch Joachims Briefe schon vorbereitet ist, empfängt ihn als einen längst Erwarteten; nach einem kurzen Gespräch bittet er ihn, etwas aus seinen Werken vorzuspielen. Doch schon nach wenigen Takten unterbricht er Brahms: „Das muß Clara hören", sagt er und ruft sie herbei. Zum erstenmal steht Johannes der berühmten Pianistin gegenüber; doch seine gewöhnliche Scheu, vor bedeutenden Kollegen zu spielen, empfindet er diesmal nicht. Clara hat den Eindruck dieser ersten Begegnung in ihrem Tagebuch festgehalten:

„Dieser Monat brachte uns eine wunderbare Erscheinung in dem zwanzigjährigen Komponisten Brahms aus Hamburg. Das ist wieder einmal einer, der kommt, wie eigens von Gott gesandt! – Er spielte uns Sonaten, Scherzos etc. von sich, alles voll überschwenglicher Phantasie, Innigkeit der Empfindung und meisterhaft in der Form. Robert meint, er wüßte ihm nichts zu sagen, das er hinweg- oder hinzutun sollte. Es ist wirklich rührend, wenn man diesen Menschen am Klavier sieht mit seinem interessanten jugendlichen Gesicht, das sich beim Spielen ganz verklärt, seine schöne Hand, die mit der größten Leichtigkeit die größten Schwierigkeiten besiegt, und dazu nun diese merkwürdigen Kompositionen. Er hat bei Marxsen in Hamburg studiert, doch das, was er uns spielte, ist so meisterhaft, daß man meinen müßte, den hätte der liebe Gott gleich so fertig auf die Welt gesetzt."

Der junge Hamburger, in seinem zurückhaltenden Wesen sehr norddeutsch, hatte äußerlich nichts von einem robusten Germanen. Albert Dietrich, Schumanns Lieblingsschüler und bald mit Brahms befreundet, nennt ihn „einen so interessant wie eigenartig aussehenden jungen Musiker... der in seiner noch beinah knabenhaften Erscheinung, mit seiner hellen Stimme, den langen blonden Haaren, in seinem schlichten grauen Sommerröckchen, einen höchst anziehenden Eindruck machte."

Eine Gesellschaft, in der Brahms Mittelpunkt wurde, beschreibt Dietrich: „Gegen die auf das Spiel folgenden übermäßigen Lobsprüche verhielt er sich bescheiden ablehnend. Man war allenthalben des Staunens voll über ihn und seine hervorragende Begabung, und vornehmlich die musikalische Jugend war ganz erfüllt von dem bedeutenden künstlerischen Eindruck, den sein immer charakteristisches, mächtiges, und wo es sein mußte, so überaus zartes Spiel hervorgerufen hatte."

Brahms erlebte bei den Schumanns und ihren Freunden und Schülern einen Widerhall, wie er ihn noch nie erfahren hatte. Er wird von Robert und Clara wie ein Sohn des Hauses behandelt; die Älteste der sechs Schumannschen Kinder, Marie, ist zwölf Jahre alt, Johannes wirkt wie ein Sechzehnjähriger; er könnte gut Maries älterer Bruder sein.

Und dieser junge Mensch bringt, ohne es zu ahnen, einen ganz neuen Ton, etwas wie Wiedergeburt und Hoffnung in das Schumannsche Haus.

Das Ehepaar war 1850 von Dresden nach Düsseldorf übergesiedelt. In Dresden herrschte noch der Hof, das Interesse für Musik war hier nicht – wie im demokratischen Leipzig, aus dem sie kamen – Herzenssache der Bürger; Dresden war überhaupt kein Ausgangspunkt für musikalische Aktivitäten. Nach sechs enttäuschenden Jahren schien es beiden lockend, nach Düsseldorf überzusiedeln. Schumann war die Leitung des dortigen Musikvereins angeboten worden; er sollte zehn weltliche und vier Kirchenkonzerte im Jahr dirigieren. Beide beschlossen, Dresden zu verlassen, wo Schumann ja auch kein öffentliches Amt versah; die erste Zeit in Düsseldorf schien die Richtigkeit ihres Entschlusses zu bestätigen. Doch Schumann war seiner ganzen Natur nach kein Dirigent. Er verlor sich lieber an ein Werk, als es überzeugend darzustellen. Er war sehr kurzsichtig, sprach auffallend leise: lauter Eigenschaften, die den unmittelbaren Kontakt mit Chören und Orchestern stark erschwerten. Zudem hatte er nur selten Gelegenheit gehabt, mit größeren Ensembles zu arbeiten, er war bereits vierzig Jahre alt – und kein gesunder Mensch. Er selber empfand es schmerzlich, Clara war es nicht einmal voll bewußt.

Nach anfänglicher Harmonie hatte sich das Verhältnis zur Vereinsleitung und zu den Chormitgliedern laufend verschlechtert. Die versteckten und offenen Angriffe gegen ihn, die Kränkungen und Aufregungen, die sie hervorriefen, waren für Robert und Clara unerträglich geworden. Sie hatten im stillen beschlossen, Düsseldorf so bald wie möglich zu verlassen. Doch wohin, in welche Stadt sollten sie ziehen? Wien und Berlin standen auf ihrer Wunschliste.

Von diesen Sorgen und Überlegungen hatte Brahms natürlich keine Ahnung. Er kam in ein liebevoll gestaltetes, für seine Begriffe ideales Heim. Robert und Clara hatten immer den Kontakt auch zu anderen Künsten gepflegt, sie besaßen wertvolle Stiche und gute Reproduktionen, ihre Wohnung war zweckmäßig, behaglich und in keiner Beziehung überladen eingerichtet, ihr Ton untereinander und den Kindern gegenüber voller Herzlichkeit und Verständnis. Es gab keine hektischen Schülerovationen, keine anspruchsvolle Fürstin wie bei Liszt, weder Plüsch noch Pomp. Das tägliche Leben, in das Brahms mit einbezogen wurde, spielte sich mit selbstverständlicher Schlichtheit ab. Er durfte regelmäßig mit Robert spazierengehen, mit ihm Schach spielen, lange Gespräche über alle musikalischen Fragen, die ihn beschäftigten, mit ihm und Clara führen. Johannes hatte Menschen von geistigem Format noch nie in so persönlicher Nähe erlebt; ihre Anerkennung, ihre Freude an seiner Musik mußten ihn vollends überwältigen. Robert Schumann sagte in diesen Tagen einmal zu ihm: „Wir verstehen uns." Was mochte er damit gemeint haben, fragte sich Brahms. Joachim hätte es ihm sagen können; in einem Brief von Schumann, den er erhielt, stand der Satz: „Das ist der, der kommen mußte." Mit welchen Empfindungen er ihn niederschrieb, wissen wir nicht. Schumanns sicheres Gefühl für das Echte, das unwandelbare Persönliche und Überzeugende war zweifellos stärker als jeder Anflug von Neid. Dennoch: Schmerzlich muß es für ihn gewesen sein, in einer Zeit quälenden Stagnierens der eigenen schöpferischen Kräfte diesem jugendlich-feurigen Talent zu begegnen, das mit nachtwandlerischer Sicherheit seinen Weg antrat als „der, der kommen mußte".

Clara hatte für Brahms zunächst etwas Respektheischendes, Distanziertes. Sie war 34 Jahre alt, schön und berühmt. Außerdem die Frau des Komponisten, den er aufs höchste verehrte, die zärtliche Mutter von sechs reizenden Kindern und, wie er sehr bald feststellen konnte: eine große Musikerin. Er empfand dankbar, daß auch sie ihn akzeptierte. Er übernahm beiden gegenüber eine Schüler-, eine Sohnesrolle. Lange Zeit gab ihm das Sicherheit und innere Unbefangenheit.

Das Erstaunlichste an dem Talent des zwanzigjährigen Brahms war seine Selbständigkeit. Sie wurde schon in den ersten Werken, die er Schumann zeigte, spürbar. Es waren nur wenige ausgewählte von zahllosen Versuchen, die er vernichtet hatte. Sein *Scherzo es-Moll* war das erste der bisherigen Werke, zu dem er selber stand. Die *C-Dur-*, die *fis-Moll-Sonate* für Klavier ließen den Weg erkennen, den der junge Komponist eingeschlagen hatte. Da ist bereits „das Brahmssche" erkennbar, erkennbar schon an dem weitgriffigen, ausdrucksstarken Klavierstil, den er entwickelt; manchmal noch jugendlich-wild, wie Clara sagt, doch stets geprägt von Originalität und eigentümlich-herber Schönheit. Er sucht strengen Kontrapunkt zu entwickeln und überlädt manche Partien damit. In den Mittelsätzen dieser Sonaten folgt er seiner Liebe zum Volkston, in der C-Dur-Sonate kommt es zu Variationen über „Verstohlen geht der Mond auf", und im Finale wird das Hauptthema des 1. Satzes rhythmisch verändert gebracht. Alle Elemente, die seine reiferen Werke prägen, sind hier bereits vorgeformt.

Schumann hatte sich von Brahms nach und nach alle Manuskripte vorspielen lassen, die er bei sich trug. Er wollte sie seinem Leipziger Verleger, Breitkopf & Härtel, zum Druck vorschlagen. Johannes schrieb einen für ihn bezeichnenden Brief an Joachim:

„Der Mannigfaltigkeit wegen schlägt er mir folgendes Programm vor:

> *op. 1 Fantasie in d-Moll für Piano, Violine und Cello*
> *op. 2 Lieder*

op. 3 Scherzo in es-Moll
op. 4 Sonate in C-Dur
op. 5 Sonate in a-Moll für Piano und Geige
op. 6 Gesänge

Schreibe mir doch deutlich Deine Herzensmeinung darüber. Ich weiß mich gar nicht zu fassen. Ob das *Trio* (Du erinnerst dich wohl) der Veröffentlichung wert ist? Erst *op. 4* ist ganz nach meinem Geschmack. Aber freilich meint Schumann, man müsse mit den schwächsten Werken anfangen. Da hat er recht, entweder damit anfangen oder sie *ganz fortlassen* und streben, hernach nicht zu fallen."

Der Zwanzigjährige hat die Kraft, dem verlockenden Vorschlag des von ihm verehrten Schumann zu widerstehen. Er läßt die schwächeren Stücke fort. Bei Joachim in Hannover, den er vor Leipzig noch einmal aufsucht, erhält er den Aufsatz *Neue Bahnen*, den Schumann in der seinerzeit von ihm selber gegründeten *Neuen Zeitschrift für Musik* über Brahms veröffentlicht hat. Brendel, der jetzige Redakteur des Blattes, befürwortet, wie die meisten seiner Mitarbeiter, die Neudeutsche Schule, deren stärkste Stützen Liszt und Richard Wagner sind. Schumann gehört nicht zu ihnen, und in seinem Aufsatz wird deutlich, daß auch Brahms diesen Weg nicht beschreiten wird. Es heißt darin unter anderem:

„... er ist gekommen, ein junges Blut, an dessen Wiege Grazien und Helden Wache hielten. Er heißt Johannes Brahms, kam von Hamburg, dort in dunkler Stille schaffend, aber von einem trefflichen und begeistert zutragenden Lehrer gebildet in den schwierigsten Satzungen der Kunst... Er trug, auch im Äußeren, alle Anzeichen an sich, die uns ankündigen, das ist ein Berufener. Am Klavier sitzend, fing er an, wunderbare Regionen zu enthüllen. Wir wurden in immer zauberischere Kreise hineingezogen. Dazu kam ein ganz geniales Spiel, das aus dem Klavier ein Orchester von wehklagenden und laut jubelnden Stimmen machte. Es waren Sonaten, mehr verschleierte Sinfonien – Lieder, deren Poesie man, ohne die Worte zu kennen, verstehen würde..." Zum Schluß prophezeit Schumann: „Wenn er seinen Zauberstab dahin senken wird, wo ihm die Mächte der Massen, im Chor und Orchester, ihre Kräfte leihen, so stehen uns noch wunderbarere Blicke in die Geisterwelt bevor. Möchte ihn der höchste Genius dazu stärken, wozu die Voraussicht da ist, da ihm auch ein anderer Genius, der der Bescheidenheit, innewohnt.

Seine Mitgenossen begrüßen ihn bei seinem ersten Gang in die Welt, wo seiner vielleicht Wunden warten werden, aber auch Lorbeeren und Palmen; wir heißen ihn willkommen als starken Streiter.

Es waltet in jeder Zeit ein geheimes Bündnis verwandter Geister. Schließt, die ihr zusammengehört, den Kreis fester, daß die Wahrheit der Kunst immer klarer leuchte, überall Freude und Segen verbreitend."

Schumanns schwärmerische Worte haben jahre-, jahrzehntelang den jungen Musiker begleitet und belastet. Sie haben seine Suche nach einer eigenen, tragfähigen Form des sinfonischen Gedankens beherrscht, es dauerte über zwanzig Jahre, ehe er sich entschließen konnte, die erste Symphonie herauszugeben. Daß er sich immer an dem „Riesen, der hinter einem marschiert", an Beethoven messen mußte, gehörte zu seinem künftigen Leben. Bei aller Freude über Schumanns Zustimmung, letzten Endes lud ihm dieser Aufsatz eine schwere Last auf: Verantwortung für jeden Ton, den er schrieb. Es dauerte damals zehn Tage, ehe er sich zu einer Antwort entschließen konnte.

„Sie haben mich so unendlich glücklich gemacht, daß ich nicht versuchen kann, Ihnen mit Worten zu danken. Gebe Gott, daß Ihnen meine Arbeiten bald den Beweis geben können, wie sehr Ihre Liebe und Güte mich gehoben und begeistert hat. Das öffentliche Lob, das Sie mir spendeten, wird die Erwartung des Publikums auf meine Leistungen so außerordentlich gespannt haben, daß ich nicht weiß, wie ich denselben einigermaßen gerecht werde. Vor allen Dingen veranlaßt es mich zur größten Vorsicht bei der Wahl der herauszugebenden Sachen. Ich denke keines meiner Trios herauszugeben und als *op. 1* und *2* die *Sonaten in C-Dur* und *fis-Moll*, als *op. 3 Lieder* und als *op. 4* das *Scherzo in es-Moll* zu wählen. Sie werden es natürlich finden, daß ich mit aller Kraft strebe, Ihnen so wenig Schande als möglich zu machen."

Welche schwere Hypothek Schumanns Prophezeiung für seine künstlerische Laufbahn bedeuten sollte, ahnte Johannes damals nicht, da er die komplizierte Situation zwischen der Mendelssohn-Schumann-Gruppe und den Neudeutschen mit Franz Liszt im Mittelpunkt nicht übersehen konnte. Ende November 1853 kam er nach Leipzig und wurde dort über Erwarten freundlich aufgenommen. Härtels erklärten sich bereit, seine ersten Werke zu drukken: Breitkopf & Härtel war damals der bedeutendste Musikverlag in Deutschland. Auch bei dem Verleger Senff kommt es zu Abschlüssen. Es soll bei ihm die neue *f-Moll-Sonate* für Klavier erscheinen, die größtenteils in

Düsseldorf entstand, außerdem ein Heft Lieder. Brahms genießt es, von der musikalischen Fachwelt, den Verlagen, den Leitern des Konservatoriums und des *Gewandhauses* beachtet und angenommen zu werden. Er wohnt mit Julius Otto Grimm, einem Livländer, der hier musikalische Studien betreibt, bei Heinrich von Sahr; beide werden gute Freunde von Johannes. In einem ausführlichen Brief schildert er Joachim die musikalischen Zustände in Leipzig, auch, wie er Liszt besucht habe, der ihn freundlich aufnahm. Er begegnete Reményi wieder, den er zum Nachteil verändert fand, und lernte Ferdinand David, den Konzertmeister des Gewandhausorchesters, sowie Brendel, den Herausgeber der *Neuen Zeitschrift für Musik*, kennen.

„Berlioz lobte mich so unendlich warm und herzlich, daß die übrigen demütig nachsprachen. Gestern abend bei Moscheles war er ebenso freundlich. Ich muß ihm sehr dankbar sein... Morgen bekomme ich die Korrektur meiner *C-Dur-Sonate* und Montag die der Lieder... Hast Du schon jemals ein solch frohes und herrliches Fest erlebt wie ich in diesem Jahr? Wie werden meine Eltern und ich an Dich denken, dessen Freundschaft ich alles danke."

Übrigens ist Brahms kurz vor seiner Abreise aus Leipzig noch in einer Quartett-Soirée von David aufgetreten. Er spielte seine *C-Dur-Sonate* sowie das *es-Moll Scherzo*, zwei Uraufführungen also. Außerdem war es sein erstes Erscheinen in der Leipziger Öffentlichkeit als Pianist. In der Neujahrsnummer der Musikzeitschrift wurden der junge Komponist und sein Spiel recht positiv beurteilt.

Nach langer Abwesenheit kehrte Johannes als glücklicher und selbstbewußter junger Mann nach Hamburg zurück. Endlich konnte er den Eltern nicht nur von künstlerischen Erfolgen, sondern auch von Einnahmen berichten. Für die *C-Dur-Sonate* hatte er zehn Louisdor, das waren 162 Mark, für sein erstes *Liederheft op. 3* sechs Louisdor, also 97,20 Mark erhalten. Noch vor Weihnachten hielt er die ersten gedruckten Exemplare dieser beiden Veröffentlichungen in Händen. Das erste Lied *op. 3* ist eines seiner bekanntesten geworden: *Liebestreu*. Auch in diesem Dialog-Lied ist schon der charakteristische Brahmsstil erkennbar.

In den Weihnachtstagen beschäftigte ihn seine *3. Klavier-Sonate f-Moll*, die er schließlich dem Verleger mit den Worten schickt, sie sei „fein sauber gewaschen, so daß sie sich jetzt wohl vor Leuten sehen lassen kann". Es ist die letzte Klaviersonate, die Brahms geschrieben hat. Ihm öffneten sich jetzt die

Bezirke der Variationen, die er zunächst in pianistischen Werken erprobte, sowie der Gesangs- und Kammermusik, schließlich auch des Klavierkonzertes – Arbeit für viele Jahre.

Auch Vater Brahms hatte einen Erfolg zu verzeichnen: Er war Kontrabassist im Orchester des Stadttheaters geworden. Damit war allerdings keine Aufbesserung oder gar Sicherung der Einnahmen verbunden. Die Theatermusiker wurden pro Abend bezahlt, erhielten keine laufenden Verträge und wenn das Theater schloß, gar nichts. Aber es hob das Selbstbewußtsein dieses Mannes, der so zäh um eine Besserung seiner sozialen Stellung ringen mußte, und gab dadurch den häuslichen Feiertagen eine besondere Note. Die kompositorischen Fortschritte des Sohnes blieben ihm, wie auch Christiane, in ihrer künstlerischen Qualität ganz unzugänglich. Johannes hat das verstanden und sich stillschweigend damit abgefunden. Seine Liebe zu den Eltern wurde davon nicht berührt, er hat stets versucht, sie in ihrer kleinen Welt zu unterstützen und ihnen die materiellen Seiten des Lebens erträglicher zu gestalten.

Trotz der Erfolgsfreude, die natürlich auch seine Lehrer, Freunde und Verwandte teilen mußten, zieht es Johannes bald wieder nach Hannover und zu Joachim. Mitte Januar wurde dort das Ehepaar Schumann zu Konzerten erwartet; Clara sollte im Abonnementskonzert Beethovens *Es-Dur-Konzert* spielen, Roberts *4. Symphonie* unter Joachims Leitung aufgeführt werden. Außerdem brachte dieser am selben Abend Schumanns *Fantasie für Violine und Orchester* zum Vortrag. Für Clara, die im Juni wieder ein Kind erwartete, war die Reise schon eine kleine Anstrengung, doch war sie, wie Robert, zufrieden und erleichtert, der unangenehmen Düsseldorfer Atmosphäre für einige Zeit entronnen zu sein. Zwei Soireen bei Hofe schlossen sich noch an, auch im Freundeskreis wurde viel musiziert. Schumann war heiterster Stimmung; mit „viel Champagner" nahmen die Freunde Abschied voneinander. Keiner von ihnen ahnte, was sich wenige Wochen später ereignen sollte.

In den letzten Monaten war Schumann in besserer Verfassung gewesen als in den Zeiten davor. Schon in den Leipziger Jahren, dann in Dresden, hatte ihn ein Nervenübel gequält, wie man damals sagte. Depressionen, unerklärliche Ängste überfielen ihn, auch „Gehörsaffektionen", die meist nachts auftraten und ihn wie Clara stark beunruhigten. Die Ärzte durchschauten Schumanns Zustand nicht, sie hielten seine Beschwerden für Folgen geistiger

Überanstrengung, rieten zu körperlicher Bewegung, Kaltwasserkuren oder entspannenden Reisen. Aber seine Beschwerden traten auch in Zeiten absoluter Ruhe auf. Bald nach der Rückkehr aus Hannover wurde es wieder ganz schlimm. „In der Nacht vom 10. zum 11. Februar schloß Robert kein Auge, er hörte immer ein und denselben Ton und dazu zuweilen noch ein anderes Intervall. Den Tag über legte es sich... Die nächstfolgenden Nächte waren sehr schlimm – wir schliefen fast gar nicht... Er äußerte mehrmals, wenn das nicht aufhöre, müsse es seinen Geist zerstören..."

Das Erschütterndste für Clara war, daß ihr gütiger, immer liebevoller Robert sie anflehte, von ihm zu gehen, weil er fürchtete, ihr ein Leid anzutun.

Am Morgen des 26. Februar 1854 kommt es zur Katastrophe. Die Engelsstimmen, die guten Geister, die ihm Themen von Schubert und Mendelssohn zugespielt hatten, verwandeln sich in bösartige Dämonen, sie bedrohen ihn grausam, er schreit zuweilen vor Angst... Clara achtet darauf, daß er keinen Augenblick allein bleibt. Trotzdem gelingt es ihm, unbeobachtet die Wohnung zu verlassen. Er läuft im strömenden Regen zur Rheinbrücke und stürzt sich in die Fluten. Schiffer haben es beobachtet, er wird gerettet und, von Scharen bunter Narren umgeben, nach Hause gebracht: Es ist ja Rosenmontag.

Aus Sorge für das Ungeborene sucht man Clara den Selbstmordversuch zunächst zu verheimlichen. Sie hält sich bei der blinden Freundin Rosalie Leser auf, wie gelähmt von dem Unerklärlichen, Unheimlichen dieser Erkrankung. Robert wird wenige Tage später auf eigenen Wunsch in eine Nervenheilanstalt, Endenich bei Bonn, gebracht. Sein Arzt und zwei Krankenwärter begleiten ihn.

Brahms an Clara Schumann 1854:
„Sie haben das Eisen brennen sehen, ich muß es oft denken."

3 | „Kreisler und Brahms streiten sich"

Brahms erfährt das Geschehene aus einer Zeitungsnotiz. Die Nachricht bringt ihn und die Freunde, Joachim und Grimm, vollständig aus dem Gleichgewicht. Erschüttert denken sie an Robert und Clara, die ihnen bisher untrennbar schienen, an das harmonische Heim, die verwaisten Kinder. Am liebsten würden sie sofort zusammen zu Clara fahren. Doch Joachim ist durch seine Stellung am Hannoverschen Hof gebunden, er vermag sich erst später und nur kurzfristig freizumachen. Brahms reist sofort, Grimm folgt. Sie mieten sich in der Nähe der Bilker Straße ein. Gemeinsam mit Roberts liebstem Schüler, Albert Dietrich, versuchen sie, der verzweifelten Frau ihre jugendliche Teilnahme zu zeigen. Es gelingt ihnen, Clara durch die Beschäftigung mit Roberts Musik allmählich etwas ruhiger, ein wenig hoffnungsvoller zu stimmen. Sie spielt den Freunden seine *Faust-Musik* vor, die sie noch nicht kennen, mit Brahms zusammen auch vierhändige Werke von Robert, dazwischen Neues von Johannes.

Am 11. Juni 1854 wird Felix Schumann geboren, seine Taufe bis zu Roberts Rückkehr verschoben. Sie fand dann in aller Stille zu Neujahr 1855 statt; Brahms war einer der Taufpaten.

Am 21. Juni 1854 erhält Clara zum erstenmal ein direktes Lebenszeichen von ihrem Mann: einige Blumen. Es geht wie ein Aufatmen durch sie, wenn auch bald danach wieder schlechte Nachrichten kommen, die von Gehörstörungen und irren Reden berichten. Am Verbot ihres Besuches bei dem Kranken wird unerbittlich festgehalten; man kann sich vorstellen, wie qualvoll sie gerade diese Maßnahme empfinden mußte. Nach der damaligen Auffassung der Psychiatrie wollte man die Erinnerung an die furchtbaren Ängste, die Schumann in der letzten Düsseldorfer Zeit ausgestanden hatte, unter keinen Umständen durch eine Begegnung mit Clara wieder aufleben lassen, die ja Zeugin dieser qualvollen Erlebnisse gewesen war.

Ihr wird in diesen Wochen und Monaten von vielen Seiten Mitgefühl und

Erste Seite des H-Dur-Trios für Pianoforte, Violine und Cello

Verständnis zuteil, auch erreichen sie großzügige finanzielle Hilfsangebote. Gut gemeint sind alle, doch zuweilen werden sie ungeschickt vorgetragen – und Clara ist stolz. So möchte der Verlag Breitkopf & Härtel in Leipzig ein Konzert „zu ihrem und der Kinder Besten" veranstalten. Das lehnt sie freundlich dankend, doch energisch ab. Vom Herbst an will sie selber wieder konzertieren, und noch wird Roberts Gehalt vom Musikverein weiter gezahlt.

Am wohlsten fühlt sie sich beim Musizieren mit den jungen Freunden. „Es ist das einzige, was mir jetzt Linderung verschaffen kann – seine Musik!" Natürlich gehören auch neue Werke von Brahms zu den gemeinsam bestrittenen Programmen. Clara begeistert sich für „sein ganz geniales *H-Dur-Trio*", bei dessen Wiedergabe auch Rosalie Leser zuhört. Clara kritisiert die häufigen Tempowechsel darin, wie auch sein zuweilen willkürliches Musizieren, das für die Mitspieler erschwerend ist. Einmal steht in ihrem Tagebuch: „Brahms war eben nicht sehr liebenswürdig gegen mich, wie er denn überhaupt, wie mir scheint, durch die furchtbare Anbetung von den anderen jungen Leuten verdorben wird, denn er äußert sich oft über Dinge in einer Weise, wie ich es z. B. von meinem Robert nie ähnlich gehört." Rosalie empfindet ähnlich, besorgt ermahnt sie Clara, die reife, anerkannte Künstlerin, sich diesem jungen Menschen gegenüber nur ja nichts zu vergeben.

Sie vermerkt nach diesem Gespräch nachdenklich: „Ich kann einem solchen Künstler gegenüber nicht verhehlen, wie viel höher ich Produktivität (wahre, geniale) als Virtuosität schätze… Dann aber erscheint mir beim Künstler nicht das Alter, sondern, wie überhaupt bei allen Menschen, der Geist maßgebend, und so denke ich im Zusammensein mit Brahms nie an seine Jugend, sondern fühle mich durch seinen Geist immer in schönster Weise angeregt und belehrt."

Mit der Jugendfreundin Emilie List und Rosalie fährt sie am 10. August nach Ostende, um Kräfte für die kommende Konzertsaison zu sammeln. Die mondäne Kulisse dieses Badeortes, das Geschwätz eleganter, gleichgültiger Menschen tun ihr weh. Auch ein Konzert des Virtuosen Vieuxtemps läßt sie kalt. Doch erlebt sie an diesem Abend zum erstenmal den damals achtundzwanzigjährigen Julius Stockhausen, einen deutsch-französischen Bariton, der einige Lieder von Robert „wahrhaft ergreifend" vorträgt. Es ist der Beginn einer lebenslangen Freundschaft. Julius Stockhausen wurde der ideale zeitgenössische Interpret von Schumann, Schubert und bald auch Brahms und ein ebenso guter Freund von diesem wie von Joachim.

Clara hatte Johannes vor ihrer Abreise vorgeschlagen, inzwischen eine Wanderung durch Süddeutschland zu unternehmen. Das erste Stück Weges begleitete ihn Grimm; danach, allein mit seinen Gedanken an Clara, der er seit dem Unglück so nahesteht wie nie zuvor, lassen sich die Gefühle, die sie in ihm geweckt hat, nicht mehr zurückdrängen. Es ist vielleicht die einzige Zeit seines Lebens, in der Brahms von Empfindungen vollständig überwältigt wird, in der selbst die Musik zeitweise zurücktritt. Er lebt in einem ständigen inneren Dialog mit Clara. Zunächst macht er in Heidelberg Station; er wollte das Haus sehen, in dem Schumann als Student gewohnt hatte.

„Die Läden waren verschlossen, weshalb ich mich mit Vermutungen begnügen mußte… Schon Mittags ging ich fort von Heidelberg, um nur recht bald mitten in der Welt zu sein und die Sehnsucht zu verlieren. Bis Heilbronn ging ich zu Fuß am Neckar, sah unterwegs viel Herrliches… In Heilbronn hatte ich große Kämpfe zu bestehen; ich wollte rasch nach Ulm und weiter und wollte umkehren. Ich habe oft Streit mit mir, das heißt, Kreisler und Brahms streiten sich.

Aber sonst hat jeder seine entschiedene Meinung und ficht die durch. Diesmal jedoch waren sie beide ganz konfus, keiner wußte, was er wollte, höchst possierlich war's anzusehen. Übrigens standen mir fast die Tränen in den Augen.

Jetzt bin ich weiter, schon in Esslingen, per Eisenbahn, und schreibe an Sie während etwas Eichendorff losgelassen ist: dunkle Mitternacht, die Brunnen verschlafen rauschen, verworrene Stimmen und tiefe Wehmut im Herzen.

Ich muß die Feder oft aus der Hand legen, weil mich der Gedanke immer übermannt: Ich könnte ja umkehren und die Wälder und Burgen lassen, wo sie sind!"

Am nächsten Morgen schreibt er: „Länger halt ich's nicht aus; ich reise zurück, noch heute. Ich will nach Hause und musizieren und lesen allein, bis Sie kommen und ich es mit Ihnen kann."

Nach Hause: Das ist für ihn jetzt Claras Heim. Am 21. August kann er ihr berichten, daß er in Endenich war, den Arzt sprach und von einem Fenster aus Schumann im Garten beobachten durfte.

„Sein Blick ist freundlich und helle, seine Bewegungen sind ganz dieselben wie früher… er rauchte in kleinen Zügen wie sonst, sein Gang und Gruß waren freier und fester… Meine Gefühle in dieser Stunde kann ich Ihnen nicht beschreiben, ich zitterte heftig und konnte mich nur mit größter Kraft halten, nicht hinauszurufen, zu ihm zu eilen… Sie hätten es nicht ausgehalten…"

Anfang September kehrte Clara zurück, durch den Aufenthalt am Meer gekräftigt, auch psychisch durch die gute Nachricht über Roberts Befinden etwas ruhiger. Brahms hatte inzwischen seine *Variationen über ein Thema von Robert Schumann* an Breitkopf & Härtel verkauft, es erschien als sein *op. 9.* Gleichzeitig kamen Claras *Variationen op. 20* über dasselbe Thema heraus; sie hatte diese zum Geburtstag ihres Mannes am 8. Juni 1853 geschrieben. Einen Tag vor ihrem fünfunddreißigsten Geburtstag erhielt sie einen Brief des Arztes, der sie bat, doch einige Zeilen an Schumann zu schreiben: Er zweifle an Claras und der Kinder Existenz, weil er so lange keinen Brief erhalten habe!

„Mir war es erst, als könnte ich es nicht – nur wenig sollte es sein. – Wenig für ein Herz, das 6 Monate so unaussprechlich gelitten! ... Es beglückte mich aber so sehr der Gedanke, daß Robert meine ersten Zeilen wieder gerade zum 13. (Claras Geburtstag) haben sollte! Ach, so wußte ich doch, er mußte an mich denken...

Ich stand trübe am Morgen auf, doch blieb ich es nicht lange; Brahms, der liebe Mensch, den ich wirklich liebhaben könnte wie einen Sohn, überraschte mich so, daß ich ganz ergriffen war, und zwar mit dem vierhändigen Arrangement von Roberts Quintett und dem zweihändigen des Scherzos... Eine große Überraschung gewährte mir das Spiel der Marie und Elise von vier *Bildern aus dem Osten,* die sie wundernett spielten. Brahms hatte sie ihnen einstudiert. Es war dies die erste Freude am Morgen gewesen. Ach, hätte er doch all die Freuden mit haben können."

Am 14. September hatte sie ein langes Gespräch mit Brahms, „das mich teils mit neuer Bewunderung für ihn erfüllte, teils auch betrübte. Ob wohl die Menschen jemals diese schöne Natur erkennen werden? Wird er nicht vielleicht sein ganzes Leben hindurch verkannt dastehen? Werden es nicht nur wenige sein, die ihn verstehen? Ich glaube es, aber die wenigen werden ihn auch recht verstehen und lieben, wie mein teurer Robert es ja sogleich getan... Korrektur meiner Variationen von Härtel. Brahms hat eine schöne Idee gehabt – eine Überraschung für Dich, mein Robert! Mein Thema aus alter Zeit hat er in Deines mit verflochten – ich sehe schon Dein Lächeln!"

Dieses Lächeln schien ihr einen Tag später wirklich zu begegnen: in dem ersehnten ersten Brief von Robert. Brahms übergab ihn; sie konnte vor Erschütterung lange Zeit nicht lesen. Es war ein liebevoller, zarter Brief, ganz Robert, er erinnerte an vergangene, gemeinsam durchlebte Zeiten. Erst ganz allmählich mag Clara bewußt geworden sein, daß die ständige Hinwendung zum Vergangenen, der zaghaft fragende, tastende Ton deutlich machten, wie sehr die Krankheit sein Wesen verändert hatte.

Es heißt auch in dem Brief: „O könnt ich Euch einmal sehen und sprechen, aber der Weg ist doch zu weit. So viel möcht ich von Dir erfahren, wie Dein

Leben überhaupt ist, wo Ihr wohnt, und ob du noch so herrlich spielst wie einst, ob Marie und Elise immer vorschreiten – ob Du den Klemmschen Flügel hast – wo meine Partiturensammlung (die gedruckten) und die Manuskripte (wie das Requiem, des Sängers Fluch) hingekommen sind, wo unser Album…"

Weitere Fragen folgen. Aber zuletzt ist es, als wiche sein Geist in ferne, rätselhafte Sphären aus. „O wie gern möchte ich Dein wunderbares Spiel einmal hören –. War es ein Traum, daß wir im vorigen Winter in Holland waren?"

Später schreibt Schumann auch an Johannes und Joachim und bedankt sich für übersandte Kompositionen. Seine musikalischen Urteile sind klar formuliert, sachlich begründet. In weiteren Briefen an Clara jedoch ist es, als entferne Robert sich mehr und mehr, und im vorletzten Brief, den sie erhält, steht das erschreckende Wort: „Meine Clara, mir ist, als stände mir etwas Fürchterliches bevor. Sehe ich Dich und die Kinder nicht mehr, wie weh!"

Man begreift, daß die Tage, an denen Briefe aus Endenich kamen, zu den „fürchterlichsten" für Clara wurden. Um so belebender sind Stunden des gemeinsamen Musizierens und Bücherlesens, auch endlose Gespräche mit Brahms. Ihm wird nichts zuviel, er geht jeder Anregung nach, probiert mit immer wacher Freude Werke älterer und wenig bekannter Meister, seine Begierde nach geistiger Nahrung scheint unstillbar. Sehr schön beschreibt er in einem Brief an Joachim Claras Klavierspiel in dieser Zeit:

„Sie spielt ganz mit der früheren Kraft, aber intensiver, noch mehr wie Du. Sie spielte mir gestern meine *f-Moll-Sonate* vor, ganz wie ich sie gedacht, dann aber edler, mit ruhigerer Begeisterung, nebenbei sauber und rein und in den größten Kraftstellen mit dem herrlichsten Ton, lauter kleine Vorzüge, die sie vor mir hat." Er setzt hinzu: „Teurer, solange Frau Schumann hier ist, gehe ich, *kann* ich nämlich nicht fort."

Erst nachdem Clara zu Konzerten aufgebrochen ist, fährt Brahms zu Joachim, von dort nach Hamburg. Er wird von Eltern und Geschwistern, von seinen alten Lehrern und jungen, ihm nahestehenden Musikern sehr herzlich aufgenommen, aber er selbst ist nicht ganz präsent. Als Clara ihm mitteilt, daß sie einige Sätze aus Johannes' ersten Werken auf ihr Leipziger Programm gesetzt hat, schreibt er ihr: „Ich träume jedoch viel vom Winter, wie wir beide ihn allein verleben oder herrlich und in Freuden mit Ihrem geliebten Mann. Wie gern erlebte ich meine Apotheose in Ihrem Konzert, es ist mir wirklich zu viel der Ehre. Wenn ich Sie ansehe beim Spielen, kommen mir meine Sachen geweiht vor."

Sehr witzig äußert er sich über Avé-Lallemant, der im Musikleben Hamburgs eine Rolle spielt und ihn für einen Abend zu sich eingeladen hat. „Er sagte aber nicht wie Sie: Wir wollen hübsch musizieren, sondern: Da wollen wir uns denn mal *recht* über Musik aussprechen. Ich werd's wohl nicht lange aushalten und dazwischenfahren mit einigen cis-, f- oder fis-Moll-Akkorden..."

Etwas später heißt es: „Ich kann mich in mein früheres Leben nicht wieder finden; ich kann nicht mehr zu vieren in zwei kleinen Zimmern hausen; früher lag ich als ein tüchtiger Orgelpunkt unten oder schwebte oben, ließ alles um mich herumlaufen, jetzt rücke ich immer mit, kann mich nicht absondern und meinen eigenen Weg gehen. Ich habe mich an das einsame Sitzen gewöhnt, daß ich sie bitten muß, mich allein zu lassen, wenn ich an Sie schreiben will..."

Die Äußerungen seiner Empfindung für Clara sind zart, humorvoll, bei aller Zurückhaltung Bekenntnisse eines Romantikers. Manchmal wird man an Schumanns Lied *Der Page* erinnert; sicher hat es Brahms gekannt. Es verbindet den Ausdruck vollkommener Entsagung mit intensivstem Gefühl:

> Da ich nun entsagen müssen
> Allem, was mein Herz erbeten,
> Laß mich diese Stelle küssen,
> Die Dein schöner Fuß betreten.

Die Rolle des Entsagenden war Johannes vom Schicksal aufgezwungen worden. Seine Verehrung für Schumanns menschliche Güte, sein künstlerisches Verständnis fanden darin gleichermaßen Ausdruck. Claras Dankbarkeit wiederum war der Lohn für all die kummervollen, erregten Stunden, die er mit ihr verbrachte, für endlose Gespräche und Briefe, in denen Johannes sie beschwor, ihr zuredete, sie beschwichtigte. Sein Eingehen auf ihre Probleme und Gefühle – die Gefühle einer reifen, sehr sensiblen Frau – hatte seine Stellung zu ihr nach und nach verändert. Die Briefe, die er ihr in dieser Zeit schreibt, sind nicht mehr verschlüsselt; es sind ganz einfach die Briefe eines Liebenden. Er redet sie als „innigst geliebte Freundin" an, er nennt sie,

Clara Schumann nach Roberts Erkrankung

Joseph Joachim und Clara Schumann, konzertierend. Pastell von Adolph Menzel

nach einem Eichendorff-Vers, „viel schöne hohe Fraue" oder „meine ge-
liebteste Clara" und ist überglücklich, als sie auf seinen Wunsch eingeht und
ihn brieflich duzt.

Seine innere Situation sucht er ihr mit Witz und Charme zu signalisieren,
so schreibt er aus Hamburg:

„Ich habe Ihnen einen zu gräßlichen Brief geschrieben, das sehe ich ein, ich
schreibe Ihnen einen zweiten aus 1001 Nacht ab, er schildert meinen Zustand
aufs deutlichste, trotzdem jener Schreiber Prinz war und ich Komponist.

Nachdem Ihnen also Johannes noch ganz vernünftig Gute Nacht sagt,
richtet der Bramine sich mühsam von seinem Lager auf, nimmt Papier und
den Kalane zur Hand und schreibt: (Als Antwort auf Ihren letzten Brief)

Im Namen Gottes des Gnadevollen und Allseligen. Dein Brief, o Herrin,
ist angekommen und hat Balsam in eine von Sehnsucht und Verlangen ge-
quälte Seele geträufelt und Heilung einem zerrissenen und kranken Herzen
gebracht. Dein ermatteter Sklave (wie schön!) hat all die huldvollen Worte
seines Inhaltes vernommen, und bei Deinem Haupte, o meine Herrin! Ich
bin in jenem Zustande, den der Dichter schildert:

Das Herz ist beklommen und Bekümmernis erweitert und schlaflos das
Auge und müde der Leib, verkürzt die Geduld, dauernd aber die Trennung
und der Verstand in Verwirrung und das Herz verloren. (Ach!)... Wollte
Gott, es wäre mir noch heute und anstatt diesen Brief abzusenden erlaubt,
Dir mündlich zu wiederholen, daß ich aus Liebe für Dich sterbe. Mehr ver-
mag ich vor Tränen nicht zu sagen.

Lebt wohl. –

Kamaralsaman Ebn Brah.

Als Ebn Brah mit seinem unter Seufzern und Weinen verfaßten Briefe fertig war, trug er ihn zur preußischen Post, warf ihn in den Briefkasten und
sagte: Ich beschwör' Euch, bringt diesen Brief meiner geliebten Herrin und
grüßt sie von meinetwegen.

J. B."

Er bemüht sich, auch Gedanken zu äußern, die sie erfreuen mögen, vielleicht
sogar zum Lachen bringen. Im Oktober schreibt er ihr: „Herr Marxsen ist
äußerst glücklich über mein besseres Spiel, auch das danke ich Ihnen; erst
nachdem ich Sie gehört und gar, als ich Sie erheitern und erfreuen konnte

durch mein Spiel, erst seitdem kann ich auch anderen sagen, was ich fühle." Manchmal bricht sein jugendlicher Humor durch; so berichtet er von einem Kirchenkonzert des Berliner Domchors: „Ein schönes Potpourri hatten die Leute zusammengestellt. Das Köstlichste war ein Choral für Orgel, Chor und obligate Posaune. Letztere hatte die Melodie oder liebliche Figurationen. Eine orthodoxe Dame sagte mir neulich, sie ginge nicht ins Konzert, denn die Kirche würde gar mit Gas erleuchtet, das sei doch gräßlich, gar zu weltlich!

Wenn die gute Dame gewußt hätte, daß wir nicht einmal zu Gottes Ehre gefroren haben, sondern daß die Kirche geheizt war!"

Auch aus Düsseldorf schickt er ihr Anfang Februar 1855 den Bericht über ein Konzert: „... es war überfüllt, denn Helene Berg sang... Ich liebe das Jodeln nicht sehr hinter Beethoven, Mozart, Händel, Bach, Schumann, Mendelssohn usw. Doch jodelte Helene wirklich merkwürdig anständig und nobel, sie leistete das Mögliche im Jodeln, man kann ihr Jodeln eigentlich besser vertragen als das Gekrächze und Gejubele, was dahinter kommt. (Den Chor des lieben Publikums)."

Auf „scharfe Vorwürfe" von Clara – worüber? – antwortet er ihr: „Ich kann Ihnen nicht eine Idee von dem schreiben, was ich Ihnen sagen oder tun könnte. Sehen Sie doch meine Briefe als die allerkleinsten Liebkosungen meiner Seele an. Ich liebe Sie zu viel, um es Ihnen schreiben zu können."

Es ist anzunehmen, daß Clara den Zustand, in dem sich Brahms ihr gegenüber befand, zunächst nicht voll erkannt hat. Verehrung, Schwärmerei, liebevolles Eingehen auf jeden ihrer Wünsche wurden ihr seit Jahren überall zuteil, vornehmlich dort, wo sie als Künstlerin in Erscheinung trat. Auch nach Roberts Erkrankung war die Erinnerung an ihr menschliches und künstlerisches Zusammenwirken ein Schutz für Claras Unantastbarkeit. Johannes fühlte und respektierte das. Nach seiner vorzeitigen Rückkehr von der süddeutschen Wanderung muß sie sich jedoch über seine Gefühle klar geworden sein. Ihre Briefe aus dieser Zeit, die Brahms ihr später zurückgab, hat sie vernichtet, auch er einen Teil seiner eigenen. Doch mehr als überschwengliche Briefe mag sie ein Vorfall im Januar 1855 aufgeschreckt haben.

Sie reiste damals zu Konzerten nach Holland. Johannes hatte sie und ihre Reisebegleiterin Agnes Schönerstedt noch zum Rheindampfer nach Emmerich gebracht; er sollte während ihrer Abwesenheit im Schumannshaus wohnen bleiben und nach dem Rechten sehen, sich vor allem mit den Kindern und ihren Anliegen beschäftigen. Claras Konzerte begannen in Rotterdam. Und dort, zwei Tage nach ihrer Abreise, stand Johannes plötzlich vor ihr!

„Erst war ich recht sehr erschrocken", trägt sie ins Tagebuch ein, „dann aber überließ ich mich der innigsten Freude." Brahms blieb bis zum 23. Januar, erlebte ein Festkonzert, in dem Schumanns 1. Sinfonie aufgeführt wurde und Clara die *Phantasie für Piano, Chor und Orchester* von Beethoven spielte. Danach kehrte er nach Düsseldorf zurück. In seinem nächsten Brief schrieb er ihr: „Jetzt bereue ich schon, Ihnen nachgereist zu sein, wär ich's noch nicht, da dürfte ich's jetzt, und das wäre mir den Augenblick viel lieber."

Noch deutlicher sind Worte, die er einmal während Claras Anwesenheit an Grimm richtete: „Verzeih die schändliche Schrift, aber Frau Schumann sitzt unten, und entweder sie oder ich – einer von beiden sehnt sich nach dem anderen."

Zwei musikalische Erlebnisse verbanden Clara und Johannes besonders eng. Sie hörten in Köln zusammen die *Missa Solemnis* von Beethoven, in Hamburg Robert Schumanns *Manfred*. Clara schreibt nach der *Missa*-Aufführung: „Es überwältigte mich ganz und gar, wahrhaftig, es ist Musik von einem Gott für keine Menschen, sondern für Götter geschrieben... uns beiden fiel zu gleicher Zeit ein, wie die Messe in ihrer Größe und Kunst wohl diesem Dom zu vergleichen sei, der einem auch wie von Göttern gebaut erscheint."

Die Reise zu Schumanns *Manfred*, der zum erstenmal konzertant wiedergegeben wurde, führte sie nach Hamburg. Clara wohnte diesmal bei Brahms' Eltern. Besonders seine Mutter liebte sie sehr: „Die Frau ist so prächtig! Sie gibt's, wie sie's hat, so einfach gemütlich, macht gar kein Hin- und Herredens, und so hab' ich's am liebsten." Clara versuchte die Ansichten der Eltern über den künstlerischen Weg ihres Johannes vorsichtig zu beeinflussen, wohl nicht mit großem Erfolg. „Wie kann es mir so leid tun, Johannes gerade jetzt von den Seinigen am wenigsten verstanden zu sehen! Mutter und Schwester ahnen nur das Außerordentliche in ihm, aber Vater und Bruder können nicht einmal das."

Clara genoß die recht gute Aufführung des *Manfred*, den sie sehr liebte. Johannes scheinen Musik und Dichtung gleichermaßen erschüttert zu haben.

Die Tragik der schwesterlichen Astarte, die an der schuldhaften Liebe des Bruders zerbricht, mochte warnend seinen Gefühlen für Clara wehren.

> Ihr Geist umschloß das Weltall, doch besaß
> Sie sanftere Gewalten noch als ich,
> Erbarmen, Lächeln, Tränen, die mir fremd,
> Und Liebe, die ich nur für sie empfand,
> Und Demut, welche nimmer ich gekannt –

Ein Thema im ersten Satz seiner damals konzipierten *c-Moll-Symphonie* zeigt innere Verwandtschaft mit Themen der *Manfred-Ouvertüre*.

Zwischen ihren zahlreichen Konzertengagements kehrte Clara, wenn irgend möglich, stets für kurze Zeit nach Düsseldorf zurück. Die Sorge um Robert, die Sehnsucht nach den Kindern und die Anwesenheit von Johannes waren Grund genug. Sein 22. Geburtstag wurde von der ganzen Familie festlich begangen. „Er genoß ihn recht mit heiterstem Sinne, daß ich mir ordentlich mit jünger geworden erschien, denn er zog mich mit in den Strudel seines Humors, und seit Roberts Krankheit verlebte ich doch keinen so heiteren Tag, obgleich ich am Morgen einige Zeilen von Robert erhielt, die mich sehr beunruhigten... Johannes ließ mich meiner Unruhe nicht nachhängen! An ihn schickte Robert die Original-Partitur der *Braut-von-Messina-Ouvertüre* mit einigen sehr lieben Worten. Ich schenkte ihm außer einem Dante und Ariost, Robert und seiner Mutter und Schwester Photographie. Joachim kam am Nachmittag, um Johannes' Freude noch voll zu machen."

Längst war Brahms klargeworden, daß er von Verlegerhonoraren allein nicht – noch nicht – existieren konnte. Er hatte in Düsseldorf nach Schülern gesucht, von Clara darin unterstützt. Es war aber eine ungute Zeit. Die Auswirkungen des Krimkrieges beeinflußten überall das wirtschaftliche Leben, auch in Deutschland. So waren die Preise für Lebensmittel z. B. um die Hälfte gestiegen: Welche bürgerliche Familie konnte unter solchen Umständen daran denken, ihren Kindern zusätzlichen Klavierunterricht geben zu lassen? Auch Claras Bemühungen halfen daher nicht viel. Das Konzertieren als nächstliegende Erwerbsmöglichkeit war Brahms im Innersten zuwider. Es ist interessant, daß Joachim, der ihn über alles liebte und seine schöpferischen Fähigkeiten bewunderte, die negativen Seiten im Charakter des Freundes mit seinem scharfen Intellekt schon früh erkannt hat. Er schreibt einmal an Gisela von Arnim:

„Brahms ist der eingefleischteste Egoist, den man sich denken kann, *ohne daß er es selbst wüßte*, wie überhaupt alles bei ihm in unmittelbarer Genialität recht unbesorgt aus seiner sanguinischen Natur herausquillt... Wahrhaft genialisch ist seine Art, sich alle ungesunden Empfindungen und eingebildeten Schmerzen anderer vom Halse zu halten, darin ist er wahrhaft gesund, wie denn auch seine Sorglosigkeit für die Existenz in ihm schön, ja großartig ist. Nicht das kleinste Opfer seiner geistigen Neigungen ist er gewillt zu bringen – er will nicht öffentlich spielen, aus Nichtachtung des Publikums und aus Bequemlichkeit –, obwohl er ganz göttlich schön musiziert; ich habe nie ein Klavierspiel gehört, daß mich (mit Ausnahme Liszts vielleicht) so befriedigt hätte... Auch seine Kompositionen sind so ein leichtes Spiel mit der schwierigsten Form – so reichhaltig – allen Erdenkummer rücksichtslos von sich weisend. Mir ist solche Begabung noch nie vorgekommen. Er ist mir weit vorgeschritten..."

Inzwischen hatte Brahms eingesehen, daß er kein Recht besaß, auf Konzerteinnahmen zu verzichten, nur, weil ihm das Auftreten in der Öffentlichkeit keine Freude machte. (Daß es später zum wichtigsten Mittel wurde, seine Kompositionen einem zögernden Publikum vorzustellen und nahezubringen, erkannte er noch nicht.) Die Vorbereitungen für die geplanten Konzerte des Winters, auch solche mit Clara und Joachim, nimmt er sehr ernst. Wie stets hilft ihm dabei seine unerbittliche Selbstkritik. Er schreibt an Grimm: „Ich will diesen Winter öffentlich spielen und bemerke mit Schrecken, daß meine Scheu, vor Leuten zu spielen, gar zu sehr überhand genommen hat. Wie soll das gehen, ich habe zuweilen bedeutende Angst. Nun übe ich..."

Die Herbstzeit brachte Unruhe, Trennung, Aufbruch. Clara konzertierte erfolgreich mit Joachim in Berlin; zu zwei eingeschobenen Soireen in Danzig wurde Johannes mitgenommen und jedesmal ein Riesenprogramm abgewickelt. Dort besuchte ein Wiener Kollege die Konzertgeber. Anton Door, später auch mit Brahms befreundet, schildert seinen ersten Eindruck von ihm: „Während der ganzen Zeit unseres Zusammenseins ging im Hintergrund des Zimmers ein schlanker junger Mann mit langen blonden Haaren, Zigaretten rauchend, fortwährend auf und ab, ohne sich im geringsten um meine Anwesenheit zu bekümmern, nicht einmal durch ein leises Kopfneigen verratend, daß er mich bemerkt hätte; mit einem Wort, ich war Luft für ihn. Dies war mein erstes Zusammentreffen mit Johannes Brahms."

Danach hatte Brahms zwei Engagements in seiner Heimat. Er spielte zunächst Beethovens *Klavierkonzert G-Dur*. Es war sein erstes Auftreten als Solist mit Orchester. „Ich hatte viel Beifall", schreibt er Clara, „spielte ganz ruhig und hörte jeden Ton vom Orchester, wir waren doch immer genau zusammen. Ich finde es gar nicht schwer, mit Orchester zu spielen, aber eine wahre Wonne ist's."

In Hamburg sollte er das *Es-Dur-Konzert* von Beethoven in einem Konzert spielen, das Otten leitete. „Ich hatte bedeutenden Beifall, für Hamburg ganz enthusiastischen. Ich habe mit aller Besonnenheit feurig gespielt. Es ging schon ungleich besser als in Bremen." Interessant ist für uns, daß damals in Orchesterkonzerten auch Klavier-Soli durchaus üblich waren; so hatte Johannes in Bremen außer dem *G-Dur-Konzert* noch Schumanns *C-Dur-Fantasie op. 17* für Klavier allein vorgetragen, in Hamburg Klavierstücke von Schubert und Schumann. Die Kritik war wohlwollend, nicht mehr, aber Clara war schon glücklich, daß Johannes, trotz seiner bisherigen Abneigung, nun doch Gefallen am Konzertieren zu finden schien.

Zu Weihnachten war er wieder in Düsseldorf. Die Kinder erfreuten sie mit musikalischen Überraschungen: Die vierzehnjährige Marie spielte mit Joachim die *a-Moll-Violinsonate* ihres Vaters, Elise, zwölfjährig, seine *Kinderszenen*.

Schon am Silvestertag mußte Clara zu einer Konzertreise nach Wien, Budapest und Prag aufbrechen, überall freundlich empfangen. Im April folgte die schon vor Roberts Erkrankung geplante erste Englandreise. Sie fuhr allein – in ein unbekanntes Land, dessen Musikleben damals noch keineswegs den Standard deutscher oder österreichischer Musikstädte erreicht hatte.

Der schwere Druck, der während dieser ganzen Monate auf ihr lastete, kam nicht so sehr von der Bewältigung der Fremde. Er wurde von Nachrichten über Robert ausgelöst. Brahms hatte ihr schreiben müssen, daß dieser sich nur noch in einzelnen durcheinander huschenden Worten verständigen könne. Und Dr. Richartz teilte ihr mit, daß der Patient unrettbar verloren sei. Als sie am 4. Juli in Antwerpen anlangte, erwartete sie dort Johannes. Er konnte die traurige Nachricht nur bestätigen. Am 23. Juli forderte sie eine

Depesche aus Endenich auf, sofort zu kommen, wenn sie ihren Mann noch am Leben sehen wolle. Brahms beschreibt den folgenden Tag in einem Brief an Grimm:

„Er hatte einen Anfall gehabt, von dem die Ärzte glaubten, er hätte den Tod sogleich zur Folge. (Ich weiß den Namen nicht, ein Lungenkrampf?) Ich ging zu ihm, sah ihn jedoch gerade in Krämpfen und großer Aufregung, so daß auch ich wie die Ärzte Frau Schumann abrieten, zu ihm zu gehen, und sie zur Rückreise bewegten.

Schumann lag immer, nahm nichts mehr zu sich als löffelweise Wein und Gelee. Frau Claras Leiden aber in den Tagen war so groß, daß ich ihr Sonnabend abend vorschlagen *mußte*, wieder hinüberzugehen und ihn zu sehen.

Jetzt und immer danken wir Gott, daß es geschehen, denn es ist für ihre Ruhe unumgänglich nötig. Sie sah ihn noch Sonntag, Montag und Dienstag früh. Den Nachmittag um vier starb er. Ich erlebe wohl nie wieder so Ergreifendes wie das Wiedersehen Roberts und Claras.

Er lag erst länger mit geschlossenen Augen, und sie kniete vor ihm, mit mehr Ruhe, als man es möglich glauben sollte. Er erkannte sie aber hernach und auch den folgenden Tag. Einmal begehrte er deutlich, sie zu umarmen, schlug den Arm weit um sie. Sprechen konnte er schon länger nicht mehr, nur einzelne Worte konnte man (vielleicht mehr sich einreden zu) verstehen. Schon das mußte sie beglücken. Er verweigerte öfter den gereichten Wein, von ihrem Finger sog er ihn manchmal begierig und lange ein und so heiß, daß man bestimmt wußte, er kannte den Finger.

Dienstag Mittag (kam) Joachim von Heidelberg, das hielt uns etwas in Bonn auf, sonst wären wir vor seinem Entschlafen gekommen, so kamen wir eine halbe Stunde danach... Er war sehr sanft entschlafen, daß es kaum bemerkt worden war. Dann sah er ruhig als Leiche aus, wie wohltuend alles war...

Donnerstagabend beerdigten sie ihn. Ich trug ihm den Kranz vor, Joachim und Dietrich gingen mit, Mitglieder des Singvereins trugen den Sarg, es wurde geblasen und gesungen. Die Stadt hatte einen schönen Platz schon vorher für den Fall bestimmt und mit fünf Platanen besetzen lassen..."

Brahms und Joachim begleiteten Clara am nächsten Tag nach Düsseldorf, um ihr bei Nachlaßangelegenheiten zu helfen. Die Hauptsorge und Überlegung galt Schumanns Werken – den bereits veröffentlichten und den vorerst nur im Manuskript vorhandenen. Sie sollten beide, Clara und Brahms, noch jahrzehntelang beschäftigen und zu manchen Problemen führen. Schließlich ließ sich Clara zu einer Erholungsreise überreden. Ihre Söhne Ferdinand und Ludwig, acht- und siebenjährig, sollten mitkommen, auch Johannes, der bat, seine Schwester Elise mitnehmen zu dürfen. Es wurde deren einzige Reise, Ursache ihrer nie nachlassenden Verehrung und Liebe für Clara.

Und nun, nach über zwei Jahren vergeblichen Hoffens, psychischer Qualen und dem ständigen Zwang zu künstlerischer und menschlicher Selbstdisziplin, wird Clara von einer großen Ermattung befallen. Wieder ist eine Epoche ihres Lebens abgeschlossen. Aber mit welchem Verlust! Nach der Schweizer Reise, die an Schumanns Grab beginnt und endet, tritt etwas wie eine Pause im Dialog mit Johannes ein – für beide gleichermaßen notwendig.

Nun erst, da die Verpflichtung unbedingter Treue gegen Schumann entfällt, mag sich Johannes überlegt haben, wie er zu der geliebten Freundin steht – wie es weitergehen soll mit ihnen beiden. Die innere Verbundenheit mit Clara war ihm bisher als das Selbstverständlichste von der Welt erschienen. Wie hätte er sie in ihrem Schmerz nicht trösten, in ihrem Leid nicht lieben sollen? Noch im Oktober 1856 schreibt er ihr aus Hamburg: „Gestern bekam ich Deinen lieben Brief, meine Clara; ich wünschte mir nichts sehnlicher, als Dich trösten zu können, doch wie das? Mir kommt es ja selbst so unnennbar hart vor, was Du leidest, daß mir der Gedanke daran schwinden muß. Könntest Du nur fühlen, mit welcher Liebe ich so oft an Dich denke, Du wärest manchmal doch getröstet. Ich liebe Dich unsäglich, meine Clara, wie es mir nur möglich ist. Wie vieles hast Du aus meinem Herzen verdrängt und tust es immer mehr, ich merke (es) jedesmal mehr, wenn ich fern von Dir bin. Laß Dir das einen freundlichen Gedanken sein, daß Du mich jedesmal, wenn wir uns wiedersehen, mehr ganz hast…“

Sicher hat Brahms diese Worte in ehrlicher Überzeugung geschrieben. Doch nicht nur die Jahre trennen beide (als Clara heiratete, war Johannes sieben Jahre alt); die Notwendigkeiten ihrer Existenzen weisen in ganz verschiedene Richtungen. Das, was sie verbindet, wird bestehen bleiben, dazu bedarf es keiner äußeren Erklärungen. Keiner Ehe. Johannes begreift, daß er sein Leben auf eine andere Basis stellen, daß er sich freimachen muß von einem Traum, der eben nicht mehr als ein Traum sein kann. Er entscheidet realistisch. Sein Lebensstil wie auch seine Ausdrucksweise Clara gegenüber verändern sich nach und nach, aus dem ungestüm Liebenden wird ein treuer Freund, und wie in jeder langjährigen Freundschaft gibt es auch hier Krisen und Meinungsverschiedenheiten. Doch hat Brahms sich bis zu ihrem Tode nie mehr von ihr lösen können, und als reifer Mann schreibt er den Satz: „Ich liebe Dich mehr als mich oder irgendwen oder was auf der Welt."

Im Herbst 1856 ist Johannes 23 Jahre alt. Seine „Wertherjahre" hat er die Zeit nach Schumanns Erkrankung genannt. Und genau seit zwei Jahren stagniert die Herausgabe neuer Werke. Das für diese Zeitspanne aufschlußreichste Zeugnis, das *Klavierquartett c-Moll*, hat er erst 1875 vollendet und in Baden-Baden der Öffentlichkeit mitgeteilt. Brahms legte von früh an strenge Maßstäbe an seine Arbeiten, wie ja schon bei der Auswahl der ersten Werke zum Druck. Er hat sich nie und von niemandem zu Veröffentlichungen überreden lassen, auch die Begeisterung von fachkundigen Freunden beeinflußte sein eigenes Urteil wenig oder gar nicht. Er blieb sachlich. Auch anderen Komponisten gegenüber, wie z. B. Richard Wagner, dessen Bedeutung er früh erkannte, ohne in seinem Schaffen von ihm beeinflußt zu werden.

Zwei Jahre nach Schumanns Tod schreibt er einmal an Clara: „Wundere Dich nie, liebe Clara, daß ich nicht von meinen Arbeiten schreibe. Ich mag und kann das nicht. Ihr, besonders Du, denkt Euch mich, wie ich glaube, immer anders als ich bin. Ich bin nie, oder ganz selten nur etwas zufrieden mit mir. Wohl nie behaglich, sondern wechselnd vergnügt oder finster gestimmt. Ich habe aber so wenig Lust und Anlage, über meinen Mangel an Genie und Geschick zu anderen zu lamentieren, daß ich ganz von selbst immer anders aussehe. Dazu kommt, daß die Freude, die ich anderen und gar Dir z. B. zuweilen mache, mich so glücklich macht, daß man mir's ansieht und meint, ich sei für mich selbst so heiter und siegesgewiß."

Im Oktober 1853, in den glücklichen Tagen von Düsseldorf, als Brahms getragen wurde von der Gastfreundschaft im Schumannschen Haus, der Teilnahme an seiner Musik, hatte Schumann ihn und Albert Dietrich aufgefordert, gemeinsam mit ihm eine Violinsonate für Joachim zu komponieren; dieser hatte sein baldiges Kommen angekündigt. Grundthema sollte Joachims Devise sein: f – a – e ‚frei aber einsam'. Ein romantisches Wort! Als Joachim das Werk überreicht wurde, mußte er die Komponisten der verschiedenen Sätze erraten, was ihm leicht gelang. Jetzt erst, im Herbst 1856, mag Johannes bewußt geworden sein, daß diese Devise die Voraussetzung seiner eigenen künstlerischen Existenz war. Seine Sehnsucht nach menschlicher Partnerschaft, familiärer Geborgenheit, die ihn noch mehrmals packen sollte, durfte den schöpferischen Prozeß nicht aufhalten. Und wenn er später auch manchmal über das traurige Dasein eines Einzelgängers, eines „Abseiters" sinniert hat: Freiheit zum Schaffen blieb das Grundelement seiner Existenz. Weil er das erkannt hat, ist Johannes Brahms vom Herbst 1856 an ein anderer als zuvor.

Clara siedelte im September 1857 nach Berlin über, um ihren Kindern einen häuslichen Mittelpunkt zu geben, der für sie selbst während der Konzertsaison leicht erreichbar war. Das Düsseldorfer Heim, zwei Jahre lang Inbegriff eines Zuhauses für Johannes, existierte nicht mehr.

Brahms während einer Wanderung durch Süddeutschland 1854 an Clara:
„Schon Mittags ging ich fort von Heidelberg, um nur recht bald mitten in der Welt zu sein und die Sehnsucht zu verlieren. Bis Heilbronn ging ich zu Fuß am Neckar, sah unterwegs viel Herrliches...

In Heilbronn hatte ich große Kämpfe zu bestehen; ich wollte rasch nach Ulm und weiter und wollte umkehren. Ich habe oft Streit mit mir, das heißt, Kreisler und Brahms streiten sich. Aber sonst hat jeder seine entschiedene Meinung und ficht die durch. Diesmal jedoch waren sie beide ganz konfus, keiner wußte, was er wollte, höchst possierlich wars anzusehen. Übrigens standen mir fast die Tränen in den Augen. Jetzt bin ich schon weiter, schon in Eßlingen, und schreibe an Sie, während etwas Eichendorff losgelassen ist:
dunkle Mitternacht, die Brunnen verschlafen rauschen, verworrene Stimmen und tiefe Wehmut im Herzen."

4 | Serenadenzeit

Johannes hatte in den Düsseldorfer Jahren Clara gelegentlich bei ihren Schülern vertreten, wenn sie auf Konzertreisen ging. So auch bei Fräulein von Meysenburg aus Detmold, einer Tochter des Lippe-Detmoldschen Ministers. Claras Beziehungen zu diesem Hof bestanden erst seit 1855, als sie zwei Wochen lang Gast des regierenden Fürsten gewesen war, um Prinzessin Friederike zu unterrichten und die musikalisch interessierten „Allerhöchsten Herrschaften" mit Klaviervorträgen zu erfreuen. Die Aufnahme war herzlich gewesen, das Arrangement liberal und großzügig. Damals hatte sie erste Kontakte für Johannes geknüpft. Im Juni 1857 wurde er als Gast der Frau Minister von Meysenburg für eine Woche eingeladen, um in einem Hofkonzert Probe zu spielen und sich dem musikverständigen Fürsten vorzustellen. Brahms war danach für das Herbstvierteljahr 57, vom 1. September bis 31. Dezember, verpflichtet worden. Er sollte Prinzessin Friederike, einer Schwester des Fürsten, Klavierunterricht geben, den privaten Gesangverein im Schloß leiten und in Hofkonzerten und Soireen Solo spielen. Das Gehalt war großzügig bemessen; es betrug 566 Reichstaler, eine Summe, von der Brahms ein Jahr lang leben konnte. Er hat die gleiche Funktion auch in den Jahren 1858 und 1859 ausgeübt.

Detmold lag damals noch „hinter dem Mond", man konnte es nur mit einer Thurn-und-Taxisschen Postkutsche erreichen. Es war ein kleiner Hof im Stil des absolutistischen 18. Jahrhunderts, etwas vom Geist E. T. A. Hoffmanns schien hier noch lebendig. Die Etikette wurde sehr ernst genommen, korrekte Anreden, Kleidung und vorgeschriebene Höflichkeitsbezeigungen waren ungeheuer wichtig. Brahms kam aus einem Stadtstaat, in dem es keine „Allerhöchsten Herrschaften" gab. Manche der gelockerten Gepflogenheiten des englischen Lebensstils hatten sich durch den lebhaften Handelsverkehr mit den Briten im Laufe der Zeit auch hier durchgesetzt. Hamburg und die Hamburger waren im großen und ganzen weltoffen, auch human und selbstbewußt. Letzten Endes war das Geld bestimmend, doch herrschte kein Untertanengeist. Brahms ist in solcher Atmosphäre aufgewachsen; andererseits hatte er von klein auf den schweren Kampf des Vaters um soziale Anerkennung miterlebt. Überlegenheit, die sich lediglich auf Geburt oder ererbten Wohlstand gründete, erkannte Johannes nicht an. Sie erschien ihm lächerlich.

Bei den jungen Detmoldern, vor allem dem Enkel der Frau Minister, dem Primaner Carl, auch Charles genannt, und dem jungen Konzertmeister Bargheer führte er sich gerade durch sein freimütiges Wesen ausgezeichnet ein. Weniger bei den Erwachsenen! Als ein größerer Kreis von Musikern und neuen Verehrern mit Brahms eine fidele Nachfeier seines ersten Auftretens veranstaltete, war auch der alte Hofkapellmeister August Kiel dabei, der in Brahms einen gefährlichen Konkurrenten witterte. Er erzählte, etwas gespreizt, daß er gerade biblische Psalmen komponiere, wobei ihm allerdings die Texte zuweilen Schwierigkeiten bereiteten, z. B. die Worte: Auf der Githith zu spielen.

„Ich bitte Sie, was mag das gewesen sein?" Brahms antwortete lachend: „Wahrscheinlich ein hübsches Judenmädchen!" Man kann sich die Wirkung dieser Worte vorstellen! Zu später Stunde wollte Johannes die warme Sommernacht noch zu einem Spaziergang in den Teutoburger Wald nützen; ein kleiner Trupp Unentwegter machte sich mit ihm auf den Weg. Zuletzt blieben allerdings nur Johannes und Charles übrig. Sie gelangten ziemlich erschöpft zum „Hiddeser Krug" und waren gerade auf einer Bank vor dem Hause eingeschlafen, als es im Lokal lebendig wurde; sie erhielten Kaffee, Landbrot und frische Butter und wanderten gestärkt zurück. Inzwischen war der Betrieb im Städtchen erwacht; im zerdrückten Frack, mit verrutschter Halsbinde und Zylinder liefen die beiden ausgerechnet der strengen Tante von Charles in den Weg: für Detmold eine mittlere Katastrophe.

Während seiner Dienstzeit wurde Johannes vom Hof in einem behaglichen Zimmer des Gasthauses Stadt Frankfurt einquartiert, bald Mittelpunkt geselliger Abende. Musiker wie Konzertmeister Bargheer – übrigens ein Schüler von Joachim – und der Cellist Schmidt, auch Musikfreunde aus dem Singverein versammelten sich gern beim jungen Brahms. Die Bewirtung war bescheiden, das musikalische Angebot überreich. So ungern Brahms öffentlich auftrat: Mit guten Musikern Kammermusik zu spielen gehörte zu seinen

Das Schloß in Detmold. Lithographie von A. Noltzsch

größten Freuden. Das konnte er in dieser Runde nach Herzenslust, auch mit guten Bläsern; zweifellos hat er von dem Hornisten Cordes mit dem berühmt weichen Ton die Anregung zu seinem *Horntrio* empfangen.

Mit dem regierenden Fürsten und seinen Angehörigen ergab sich bald ein gutes Einvernehmen. Der Fürst, seine Mutter, auch seine Schwestern waren ernsthafte Musikfreunde; Prinzessin Friederike, die Brahms zu unterrichten hatte, überraschte ihn durch ihre wache Auffassungsgabe. Im übrigen bestanden zwischen Hof und Bürgertum unüberschreitbare Schranken. So durften die bürgerlichen Laien, die man ausdrücklich zum Mitsingen im Chor des Schlosses aufgefordert hatte, die „Allerhöchsten Herrschaften" nicht einmal beim Eintreten in den Probensaal begrüßen, sondern hatten zu warten, bis diese es ihrerseits taten.

Das Wichtigste für Brahms war die Möglichkeit, seine Dirigierkenntnisse bei der Arbeit mit Chor und Orchester üben und entwickeln zu können. Er hatte bisher nur wenige Erfahrungen auf diesen Gebieten sammeln können. An Joachim, mit dem er in ständigem Briefwechsel stand, schrieb er: „Die durchlauchtigsten Ergötzungen lassen mir keine Zeit, an mich zu denken. So freue ich mich denn, wenn sie mich nur recht in Anspruch nehmen und ich von manchem Vorteil ziehe, das ich bis jetzt sehr entbehrt.

Wie wenig praktische Kenntnisse habe ich! Die Chorübungen zeigten mir große Blößen, sie werden mir nicht unnütz sein. Meine Sachen sind ja übermäßig unpraktisch geschrieben!

Ich habe mancherlei einstudiert, und zum Glück von der ersten Stunde an mit genügender Dreistigkeit. *Salve Regina* von Rovetta, Lieder von Schumann, Mozart, Praetorius usw. Jetzt sind wir beim *Messias* und mache ich zu meinem Vergnügen Versuche mit Volksliedern!

Tripel-Konzerte von Bach studiere ich ein, von Mozart habe ich schon zwei gespielt usw." Clara schrieb er nach wenigen Monaten vergnügt: „Gestern hatte ich Singverein. Ich fühle mich beim Einstudieren, als ob ich es schon 25 Jahre getan hätte. Ein nicht unbedeutender Nutzen wird auch meiner Stimme durch das laute Sprechen. Ich benutze diesen Vorteil, wie jeden, den ich erfassen kann. Sie macht sich majestätisch, meine Stimme. Wenn der Chor forte singt, dann übe ich sie und brülle dazwischen, eigentlich bloß meinetwegen und zu meiner Übung. Da nehmen wir denn auch das *Zigeunerleben* (von Schumann) vor, und es wird gewiß reizend gehen bald."

Seit Februar 1856 war es zum Austausch von Kontrapunktstudien zwischen Brahms und Joachim gekommen. Diese Gepflogenheit hielt Jahre hindurch an – treibende Kraft war Johannes.

„Warum sollten denn wir ganz vernünftigen ernsthaften Leute uns nicht selbst besser belehren können und viel schöner als irgendein Philister?" Er erfindet strenge Regeln des Austausches, wonach derjenige Strafe zahlen muß, der einen Termin versäumt. Joachim, als ständig beanspruchter Konzert- und Kapellmeister in Hannover, Solist im In- und Ausland, ist oft der Säumige.

In der Korrespondenz mit ihm spielen mehr und mehr auch kompositionstechnische Probleme eine Rolle. Johannes sendet dem Freund einzelne Sätze seiner gerade im Entstehen begriffenen Werke, schreibt bekümmert dazu: „Meine Sachen haben immer ein orthopädisches Institut nötig." Große Sorge bereitet ihm seine *1. Serenade*. Sie sollte zunächst ein Oktett für Soloinstrumente, Streicher und Bläser werden. Im Februar 1858 spricht er schon von stärker besetzten Geigen, von Kammerorchester. Im Dezember schreibt er an Joachim: „Ich sehe ein, daß das Werk so eine Zwittergestalt, nichts Rechtes ist... Ich hatte so schöne große Ideen von meiner ersten Sinfonie – und nun!"

Die größten Probleme ergaben sich bei der Arbeit an seinem *Klavierkonzert d-Moll*. Er hatte es ursprünglich als Sinfonie gedacht, dann als Sonate für zwei Klaviere bearbeitet und in dieser Form mit Clara in Düsseldorf ausprobiert. Gerade dabei stellte sich der Klavierklang allein als zu wenig farben- und konstrastreich heraus. Im Laufe einer längeren Entwicklung wurde es zum Klavierkonzert, und zwar zu einem, das Solist und Orchester gleichwertig behandelt. Das war eine neue Form, die dem flüssigen Virtuosenkonzert, das die Hörer damals vor allem schätzten, in keiner Weise glich.

Das Werk wanderte mehrmals zwischen Brahms und Joachim hin und her, da er diesem mehr Orchestererfahrung zutraute als sich selber.

„Wenn du magst und kannst, schreibe mir doch gleich einige Worte, ob die Mühe nicht ganz unnütz war und werden kann. Ich habe kein Urteil und auch keine Gewalt mehr über das Stück..., es wird nie etwas Gescheites daraus." Schließlich sorgte Joachim im April 1858 für eine Durchspielprobe des Konzertes mit dem Hoforchester in Hannover. (Er hatte die Musiker vorher schriftlich in höflicher Form gebeten, sich dafür zur Verfügung zu stellen.) Johannes schrieb, daß er den schwierigen Klavierpart „fürchterlich geübt" habe, und, kurz vor der Abreise nach Hannover: „Beim Lesen Deines Briefes merke ich recht, welche Angst ich vor dem Zusammenspiel habe! Im Ernst!"

Die Probe, der auch Clara und Grimm beiwohnten – letzterer jetzt Musikdirektor in Göttingen –, ergab ein günstigeres Resultat, als Johannes befürchtet hatte. Er spielte sein Werk mit Leidenschaft; die tragischen Züge des 1. Satzes beeindruckten die Zuhörenden; doch wurde er von manchen als überbefrachtet, ja „chaotisch" empfunden, selbst für Fachleute beim ersten Hören schwer zu durchschauen.

Der 2. Satz wird besonders Clara nahegegangen sein. Über ihn hatte ihr Johannes beim Komponieren geschrieben: „Auch male ich an einem sanften Porträt von Dir, das das Adagio werden soll." Sie berichtete gleich nach der Probe ihrem Stiefbruder Woldemar Bargiel in Berlin: „Es muß Dir Freude machen zu hören, daß die Probe heute prächtig abgelaufen... es ging fast ohne Anstoß und zündete sogar unter den Musikern. Hättest Du es gehört, es wäre Dir heute ganz klar erschienen. Alles fast klingt so schön, schöner vieles sogar, als Johannes selbst es sich gedacht oder gehofft. Wunderbar ist das Ganze, so reich, innig, und welche Einheit dabei. Johannes war selig und spielte vor lauter Seligkeit den letzten Satz prestissimo. Wir machten dann einen Spaziergang, es war, als ob der Himmel dem Tage einen besonderen Glanz verleihen wollte."

In Hamburg ist die Brahmsfamilie inzwischen in eine größere, besser gelegene Wohnung gezogen; das hübscheste Zimmer sollte Johannes bewohnen. Die Mutter war froh, in der Fuhlentwiete Nr. 74 der Natur wieder etwas näher gerückt zu sein, sie schrieb an Johannes: „Es ist in Deiner Stube so schön und solche frische Luft, als säße man mitten im Garten."

Die Fuhlentwiete in Hamburg, wo Brahms seit 1858 bei den Eltern wohnte

Johannes Brahms 1856/58

Landhaus Völckers in Hamburg-Hamm

Eine Weile hält Brahms es, nach der erfolgreichen Probe mit Joachim, in Hamburg aus, aber sosehr er sich zuvor dorthin gesehnt hatte, schon nach kurzer Zeit wird er unruhig. Ihm fehlen die gleichgesinnten Freunde, die Kunstgenossen, mit denen er musikalische Probleme besprechen, mit denen er arbeiten und dabei vorwärtskommen kann. Für einige Zeit geht er zu Clara nach Berlin, stöbert dort in der Kgl. Bibliothek nach interessanten alten Werken und besichtigt Kunstsammlungen, von Hermann Grimm eingeführt, von Woldemar Bargiel begleitet. Der Plan, in Hamburg sein Klavierkonzert in den Abonnementskonzerten aufzuführen, scheitert. Er schreibt an Joachim: „Der einzige brauchbare Flügel hier wird mir verweigert... So froh ich nun einesteils bin, mein Konzert nicht spielen zu brauchen, absonderlich vor unserem teilnahmslosen Publikum, so ärgert mich doch der Grund, weil er so echt hamburgisch ist."

Meint er damit die Überheblichkeit der Kaufleute, die sich offenbar an seiner Abkunft aus dem Gängeviertel stoßen? Oder durchschaut er den Konkurrenzkampf zwischen dem alten Kapellmeister Grund und Otten, dem er „grenzenlose Eitelkeit" attestiert? Manche Kränkungen dieser Jahre hat Johannes nie mehr vergessen. Sie belasten, ungeachtet künftiger Ehrungen, seine Beziehung zur Vaterstadt auch später.

Im Sommer versammelt sich ein Kreis von Schumann- und Brahmsfreunden bei Grimm in Göttingen. „Isegrim", wie die Freunde ihn gern nennen, hat einen Chor, den *Cäcilienverein*, aufgebaut, der dank seiner hohen Qualität neben dem Akademischen Gesangverein bestehen kann. Außer Werken von Bach und Händel und frühen Kirchenkomponisten wird auch Modernes, wie Schumanns *Paradies und Peri*, aufgeführt. Joachim und Clara Schumann wirken in Kammermusikabenden des Vereins mit. Begeisterte Schülerinnen und Schüler von Grimm bilden den Kern des Chores. Unermüdlich setzen sich seine Frau Pine, die Tochter des Flügelfabrikanten Ritmüller, und deren schöne Freundin Agathe von Siebold für seine Unternehmungen ein.

Doch Grimm muß Johannes diese angenehmen Lebensumstände erst sehr verlockend ausmalen, ehe er sich entschließt, ebenfalls hinzukommen. Clara ist mit einigen ihrer Kinder von der Familie Ritmüller aufgenommen worden; zwei der Töchter sollten hier eine Badekur machen. Johannes wohnt allein, in der Nähe von Grimms; es wird viel musiziert in dieser Zeit, und in Stunden der Muße auch gewandert. Auch gemeinsame größere Ausflüge zu

Wagen werden unternommen; abends belustigen sich die jungen Leute mit Blindekuh-, Pfänder- und Versteckspielen. Der schmächtige Brahms entdeckt die absonderlichsten Winkel für sich, in denen keiner ihn vermutet, einmal sogar auf einem der Öfen. Bei Ausflügen in die schöne Umgebung ist die sommerliche Atmosphäre erfüllt von mehrstimmigem Gesang, Kanons, Volksliedern, auch solchen, die Brahms gesetzt hat. Er fühlt sich so wohl wie seit langem nicht. Er ist lustig, jungenhaft, zu jedem Spaß aufgelegt: Wieviel versäumter Jugendübermut ist nachzuholen!

Clara, die sich aus den Schatten ihrer tragischen Erlebnisse nur langsam zu lösen vermag, sieht mit Befremden, wie schnell Johannes ihr entgleitet. Sie bemerkt, eher als er selber, daß er sich verliebt hat, ganz naiv, ganz simpel, wie irgendein durchschnittlicher junger Mensch! Er musiziert täglich mit der schönen schwarzhaarigen Agathe, deren Stimme Joachim als „Amatigeige" bezeichnet hat. Mit ihr spricht er am liebsten, mit ihr neckt er sich, und auf gemeinsamen Wanderungen bleiben die beiden oft weit hinter den anderen zurück. Manchmal läuft Johannes dann plötzlich mit schlechtem Gewissen zu Clara hin: damit sie nicht eifersüchtig wird. Sie ist es längst, vor allem aber tieftraurig. Denn Johannes' lustige Einfälle und Neckereien sind nicht mehr ihre Welt: eine Erkenntnis, die weh tut.

Für Agathe wird dieser herrliche Sommer zu einem Geschenk ohnegleichen. Sie ist um zwei Jahre jünger als Brahms, ein leidenschaftliches Geschöpf – und sie hat noch nie wirklich geliebt. Nun fühlt sie sich getragen von der Zuneigung dieses blonden jungen Menschen, seinen witzigen, treuherzigen, poetischen Worten – von seiner Musik. Einige der schönsten Lieder entstehen in dieser Zeit, und so manche sind eigens für Agathe geschrieben. *Das Ständchen, Der Schmied, An eine Äolsharfe, Der Kuß.*

„Sie durfte ihn sich eigen wähnen in unwandelbarer Liebe", mit diesen Worten drückt sie ihr Erlebnis in später niedergeschriebenen Erinnerungen aus. Johannes bleibt in seinem Glück vollständig unbefangen, als gäbe es keine Beobachter, die seine Vertraulichkeit mißbilligen könnten. Auf einer Wagenfahrt legt er plötzlich den Arm zärtlich um Agathes Schulter; Clara sieht es. Am nächsten Morgen reist sie ab.

Johannes wird auch davon nicht irritiert. Er verhält sich Agathe gegenüber, als gäbe es keine Probleme zwischen ihnen, als seien sie einander längst versprochen. Doch davon war bisher, vor allem in der Öffentlichkeit, noch nie die Rede. Zwar existiert ein Bild von Brahms aus dieser Zeit, auf dem er einen Ring an der linken Hand trägt; sicher ist es heimlich aufgenommen worden. Sein Gesichtsausdruck darauf wirkt merkwürdig unsicher, ist nicht der eines glücklichen Bräutigams. Noch ein paar Wochen, schließlich Tage, dann muß er seinen Dienst in Detmold wieder antreten. Von dort aus entsteht eine neue Art der Verbindung zwischen den Liebenden und ein neues Glück für Johannes; er redet das Ehepaar Grimm und Agathe als „sein Kleeblatt" an, schreibt Briefe an alle drei, und einmal endet ein Schreiben so: „Nun erlaube, liebes Ehepaar, daß ich mit Agathe ein wenig zurückbleibe und schlendere, die alte Gewohnheit darf nicht abkommen."

Am 31. 12. 1858 ist der Detmolder Dienst beendet, für den 1. 1. 59 meldet sich Brahms in Göttingen an. „Ich sehe Euch an der Bahn? Alle?... Ein Hundsfott, der nicht kommt!"

Wenn Johannes in den folgenden vierzehn Tagen nicht am Flügel saß, um sein Konzert zu üben, das am 22. Januar unter Joachims Leitung in einem Hofkonzert uraufgeführt werden sollte, dann war er mit Agathe zusammen. Es war unübersehbar, für alle. Agathe war die Tochter eines hochangesehenen Göttinger Arztes und Professors; selbst ihre besten Freunde, Isegrim und seine Frau Pine, hielten es für unumgänglich, daß Brahms endlich eine klare Situation schuf. Zum mindesten mußte er sich erklären, vor allem Agathes Eltern gegenüber, oder aber verzichten. Grimm schrieb es ihm sehr eindringlich nach seiner Abreise.

Das war überraschend und recht beunruhigend für Johannes. Gerade jetzt hatte er nichts als seine Musik im Kopf, das Klavierkonzert vor allem, das er nach der Uraufführung in Hannover auch in Leipzig spielen sollte; und Leipzig war *die* Musikstadt Deutschlands! Das war ungeheuer wichtig, das mußten die in Göttingen doch verstehen! Auch hatte er zwei Serenaden in Arbeit, Hauptergebnisse seiner Detmolder Orchesterstudien, an denen noch viel zu tun war; und Lieder. Und Chorwerke. Sein Selbstbewußtsein war gestiegen, sein Weg lag vor ihm. Aber „sich erklären", sich festlegen, womöglich bald heiraten – jetzt?

Brahms hat immer, auch in späteren Jahren, Angst vor allem „Endgültigen" gehabt: Vor der Drucklegung vollendeter Werke, vor Entschlüssen zu größeren Reisen, beim Mieten einer Wohnung – bei menschlichen Bindungen. Hier war aus einer ganz natürlichen, seinem Alter entsprechenden Beziehung plötzlich etwas Hochoffizielles geworden. Etwas, das in dieser Form und Feierlichkeit nicht in sein Leben gehörte. Er hat später die verschiedensten Erklärungen für sein Verhalten gegeben; zweifellos spielte seine damalige materielle Unsicherheit, das noch nicht Anerkanntsein als Komponist, eine Rolle. Aber letzten Endes war es wohl so, wie er es in dem Brief an Agathe ausdrückte, der sein letzter an sie werden sollte. Wir kennen nicht den genauen Wortlaut, nur das, was sie in ihren Erinnerungen davon wiedergegeben hat: „Ich liebe Dich! Ich muß Dich wiedersehen! Aber Fesseln tragen kann ich nicht! Schreibe mir, ob ich wiederkommen soll, Dich in meine Arme zu schließen, Dich zu küssen, Dir zu sagen, daß ich Dich liebe!"

Fesseln tragen kann ich nicht...

Agathe kleidete die große Enttäuschung ihres Lebens in die Worte: „Da kämpfte das Mädchen einen harten Kampf, den schwersten ihres Lebens; die Liebe wollte ihn um jeden Preis halten, die Pflicht, die Ehre geboten zu entsagen. Das Mädchen schrieb den Scheidebrief und weinte, weinte jahrelang über ihr gestorbenes Glück."

Agathe ist 1863 als Erzieherin ins Ausland gegangen; sie heiratete später einen Arzt, der älter als sie und gänzlich unmusikalisch war. Erst als alte Frau erlaubte sie Joachim, den treulosen Geliebten von einst herzlich grüßen zu lassen.

Grimm, der Brahms so sehr schätzte, hat damals Agathes Brief gebilligt. Bürgerliche Begriffe von dem, was richtig und ehrenhaft sei, waren keine Maßstäbe für die Gefühle eines genialen jungen Künstlers. Im Grunde kannte Brahms nur eine Verpflichtung, der alles andere untergeordnet werden mußte: sein Werk. So wurde er zum zweitenmal vor eine menschliche Entscheidung gestellt, und wieder bedeutete sie Entsagung. Die Beziehung zu Göttingen brach ab, zunächst auch zum Ehepaar Grimm. Joachim sorgte dafür, daß die Freunde den Kontakt wieder aufnahmen. Einen musikalischen Nachklang fand das Erlebnis in Brahms' 2. *Streichsextett G-Dur,* das er 1864/65 in Baden-Baden komponierte.

Sein *Klavierkonzert* spielte Johannes am 22. Januar 1859 im Abonnementskonzert der Kgl. Kapelle in Hannover. Joachim dirigierte und berichtete Clara am anderen Morgen:

„Liebe Frau Schumann, wir haben gestern abend also Johannes' Konzert vor einem hohen Hannoverschen Adel und sonstigem Publikum, ja selbst vor sämtlichen allerhöchsten Herrschaften gespielt. Und es ging sehr gut! Es wurde das Konzert sogar durch Hervorruf des Spielers und Komponisten geehrt, dessen Bücklinge so aussahen, als wollte er nach Untertauchen im Wasser die Feuchtigkeit aus den Haaren schütteln. Er hat sich aber sonst sehr gut aufgeführt, namentlich sehr erträglich und im Takte gespielt, und ist wirklich ein ganzer Kerl! Sie wissen, wie sehr ich das Konzert liebe, und ich kann sagen, daß im ganzen meine Neigung dazu durch die Aufführung bestätigt wurde, obwohl ich empfand, daß einiges im ersten Satz ruhiger, gedrängter werden muß. Aber herrlich ist das Adagio und voll wunderbarer schöner Einzelheiten der letzte Satz, namentlich der Schluß von prächtiger Ursprünglichkeit und Frische. Langsam, aber desto sicherer wird sich die Empfindung für das Genie unseres Freundes Boden bei den Musikern und in immer weiteren Kreisen erringen…"

In Leipzig dirigierte Julius Rietz das Konzert. Er war achtzehn Jahre älter als Johannes, sein musikalisches Ideal sah er in Mendelssohn. Eine echte Beziehung zu dem leidenschaftlichen, für seine Begriffe ungefügen und klanglich überlasteten Werk konnte er nicht haben; dementsprechend verlief die Aufführung. Brahms schrieb Joachim gleich am Morgen danach.

„Noch ganz berauscht von den erhebenden Genüssen, die meinen Augen und Ohren durch den Anblick und das Gespräch der Weisen unserer Musikstadt schon mehrere Tage wurden, zwinge ich diese spitze und harte Sahrsche Stahlfeder, Dir zu beschreiben, wie es sich begab und glücklich zu Ende geführt ward, daß mein Konzert hier glänzend und entschieden – durchfiel. Vor allem, es ging wirklich recht sehr gut, ich spielte bedeutend besser als in Hannover und das Orchester ausgezeichnet… Ohne irgendeine Regung wurde der erste Satz und der zweite angehört. Zum Schluß versuchten drei Hände langsam ineinanderzufallen, worauf aber von allen Seiten ein ganz klares Zischen solche Demonstrationen verbot.

Weiter gibt's nun gar nichts über dies Ereignis zu schreiben, denn auch kein Wörtchen hat mir noch jemand über das Werk gesagt!… Weder Rietz noch Wenzel, Senff, Dreyschock, Grützmacher, Röntgen sagten auch nur das Gleichgültigste. Sahr habe ich heute früh einzelnes gefragt und mich über seine Aufrichtigkeit gefreut.

Dieser Durchfall machte mir übrigens durchaus keinen Eindruck, und das bißchen üble und nüchterne Laune hernach verging, als ich eine *C-Dur-Sin-*

fonie von Haydn und die *Ruinen von Athen* hörte. Trotz alledem wird das Konzert noch einmal gefallen, wenn ich seinen Körperbau gebessert habe, und ein zweites soll schon anders lauten.

Ich glaube, es ist das beste, was einem passieren kann; es zwingt die Gedanken, sich ordentlich zusammenzunehmen, und steigert den Mut. Ich versuche ja erst und tappe noch. Aber das Zischen war doch zuviel?"

Der Brief ist charakteristisch für Brahms. Seine innere Sicherheit wird nicht erschüttert, die äußeren Kränkungen – verständnislose Kritiken, Musiker, die sich schweigend zurückziehen – werden heruntergespielt. Er weiß, daß es eines Tages anders kommen wird. Vergessen hat er solche Verletzungen nie. Das sollte sich in späteren Fällen zeigen.

Von Leipzig aus ging Brahms nach Hamburg, im Gepäck manches, was in Detmold oder Göttingen geschrieben oder konzipiert worden war. Die *1. Serenade,* Teile der zweiten, das liebliche *1. Streichsextett op. 18* sind darunter, auch geistliche Chorwerke wie der *Begräbnisgesang* und das *Ave Maria.* Zwei Monate nach dem Leipziger Durchfall, am 24. März 1859, spielte Brahms sein *d-Moll-Konzert* in Hamburg im Philharmonischen Konzert, das der alte Grund leitete. Die Mitwirkenden hießen Joachim und Stockhausen, den Brahms bei Liedern von Schubert, Mendelssohn und Schumann begleitete. Joachim spielte Bach und Spohr und dirigierte Brahms' *Klavierkonzert;* es wurde ein überraschend freundlicher Erfolg. Ihm folgte wenige Tage später eine von Brahms veranstaltete Soiree mit den beiden Freunden; es war zehn Jahre nach seinem letzten Hamburger Abend als Sechzehnjähriger! Diesmal war der Andrang so groß, daß das Konzert in einen größeren Saal verlegt werden mußte. Brahms war sich darüber klar, daß dies lebhafte Interesse in erster Linie den beiden Mitwirkenden zuzuschreiben war, diesen Lieblingen der Musikfreunde. Im Orchester wirkte Johannes' Vater im Kontrabaß mit; Mutter und Geschwister saßen unter dem eleganten Hamburger Konzertpublikum. An diesem Abend erzielt die *1. Serenade* einen echten Erfolg, und der Überschuß, den das Konzert bringt, beträgt über 600 Taler, mehr als Johann Jakob in einem Jahr verdienen kann. Man feiert hinterher mit Sekt – eine Gepflogenheit, die Johannes von Schumanns übernommen hatte und die für seine Familie sicherlich etwas Ungewohntes war. An Clara, die sich auf einer Tournee befand, schrieb er:

„Liebste Clara, wie betrübt, daß ich Dir schreiben und immer schreiben muß! Die Serenade ist gestern vor fast 1200 Menschen gespielt worden, und Du warst nicht dabei, und Du hast Dich nicht mitgefreut, und ich habe Dich mir fern und allein denken müssen… Die Proben waren immer gedrängt voll, und gefiel's hier schon. Im Konzert schlug's ordentlich durch, wie's schien. Es wurde so lange mit den Händen gearbeitet, bis ich hinunter und vor ging. Unser Konzert ist wohl das besuchteste gewesen, das hier noch war. Das Programm lege ich bei. Gerufen wurde nach jedem Stück, Du hättest die Hamburger gar nicht gekannt."

Probleme stellten sich allerdings durch das Zusammenleben mit den Eltern ein. Die neue Wohnung, für ihre Begriffe wunderschön und geräumig, genügte Johannes auf die Dauer nicht. Er hatte sich in Detmold, in Göttingen an absolute Selbständigkeit und Freizügigkeit gewöhnt. An Joachim schreibt er: „Nun muß ich freilich klagen, daß ich hier vollständig wie in der Küche wohne, leider auch nicht, wie ich hoffte, meine gemütliche zweite Wohnung bei Heins (Klavierfirma) habe und gar nicht mehr, wie in den Knabenjahren, die Spaziergänge hier genießen oder vielmehr benützen kann, seit ich vom Leben der großen Stadt entwöhnt bin.

Du kannst denken, daß es seine Schwierigkeiten hätte, wollte ich alleine wohnen, der Eltern wegen. So werde ich rein aus lauter Zartheit von hier fortgehen, und ich möchte mich eigentlich recht hier einleben, ich bin ganz Hamburger."

Doch wie so häufig bei Johannes, spielte ihm ein Zufall ein neues Instrument in die Hand, und zwar einen Frauenchor. Dieser wirkte bei einer kirchlichen Hochzeitsfeier mit; Brahms hatte aus Gefälligkeit für den Komponisten Grädener dabei die Orgel übernommen. Der Klang der jungen Stimmen gefiel ihm, er fragte die Mädchen, ob sie einige seiner Chorwerke mit ihm probieren wollten; sie sagten zu. Daraus entwickelten sich regelmäßige Studien, einmal wöchentlich, in wechselnden Häusern. Die Begeisterung der jungen Sängerinnen wuchs, wahrscheinlich auch die Schwärmerei für ihren sechsundzwanzigjährigen Dirigenten, der äußerlich noch immer sehr jugendlich wirkte.

Es entbehrt nicht der Komik, daß die einzige von seinen etwa 40 Sängerinnen, für die er sich wirklich interessierte, keine Hamburgerin, sondern die junge Wienerin Bertha Porubszky war, zu Besuch bei Verwandten. Sie machte Johannes zu seiner Freude mit allerhand österreichischen Volksliedern bekannt; eines davon hat er später in die Begleitung des Wiegenliedes verwoben, das er ihr zur Geburt ihres zweiten Kindes schenkte: „Zu allezeit fröhlichem Gebrauch.“ *Guten Abend, gut Nacht* ist wohl das bekannteste Lied von Brahms geworden.

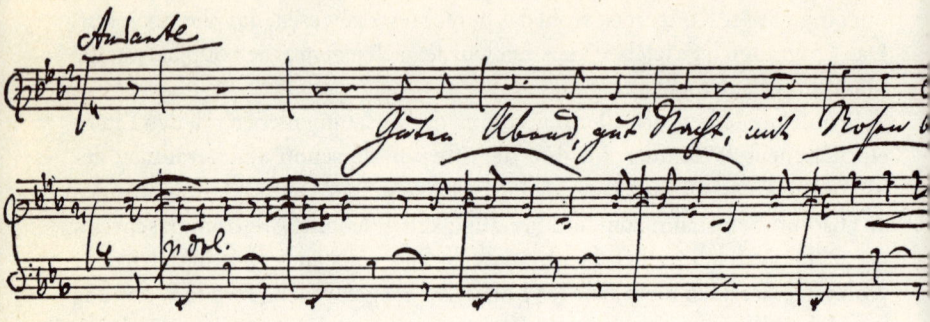

Die Chorproben genoß er. Er konnte dabei so manches ausprobieren und bedankte sich für die Geduld seiner Mädchen regelmäßig durch Klaviervorträge, die mit großer Andacht aufgenommen wurden. Er war noch ganz erfüllt von diesem frischen Musizieren, als er in Detmold ankam und sofort einen ausführlichen Brief darüber an Clara begann.

„Vor allem muß ich noch von meinem reizenden Hamburger Frauenchor schreiben.

O meine lieben Mädchen, wo seid ihr!

Gar nicht umsehen werde ich mich, wenn sie mir hier die hübschen Sachen vorsingen, die ich euch schrieb, alle vierzig werdet ihr vor mir stehen und ich werde euch in Gedanken sehen und hören. Ich sage Dir, eine der lieblichsten Erinnerungen ist mir dieser Frauenchor, und denke Dir die hübsche Trichterform desselben. Erst der große, dann ein kleiner, dem ich Volkslieder dreistimmig setzte und einübte, und dann der noch kleinere, der nur einstimmige Lieder von mir vorsang und rote Bänder schenkte!

Montag in der Kirche! Das war ein rührender Abschied! Alles wurde noch einmal gesungen, die Zuhörer konnten sich über solch Konzert freuen. Als ich den Nachmittag nach Hause kam, fand ich ein Kistchen. Unter Blumen reizend versteckt, fand ich ein silbernes Schreibzeug: Zum Andenken an den Sommer 59 vom Frauenchor! Was werden nächsten Sommer da für Lieder kommen und für Freudenpsalmen!

Eigentlich wird wohl schon etwas Kultus in Hamburg mit mir getrieben; das kann aber gar nicht schaden, denke ich. Ich schreibe wenigstens immer lustiger, und es tönt in mir, als müßte mit der Zeit Himmlisches herauskommen. Nächstes Jahr mußt Du die lustige Wirtschaft mitmachen!"

Auch in seiner kompositorischen Arbeit spürt Brahms jetzt Fortschritte: „Ich glaube wirklich, liebe Clara, ich wachse!

Du sollst auch wohl verstehen können, ‚wie man dem Herren singt, daß er so wohl, so wohl an einem tut'. Hat er doch sehr wohl an mir getan!

Wie schön, mit frischer Kraft schaffen.

Wie schön, daß Du und andre so teilnehmen. Wehmütig denke ich an den Herrlichen, der es so innig, so sehr tat."

Man spürt, daß Johannes die „Werther-Krise" der letzten Jahre überwunden hat, daß seine innere Beziehung zu Clara sich wieder ohne Hemmungen entfalten kann; nun eine Freundschaft auf Leben und Tod, die auch spätere Konflikte zu überwinden vermag. Reizend drückt er seine beschwingte Stimmung kurz nach der Ankunft in Detmold in einem Brief an Frau Brandt aus, der Tante von Bertha Porubszky, in deren Hause oft Chorprobe gewesen war. Brahms schreibt: „Eigen war mir's, als ich diese schönen bewaldeten Höhen wiedersah und in den herrlichen Wald hineinging. Seit einem Jahr sah ich so schöne Natur nicht; viel hat sich seitdem geändert, doch war ich ganz selig; ich dachte nur Musik. Ich bin verliebt in die Musik, ich denke nichts als sie... Wenn das so fortgeht, kann ich zu einem Akkord verduften und in die Lüfte entschwinden."

Leider hielt diese gute Stimmung nicht an. Zu viele kleinliche höfische Regeln engten ihn ein; sein Wunsch, so oft wie möglich die Hofkapelle zu leiten, um sich mit den Forderungen des Orchesters und der Struktur sinfonischer Werke vertrauter zu machen, wurde nur selten erfüllt. Mit Kiel, der ja Dirigent des Hoforchesters war, stand er sich „etwas besser als gar nicht". Außerdem war Brahms inzwischen stadtbekannt, sozusagen Mode geworden. „Man" nahm bei ihm Klavierunterricht, weil es „Durchlauchtens" taten, lud ihn häufig ein und am liebsten zu musikalischen Gesellschaften. Gerade das ist ihm ein Greuel, er ärgert sich über die sinnlos vertane Zeit; entweder sitzt er stumm wie ein Fisch dabei, oder er äußert sich sarkastisch, ja unhöflich.

Zurechtgewiesen durch Freunde, die es gut mit ihm meinen, sagt er abwehrend: „Ach, das ist ja alles Pimpkram!"

Am meisten Freude bereitete ihm noch seine hohe Schülerin, Prinzessin Friederike. „Sie ist merkwürdig weiter gekommen, es ist wirkliches Musizieren, ihr Unterricht zu geben. Manchmal kann sie mit einem so rührenden Ausdruck spielen, daß man eben nichts zu sagen hat."

Ihm ist klar, daß er sich für die Herbstsaison des kommenden Jahres nicht mehr binden will.

In Hamburg lebte nach seiner Rückkehr die Arbeit mit dem Frauenchor wieder auf. Er schrieb „seinen Mädchen" auch Volksliedersätze; in einem Brief an Clara geht er darauf ausführlicher ein.

„Sie sangen mir meine neuen *deutschen Volkslieder* vor, die sie mit großer Mühe geübt hatten. Nun kommen wir einen Abend in der Woche ganz freundschaftlich zusammen, und ich denke, die schönen Volkslieder werden mich ganz angenehm unterhalten. Ich denke sogar recht zu lernen, indem ich die Lieder doch da ernsthaft ansehen und hören muß. Ich will sie ordentlich einsaugen. Es ist nicht genug, sie in geeigneter Stimmung mit Enthusiasmus einmal zu singen.

Das Lied segelt jetzt so falschen Kurs, daß man sich ein Ideal nicht fest genug einprägen kann. Und das ist mir das Volkslied."

Abzeichen des „Hamburger Frauenchors"

In den Detmolder Jahren hat Brahms sich mit besonderer Intensität den Volksliedern zugewandt. Er benutzte meist Texte und Melodien der Sammlungen von Kretzschmar und Zuccalmaglio, die er besonders schätzte, obwohl sie musikwissenschaftlicher Prüfung nicht immer standhielten. Doch kam es Brahms weniger auf absolute Zuverlässigkeit der Überlieferung an als auf musikalische Natürlichkeit und Verwendbarkeit der Melodien. Dafür hatte er ein besonderes Gespür. Er hat solche Lieder zwei-, drei- und vierstimmig gesetzt, er hat sie als Solo-Lieder, mit seiner Begleitung, herausgegeben und ihre Eigenart, bei aller Schlichtheit, auf wunderbare Weise vertieft; man denke an *In stiller Nacht* oder *Schwesterlein*. Er hat auch Volksliedtexte zur Komposition eigener Lieder verwendet, z. B. in *op. 14.* Angefangen von den Zitaten, die er 1853 den Mittelsätzen seiner ersten Klaviersonaten voranstellte, bis zu der letzten Ausgabe von 49 Volksliedern 1894 hat ihn ihre Ursprünglichkeit immer wieder beschäftigt, angeregt und beglückt. Er sah wirklich ein *Ideal* in ihnen.

Ein besonders hübsches Beispiel Brahmsschen Humors bieten seine Statuten für den Frauenchor, die er in altertümliches Deutsch kleidete:

Der Hamburger Frauenchor.

Avertimento.

Sondern weilen es absolute dem Plaisire fördersam ist, wenn es fein ordentlich dabei einhergeht, als wird denen curieusen Gemüthern, so Mitglieder des sehr nutz- und lieblichen Frauenchors wünschen zu werden und zu bleiben, jetzund kund und offenbar gethan, daß sie partoute die Clauseln und Puncti hiefolgenden Geschreibsels unter zu zeichnen haben, ehe sie sich obgenannten Tituls erfreuen und an der musikalischen Erlustigung und Divertierung parte nehmen können.

Ich hätte zwaren schon längst damit unter der Bank herfür wischen sollen, alleine aberst dennoch, weilen der Frühling erst lieblich präambuliret und bis der Sommer finiret, gesungen werden dürfte, als möchte es noch an der Zeit sein, dieses Opus an das Tageslicht zu stellen.

Pro primo wäre zu remarquiren daß die Mitglieder des Frauenchors da sein müssen.

Als wird verstanden: daß sie sich obligiren sollen, den Stehungen und Singungen der Societät regelmäßig beizuwohnen.

So nun Jemand diesen Articul nicht gehörig observiret und, wo Gott für sei, der Fall passirete, daß Jemand wider jedes Decorum so fehlete, daß er während eines Exercitiums ganz fehlete:

soll gestraft werden mit einer Buße von 8 Schillingen H. C. [Hamburger Kourant].

Pro secundo ist zu beachten, daß die Mitglieder des Frauenchors da sein müssen.

Als ist zu nehmen, sie sollen praecise zur anberaumeten Zeit da sein.

Wer nun hiewieder also sündiget, daß er das ganze Viertheil einer Stunde zu spät der Societät seine schuldige Reverentz und Aufwartung machet, soll um 2 Schillinge H. C. gestrafet werden.

(Ihrer großen Meriten um den Frauenchor wegen und in Betracht ihrer vermuthlich höchst mangelhaften und unglücklichen Complexion, soll nun hier für die nicht genug zu savorirende und adorirende Demoiselle Laura Garbe ein Abonnement hergestellt werden, wesmaßen sie nicht jedesmal zu bezahlen braucht, sondern aber ihro am Schluß des Quartals eine moderirte Rechnung praesentiret wird.)

Pro tertio: Das einkommende Geld mag denen Bettelleuten gegeben werden, und wird gewünscht, daß Niemand davon gesättiget werden möge.

Pro quarto ist zu merken, daß die Musikalien großentheils der Discretion der Dames anvertrauet sind. Derohalben sollen sie wie fremdes Eigenthum von den ehr= und tugendsamen Jungfrauen und Frauen in rechter Lieb und aller Hübschheit gehalten werden, auch in keinerlei Weise außerhalb der Societät benützet werden.

Pro quinto: Was nicht mit singen kann, das sehen wir als ein Neutrum an. Will heißen: Zuhörer werden geduldet, indessen aber pro ordinario nicht beachtet, was Gestalt sonsten die rechte Nutzbarkeit der Exercitia nicht beschaffet werden möchte.

Obgemeldeter gehörig specifizirter Erlaß wird durch gegenwärtiges General-Rescript anjetzo jeder männiglich public gemacht und soll in Würden gehalten werden, bis der Frauenchor seine Endschaft erreichet hat.

Solltest du nun nicht nur vor dich ohnverbrüchlich darob halten, sondern auch alles Ernstes daran sein, daß andere auf keinerlei Weise noch Wege darwider thun noch handeln mögen.

An dem beschiehet Unsere Meinung und erwarte dero gewünschte und wohlgewogene Approbation.

Der ich verharre in tiefster Devotion
und Veneration des Frauenchors allzeit dienstbeflissener
schreibfertiger und taktfester

Johannes Kreisler jun.
Geben auf Montag   alias: Brahms.
den 30 ten des Monats Aprili.
A. D. 1860.

Wieviel Freude ihm die Arbeit mit „seinen Mädchen" bereitete, geht auch aus einem Brief an Clara hervor, deren Englandreise in diesem Jahr ausfiel.

„Nun bitte ich Dich aber allen Ernstes und so herzlich, dringend wie möglich, komme den Sommer hierher. Ich kann doch einiges tun, Dir die Zeit angenehm zu machen, leicht möglich, daß Joachim auch kommt... Soll ich Dir beschreiben, liebe Clara, daß ich die größte Liebe für Dich und den, der Dich verlassen hat, habe und ewig haben werde? Wie gern zeigte ich sie Dir! Ich versichere Dich, Du hast kindliches Gemüt genug, Dich an meinem Frauenchor (denn doch einmal das regelmäßige Vergnügen) zu amüsieren. Er soll bleiben, und Du sollst Dich sehr gemütlich fühlen und ganz wohlig.

Denke, ich redete jetzt eine Stunde, Dich zu überreden, am Sonntag oder Montag herüberzukommen. Dann sollst Du Dir alles besehen, der Chor kommt Montagabend zusammen...

Liebe Clara, ich habe so unnütz viel Geld, laß mich die Probereise bezahlen... Ich will Dir so viel Liebe zeigen, wie Du brauchst und verlangen kannst. Ich bekomme morgen früh eine telegraphische Depesche und übermorgen Dich, nicht wahr?"

Clara ließ sich von Johannes' Bitten erweichen; nach kurzer Probereise kommt sie mit ihrer Tochter Marie am 6. Mai nach Hamburg, hält sich im Hotel verborgen und überrascht ihn am Morgen seines 27. Geburtstages. Es folgt eine schöne, musikdurchklungene Zeit für alle Beteiligten, auch den Chor. Oft spielen Clara und Brahms vierhändig vor, so die beiden *Serenaden*, die er, wie so viele größere Werke, vierhändig gesetzt hatte. Den Chor läßt er zu Claras Freude seine *Harfenlieder*, die *Marienlieder* und von ihm gesetzte *Volkslieder* singen. Einmal wird „eine schöne Partie mit einem Teil des Frauenchors nach Blankenese auf dem Dampfschiff gemacht, dort dann in den Gärten die schönsten Bäume herausgesucht und unter diesen gesungen: Johannes saß dann als Dirigent auf einem Baumast".

In Claras Tagebuch ist aber auch von „schlimmen Launen" die Rede, die Johannes manchmal beherrschen und über die Clara sich hinwegzusetzen bemühte. Er ist in dieser Zeit mit sich sehr oft entzweit, betrachtet sich als einen jungen Mann, „dem leider noch alles schwierig ist".

Er schreibt an Clara: „Wenn man so auf die Dreißig losgeht und fühlt sich so schwach wie ich, dann sperrt man sich gern ein und sieht die Wände in seiner Betrübnis an."

Trotz seiner eigenen Unzufriedenheit wachsen die Werke, die meist verschiedene Umarbeitungen erfahren. Müheloses Entstehen gibt es bei Brahms höchst selten, eigentlich nur bei manchen Gesangskompositionen. Es ist bezeichnend, daß er diejenigen seiner Kompositionen am höchsten einschätzt, die ihm starke Schwierigkeiten bei der Ausarbeitung gemacht haben. Er sagt einmal: „Das, was man eigentlich Erfindung nennt, also ein wirklicher Gedanke, ist sozusagen höhere Eingebung, Inspiration, d. h., dafür kann ich nichts. Von dem Moment an kann ich dieses ‚Geschenk' gar nicht genug verachten, ich muß es durch unaufhörliche Arbeit zu meinem rechtmäßigen, wohlerworbenen Eigentum machen, und das braucht nicht bald zu sein."

Das lange Zögern, bis Brahms seinen Verlegern das Imprimatur erteilte, war für sie ein ständiges Ärgernis – leider ein unabwendbares Übel, mit dem sie sich abzufinden hatten.

Im Sommer 1861 zog sich Brahms in einen noch ganz ländlichen Ort zurück: Hamm bei Hamburg. Man konnte ihn mit dem Pferdeomnibus vom Hamburger Rathausmarkt alle halbe Stunde erreichen. Bei Frau Dr. Roesing, der Tante von Betty und Marie Völckers, zwei besonders aktiven Mitgliedern des Frauenchors, bewohnte er eine „ganz überaus reizende Gartenwohnung", Modell für manche seiner späteren Ferienidylle. Die Familie Völckers war unmittelbar benachbart; wenn Johannes Lust dazu hatte, konnte er jederzeit zum Musizieren oder Plaudern hinübergehen; sobald er sich in sein Zimmer zurückzog, blieb er ungestört – ein Idealfall.

Eine ganze Reihe von teils skizzierten, teils halb oder ganz fertigen Werken hatte er in die Stille dieses Arbeitszimmers mitgebracht, darunter die drei

Klavierquartette, von denen das *g-Moll-* und das *A-Dur-Quartett* vollendet und letzteres Frau Roesing gewidmet wurde. Auch am ersten Satz der späteren *c-Moll-Symphonie* arbeitete er hier, außerdem entstanden die ersten *vier Magelonen-Lieder.* Es sind 15 Gedichte aus Tiecks *Magelone,* die Brahms zu seinem einzigen Liederzyklus anregten. Die mittelalterliche Liebesgeschichte, die er als halbes Kind in Winsen kennenlernte, hat ihn längere Zeit hindurch immer wieder beschäftigt. Er ließ den Romanzen eine musikalisch freiere, manchmal geradezu dramatisch ausgreifende Behandlung angedeihen, als allen bisherigen Liedkompositionen. Zum Partner der Dichtung wird das Klavier: In Vor-, Nach-Spielen und pianistischen Einlassungen begleitet und überhöht es die Verse, die das romantische Mittelalter beschwören.

Auf die leere Schlußseite der ersten dieser Gesänge hat Brahms jene Bibelstellen geschrieben, die er als Texte für sein *Deutsches Requiem* heranzog. Die Komposition dieses Werkes erstreckte sich über lange Zeiträume; von dem ersten für das Werk verwendeten Teil (einem Scherzo der ursprünglich geplanten d-Moll-Symphonie) bis zu dem nachkomponierten fünften Satz sollten über zehn Jahre vergehen.

In Hamm entstanden auch Skizzen zum Quintett, dem späteren *Klavierquintett in f-Moll,* und im Herbst und Winter 1861 arbeitete er an zwei *Variationswerken für Klavier.* Schon 1856 hatte ihn diese Form intensiv beschäftigt. Beim Austausch von Kompositionsversuchen mit Joachim schrieb er: „Ich mache manchmal Betrachtungen über die Variationenform und finde, sie müßte strenger, reiner gehalten werden. Die Alten behielten durchweg den Baß des Themas, ihr eigentliches Thema, streng bei.

Bei Beethoven ist die Melodie, Harmonie und der Rhythmus so schön variiert. Ich muß aber manchmal finden, daß Neuere (wir beide!) mehr (ich weiß nicht die rechten Ausdrücke) über das Thema wühlen. Wir behalten alle die Melodie ängstlich bei, aber behandeln sie nicht frei, schaffen eigentlich nichts Neues daraus, sondern beladen sie nur…"

Noch 1869 schrieb er an Dr. Schubring, mit dem er häufig über kompositorische Probleme korrespondierte: „…bei einem Thema zu Variationen bedeutet mir eigentlich, fast, beinahe, nur der Baß etwas. Aber dieser ist mir heilig, er ist der feste Grund, auf dem ich dann meine Geschichten baue. Was ich mit der Melodie mache, ist nur Spielerei, oder geistreiche – Spielerei…

Variiere ich die Melodie, so kann ich nicht leicht mehr als geistreich oder anmutig sein, oder, zwar stimmungsvoll, einen schönen Gedanken vertiefen. Über den gegebenen Baß erfinde ich wirklich neu, ich erfinde ihm neue Melodien, ich schaffe."

Dieses Prinzip verfolgte er in den *Variationen und Fuge über ein Thema von Händel*, einem Werk von strenger Großartigkeit und Einheitlichkeit der Form, ohne daß der Komponist seiner eigenen Phantasie Fesseln anlegen mußte. Clara lernte es bei ihrem Hamburger Besuch im November 1861 kennen und schreibt darüber an Marie: „Johannes hat wunderschöne Sachen geschrieben, und Variationen, die mich ganz entzücken, voller Genialität, mit einer Fuge am Schluß, die Kunst und Begeisterung in einer Weise vereint, wie ich weniges kenne. Sie sind furchtbar schwer, ich habe sie aber doch nun beinah gelernt – es steht darüber ‚für eine liebe Freundin‘ – Du kannst Dir denken, welche Freude mir der Gedanke macht, daß er bei diesen herrlichen Variationen an mich gedacht."

Clara spielte am 3. Dezember das *d-Moll-Konzert* unter Brahms' Leitung, wobei „die Freude an dem Werk überwog, und daß er selbst es dirigierte, alles andere, auch sogar das dumme Publikum, ärgerte mich nicht", steht im Tagebuch.

Marie aber schreibt sie: „Ich fühle mich durch das Zusammensein mit Johannes wirklich geistig wieder erfrischt und habe auch ein paarmal die Freude gehabt, daß er sich von mir vorspielen ließ und über vieles offen seine Meinung sagte, wundervoll feine Bemerkungen machte und schließlich meinte, ich spiele jetzt schöner denn je. Ich glaube, daß er es so meint, und darum freut es mich so sehr."

Die Freude an seiner intensiven Auseinandersetzung mit musikalischen Problemen wie an seinen neuen Kompositionen ermutigte Clara immer aufs neue, sich für diese damals noch umstrittenen Werke einzusetzen. So spielte sie in Leipzig in einer Quartettunterhaltung des Gewandhauses seine *Händel-Variationen* und schreibt ihm gleich am nächsten Morgen: „Ich habe sie glücklich gespielt und enthusiastischen Beifall gehabt; ich war schon vom Orchester herunter aus dem Saale und mußte wieder zurück und noch mal mich bedanken... Du kannst Dir denken, wie froh ich den Abend war, und eben deshalb muß ich es Dir gleich schreiben."

Auch während eines turbulenten, sehr erfolgreichen Aufenthaltes in Paris,

Wien. Der Graben. Ölbild von Karl Karger. 1876

Korsofahrt im Wiener Prater zum 1. Mai: Der Kaiser kommt! Holzstich nach einer
Zeichnung von W. Gause. Um 1890

der vor allem den Werken von Robert galt, vergaß sie Johannes nicht. Sie lud bekannte Pariser Musiker zu sich ein, um ihnen Werke von Brahms vorzuspielen: vor allem die *Händel-Variationen* und seine (vierhändig gesetzten) *Serenaden.* „Und sie hatten diese so gepackt, daß sie mich baten, sie noch einmal zu spielen", schrieb sie glücklich an den Komponisten.

Brahms' Standpunkt der Kritik gegenüber war von früh an eindeutig. Er las alles, was über ihn erschien, und ließ sachliche Argumente negativer Art auch dann gelten, wenn er anderer Meinung war. Fehlurteilen entgegenzutreten, hielt er für falsch. Das spiegelt sich in zahlreichen Äußerungen, auch in einigen Briefen an Clara. Als sie sich 1857 über einen Aufsatz des Kritikers Debrois in Wien empört, antwortet er: „Ich kann nicht mit Dir übereinstimmen... Was er über mich schreibt (als liebe Hauptperson), habe ich über alles Erwarten vernünftig gefunden, ausgenommen einige rechte Dummheiten... Über Joachim ist ja bloß Quatsch da... Diese kleinen Schmieraxe sind doch nichts wie Plänkler, sie halten etwas auf.

Nur ein schaffendes Genie kann in der Kunst überzeugen."

Polemik lag Brahms nicht.

Um so unverständlicher ist es, daß er sich 1860 hinreißen ließ, eine „Erklärung" gegen die Neudeutsche Schule aufzustellen, die im Grunde auf Liszt gemünzt war. Brahms und Joachim waren die treibenden Kräfte dieser abenteuerlichen Unternehmung. Letzterer hatte jahrelang in enger künstlerischer und freundschaftlicher Beziehung zu Liszt gestanden, auch noch nach seiner Konzertmeisterzeit in Weimar. Doch schon 1857 versagte er ihm in einem freimütigen Brief die Gefolgschaft, soweit sie seine Kompositionen betraf; er schrieb ihm unter anderem: „Ich bin Deiner Musik gänzlich unzugänglich; sie widerspricht allem, was mein Fassungsvermögen aus dem Geist unserer Großen seit früher Jugend sog... Wie sollte ich mich da mit denen zu gleichem Zweck verbrüdert fühlen, die unter dem Schild Deines Namens... die Verbreitung Deiner Werke... zu ihrer Lebensaufgabe machen."

Die Ausarbeitung der „Erklärung" zog sich monatelang hin, es sollte absolute Meinungseinheit aller an ihr Beteiligten erzielt werden. Das erwies sich natürlich als unmöglich. Erschwerend trat hinzu, daß Brahms zwar die Lisztsche Programmusik scharf verurteilte, keineswegs aber Werke von Richard Wagner und Hector Berlioz mit einbeziehen wollte. Doch gerade Liszt mit seinem genialen Klavierspiel, seiner kollegialen Hilfsbereitschaft, der hinreißenden Wirkung seiner Persönlichkeit wie seiner sinfonischen Dichtungen bot für die breite Öffentlichkeit kaum Angriffsflächen. (Interessant: Nur wenig später fand sich Camille Saint-Saëns mit César Franck, Fauré und Massenet zu einem nationalistischen Komponistenzirkel zusammen, der gegen die Werke Richard Wagners in Frankreich Stellung bezog.)

Schließlich wurde die geplante Unternehmung von Brahms und Joachim durch eine nie aufgeklärte Indiskretion vorzeitig bekannt. Der nur für Musikzeitschriften bestimmte Text erschien, nicht einmal in letzter Fassung, und statt von zwanzig Namen lediglich von vier unterzeichnet, im *Berliner Echo;* zur großen Überraschung von Brahms und Joachim. Er lautete:

Die Unterzeichneten haben längst mit Bedauern das Treiben einer gewissen Partei verfolgt, deren Organ die Brendelsche *Zeitschrift für Musik* ist.

Die genannte Zeitschrift verbreitet fortwährend die Meinung: Es stimmten im Grunde die ernster strebenden Musiker mit der von ihr vertretenen Richtung überein, erkennten in den Kompositionen der Führer eben dieser Richtung Werke von künstlerischem Wert, und es wäre überhaupt namentlich in Norddeutschland der Streit für und wider die sogenannte Zukunftsmusik, und zwar zugunsten derselben, ausgefochten.

Gegen eine solche Unterstellung der Tatsachen zu protestieren halten die Unterzeichneten für ihre Pflicht und erklären wenigstens ihrerseits, daß sie die Grundsätze, welche die Brendelsche Zeitschrift ausspricht, nicht anerkennen und daß sie die Produkte der Führer und Schüler der sogenannten „Neudeutschen" Schule, welche teils jene Grundsätze praktisch zur Anwendung bringen und teils zur Aufstellung immer neuer unerhörter Theorien zwingen, als dem innersten Wesen der Musik zuwider, nur beklagen und verdammen können.

Johannes Brahms. Joseph Joachim. Julius Otto Grimm. Bernhard Scholz.

Die Neue Zeitschrift für Musik druckte daraufhin eine Parodie dieser Erklärung, über die die informierte Öffentlichkeit lachen konnte; Liszt schwieg, vornehm wie immer. Er ignorierte von da an lediglich die Werke von Brahms, für die er sich bisher ohne Voreingenommenheit interessiert hatte. Wagner dagegen, der gar nicht gemeint war, nahm die Erklärung übel und rächte sich durch bösartige Ausfälle gegen Brahms in seinen Schriften. Zweifellos hat diese Polemik Brahms zunächst geschadet; in späteren Jahren haben ihn die sogenannten „Brahminen", die ihn als eine Art Gegenpapst zu Richard Wagner hochstilisieren wollten, weit stärker verärgert. Brahms war sachlich, haßte plumpe Vereinfachungen; er selber bezeichnete sich in den Wiener Jahren mehrmals als „Wagnerianer". Von den Begegnungen mit dem Bayreuther Meister wird noch die Rede sein.

Jedenfalls ist Brahms nach dieser Affäre nie wieder mit Meinungen zu aktuellen kulturpolitischen Fragen an die Öffentlichkeit getreten.

Brendel hat, ob aus Klugheit oder aus Gerechtigkeitsgefühl, mit fünf ausführlichen Aufsätzen des gut informierten Dr. Schubring, die nach und nach in der *Neuen Zeitschrift für Musik* erschienen, das Gleichgewicht der Beurteilung von Brahms' Schaffen, wenigstens an dieser Stelle, wiederhergestellt.

Georg Henschel über das Äußere des einundvierzigjährigen Johannes Brahms:

„Er war vierschrötig, eher kleiner Gestalt, mit einer Neigung zur Dicke… die gesunde und lebhafte Farbe seiner Haut ließ seine Liebe zur Natur und die Gewohnheit erkennen, bei jeder Art von Wetter in freier Luft zu sein. Seine Kleider und Stiefel waren nicht gerade nach der neuesten Mode… die Wäsche tadellos… Am meisten nahm mich die Güte gefangen, die aus seinen Augen sprach. Sie waren von lichtem Blau, wundervoll klar und glänzend, hin und wieder schelmisch blinzelnd, und doch manchmal von kindlicher Treuherzigkeit."

5 | Die Reise nach Wien

Schon längere Zeit beschäftigte Brahms der Plan einer Reise nach Wien. An Grimm schrieb er 1860: „Ich habe allerlei Gedanken und möchte fort, an den Rhein, nach Dresden, Pest, Wien, kurz, irgendwohin. Ich habe doch auch in mancher Hinsicht noch wenig gesehen und gehört."

Joachims Berichte von einer Konzertatmosphäre, wie es sie im ganzen übrigen Europa nicht gäbe, Claras Entzücken über die Musikalität des Wiener Publikums, die Qualität der Orchester und Theater, hatten seine Sehnsucht weiter genährt.

Die letzten Jahre waren für ihn in mancher Hinsicht recht positiv verlaufen. Vor allem mit seinen Klavierwerken hatte er Erfolge erzielt, und sowohl Clara wie Joachim und Julius Stockhausen unterstützten ihn auch als Konzertpartner. Mit letzterem hat er 1861 ein Experiment besonderer Art unternommen. Es war damals noch nicht üblich, große Liederzyklen in einem Konzert geschlossen zum Vortrag zu bringen, das Publikum bevorzugte stark gemischte Programme. Brahms und Stockhausen brachten versuchsweise in Altona und Hamburg *Die schöne Müllerin* (die Stockhausen zum erstenmal 1854 als ganzen Zyklus in Wien gesungen hatte) zu Gehör, ferner *An die ferne Geliebte* von Beethoven und Schumanns *Dichterliebe*. Die Reaktion der Zuhörer war so ermutigend, daß die beiden Interpreten anschließend „in Schubert Bruderschaft tranken". Sicherlich war der Erfolg in erster Linie Stockhausens großer Beliebtheit, seiner schönen Stimme und eindringlichen Interpretation zu danken. Doch auch die nachtwandlerische Sicherheit, mit der Johannes als Begleiter jeden Stil zu erfassen und darzustellen vermochte, bestimmten den Gesamteindruck. Er war in diesen Jahren auf der Höhe seines pianistischen Könnens angelangt; dabei ging es ihm beim Musizieren nie um die eigene Wirkung – wie so vielen berühmten Virtuosen damals –, sondern stets um die Musik, die er ausführte.

Über eines war Brahms sich klargeworden: daß die Beziehungen zu den

Verlagen, die seit Schumanns Tod zum Stillstand gekommen waren, wieder in Gang gebracht werden mußten. Er dachte vor allem an Breitkopf & Härtel, Schumanns Verlag, zu dem dieser seinerzeit die Verbindung hergestellt hatte, und bei dem die meisten seiner Werke bisher erschienen waren. Als letztes sein *op. 10, Vier Klavierballaden,* die 1854, in der Wertherzeit, entstanden waren. Darunter die berühmte schottische Ballade „Edward", ein Klavierstück von dramatischer Kraft. Ein Pianoforte-Konzert würde in gegenwärtiger Zeit wohl willkommen sein, hatte man ihn wissen lassen. Doch als der Verlag erfuhr, daß das *d-Moll-Konzert* mit dem in Leipzig durchgefallenen identisch war, sandte er dieses Werk und andere neuere Kompositionen wieder zurück. Lediglich die *1. Serenade D-Dur* wurde akzeptiert. Brahms bot daraufhin das Konzert und andere Werke dem Schweizer Verleger Rieter-Biedermann an; er schrieb nach Winterthur:

„Ich glaube, daß das Konzert ein etwas schwierigeres Unternehmen ist. Noch dazu gehören die tüchtigeren Pianisten jetzt fast durchweg der neudeutschen Schule an, die sich vielleicht nicht um meine Sachen bekümmert."

Doch Rieters Interesse war ernsthaft; er setzte auf den jungen Komponisten. Im Herbst 1861 erschienen bei ihm das *Ave Maria für Frauenchor op. 12* und der *Begräbnisgesang für Chor und Blasinstrumente op. 13, 8 Lieder und Romanzen für 1 Singstimme op. 14* und das *Klavierkonzert d-Moll op. 15.* Ein Jahr später gab er die *Marienlieder für gemischten Chor* und Brahms' *Vierhändige Variationen über ein Thema von Schumann* heraus. Rieter hat auch die *Magelonenlieder,* das *Horntrio* und das *Deutsche Requiem* übernommen und damit an dem wachsenden Erfolg von Brahms berechtigten Anteil gehabt.

Gelegentlich des *Niederrheinischen Musikfestes* 1860 in Köln lernte er Fritz Simrock, den jüngsten Sohn des Verlegers Peter Joseph Simrock, kennen. Dieser Beziehung, die sein Leben fortan begleitet hat, soll ein späteres Kapitel gewidmet sein. Das erste Werk von Brahms, das im Verlag Simrock erschien, war seine *2. Serenade A-Dur op. 16* im Jahre 1860, der zwei Jahre später zahlreiche Gesangswerke und das *Streichsextett in B-Dur* folgten.

In seinem Hamburger Freundeskreis spielte der Musikpädagoge Avé-Lallemant als Mitglied des Philharmoniker-Komitees eine wichtige Rolle. Er verfolgte Brahms' Entwicklung seit Jahren mit Anteilnahme und Verständnis. Dem jugendlichen Johannes hatte er angeboten, seine Sammlung alter

Noten durchzusehen, die sich in recht ungeordnetem Zustand auf dem Dachboden befanden. Johannes schrieb damals an Clara: „Denken Sie meine Wonne... die herrlichsten Sachen, da krame ich jetzt oft, und Doubletten kann ich mitnehmen."

Diese Gaben von Avé bildeten den Grundstock seiner später viel bewunderten kostbaren Noten- und Manuskriptsammlung, die er der Wiener Gesellschaft der Musikfreunde testamentarisch vermacht hat. Avé-Lallemant nun hatte Johannes unter vier Augen mitgeteilt, daß Kapellmeister Grund, 71 Jahre alt und seit 34 Jahren Dirigent der Philharmonischen Konzerte, in absehbarer Zeit zurücktreten wolle. Er halte es für möglich, daß Brahms zu seinem Nachfolger gewählt würde. Deshalb scheine es ihm klug, wenn Brahms sich während der Zeit der Entscheidung nicht in Hamburg, sondern in einer entfernten, musikalisch bedeutenden Stadt aufhielte, etwa in Wien. Mögliche Erfolge dort – als Klavierspieler oder als Komponist – könnten den Ausgang der Wahl günstig beeinflussen. Das leuchtete Johannes ein. Er bestieg den Zug in den Süden mit Zuversicht und freudiger Spannung. Durch die verschiedenen Verkäufe seiner Werke besaß er genügend Mittel, um sich ohne Zeitdruck eine Weile in Wien umzusehen und, falls es sich ergab, in der Öffentlichkeit aufzutreten. Er fühlte sich in der Atmosphäre dieser Musikstadt vom ersten Augenblick an beschwingt und glücklich – nicht zuletzt natürlich durch die Zukunftsaussichten, von denen er niemandem etwas gesagt hatte.

Das Wien, das Brahms 1862 kennenlernte, war nicht mehr die Stadt des Rokoko oder des Biedermeier. Die Schleifung der Stadtbefestigungen, an deren Stelle im Laufe von Jahrzehnten der Ausbau der Ringstraße treten sollte, verlieh dem zuvor stark eingeengten Stadtkern Großzügigkeit und Weite, beraubte ihn aber auch so mancher behaglichen kleinen Winkel und Ecken. Auch historische Stätten, an denen noch Haydn, Mozart oder Schubert musiziert und gelebt hatten, waren durch die Modernisierung verdrängt worden. Und doch blieb noch genug zu sehen, um Wien für Brahms vom ersten Tag an zur „Heiligen Stadt der Musiker" zu machen. Dem Freunde Grimm schrieb er gleich nach der Ankunft: „Ja, so geht's! Ich habe mich aufgemacht,

Rechts: Blick aus der Brahms-Wohnung 1872 bis 1897 in Wien, Karlsgasse 4, auf die Karlskirche

FRANZ
BILKO
BADEN

ich wohne hier zehn Schritt vom Prater und kann meinen Wein trinken, wo ihn Beethoven getrunken hat."

Diese Nähe, ja Lebendigkeit der Historie bildete für Brahms sein Leben lang den unvergleichlichen Reiz von Wien.

Damals hatte Österreichs liberale Ära schon begonnen; sie sollte erst kurz vor Brahms' Tod zu Ende gehen. Der Übergang zum Konstitutionalismus trug viel zur Belebung der städtischen Selbstverwaltung bei, führte überhaupt zu einer spürbaren Aktivierung der Wiener Bürgerschaft. Man diskutierte nicht nur – wie in der Biedermeierzeit – Theater- und Kunstfragen. Man ereiferte sich auch leidenschaftlich über den Ausbau der Ringstraße und die Donau-Regulierung und interessierte sich für die vielen öffentlichen Bauten, die geplant und zum Teil schon in Angriff genommen waren. Die meisten kosteten zwar eine Menge Geld, hoben aber das Selbstbewußtsein des Bürgers beträchtlich.

Fast alle Neubauten wurden im Stil des wissenschaftlich fundierten Historismus geschaffen, der eigentlich kein originaler Stil war, sondern die organisch gewachsenen Bauweisen vergangener Epochen nachvollzog. Man empfand dieses Nebeneinander von griechischer Klassik, Neugotik, Neubarock oder modernisierter Renaissance durchaus nicht als Plagiat oder Stückwerk. Die meisten Zeitgenossen empfanden die Anhäufung ganz verschiedener Bauformen vielmehr als imponierend und großartig. Im Laufe der Zeit wurde es üblich, Kirchen im neugotischen Stil, Theater und Museen renaissance-ähnlich, Parlamentsgebäude nach klassischen Modellen zu errichten. Vieler Jahre bedurfte es, bis die Finanzierung eines neuen *Musikvereinssaales* geklärt wurde. Das alte Haus platzte schon lange aus den Nähten; wie aber sollte eine private Gesellschaft die enormen Kosten für ein zentral gelegenes Grundstück *und* den neuen Bau aufbringen? Die Lösung dieses Problems, die schließlich 1867 den Baubeginn signalisierte, war recht wienerisch: Die Kaiserliche Staatsverwaltung stiftete ein Gelände an der Wien und das halbe Erträgnis zweier Stadtlotterien – Werte in Millionenhöhe.

Heute, nach Jahrzehnten, in denen der Historismus strikt abgelehnt wurde, besteht überall in Europa wieder ein spürbares Bedürfnis, auch die Stilmischungen jener Zeit als etwas Gewachsenes anzusehen und entsprechend zu schützen. Man praktiziert die „Postmoderne", kehrt zurück zu Rundbögen, zitiert klassische Bauelemente. Die weiten Plätze und Parks, die

Heurigenstimmung in Grinzing

große Geste mancher Wiener Bauten aus der Zeit der Jahrhundertwende gehören längst ebenso zur Atmosphäre der Stadt wie *Trattnerhof* und *Camesinahaus*, wie der Prater, die Beethovenstätten in Döbling und Heiligenstadt und so manches ländliche Speiselokal am Rande des Wiener Waldes.

Als Brahms 1862 nach Wien kam, gab es weder das neue Gesellschaftsgebäude, noch das neue *Burgtheater*, das erst 1888 vollendet wurde; auch nicht die neue Oper, deren Ausschachtung 1861 begonnen worden war. Doch alles, das Alte wie das Neue, schien eingebettet zu sein in eine unvergleichliche musikalische Atmosphäre. Als großer Freund der Volksmusik labte sich Brahms an den Streichern im Prater oder anderswo, hörte Kärntner, Tiroler und salzburgische Volkslieder, entzückte sich an der Grazie der Strauß-Walzer, der Eleganz ihres Komponisten und Dirigenten. Sein feines, untrügliches Ohr nahm die ungarischen, slawischen, italienischen Musikeinflüsse wahr, die hier seit Jahrhunderten zusammengeströmt waren und die Vielfalt des eigentlich „Wienerischen" ausmachten. Manches davon findet sich, Brahmsisch verwandelt, in Werken der folgenden Jahre wieder: in seinen *Walzern* für Klavier, den *vierhändigen Liebeslieder-Walzern*, den *Ungarischen Tänzen* und anderem. Außerdem erlebte der verschlossene, von Natur aus sehr zurückhaltende Brahms, was er bisher noch in keinem anderen Ort erfahren hatte: Die Musiker, gerade die bedeutendsten und namhaftesten, kamen ihm freundschaftlich und interessiert entgegen. Und die gastliche Art, mit der er sofort in kultivierten Wiener Familien aufgenommen, verwöhnt und bewundert wurde, rief ein Gefühl des Behagens, der zusätzlichen Heiterkeit in ihm hervor.

Das *g-Moll-Quartett* zeigte Brahms als erstes seiner neuen Werke dem Pianisten Epstein, den Hans von Bülow für „den tüchtigsten und feinsten Klavierspieler Wiens" hielt. Epstein bat Josef Hellmesberger mit dem Bratscher und Cellisten seines berühmten Quartetts zu sich; sie spielten das Werk mit Brahms am Flügel prima vista. Der Eindruck war so überzeugend, daß Hellmesberger es sofort auf das Programm seines nächsten Quartettabends setzte. Der Erfolg des Werkes hielt sich zwar in Grenzen; noch wirkte Brahms' Kompositionsstil in mancher Hinsicht befremdend. Die Fachleute schrieben achtungsvoll, aber kühl.

Anders das Wiener Publikum. Es war vor allem von Brahms' Musizieren beeindruckt, und als er in einem zweiten, eigenen Abend am 29. November mit den Hellmesbergerleuten außer der Klavierpartie des *A-Dur-Quartetts* seine *Händel-Variationen* mit der großartigen Fuge und Schumanns *C-Dur-Phantasie* vortrug, wurde ihm begeistert applaudiert. Schon am nächsten Tag schrieb er den Eltern:

„Ich hatte gestern große Freude, mein Konzert ist ganz trefflich abgelaufen, viel schöner, als ich hoffte. Nachdem das Quartett recht wohlwollend aufgenommen war, habe ich als Klavierspieler außerordentlich gefallen. Jede Nummer hatte den reichsten Beifall, ich glaube, es war ordentlich Enthusiasmus im Saal. …Ich habe so frei gespielt, als säße ich zu Haus mit Freunden, und durch dies Publikum wird man freilich ganz anders angeregt als von unserm. Die Aufmerksamkeit solltet Ihr sehn und Beifall hören und sehen!"

Gegen Ende des Briefes, gewissermaßen am Rande, steht eine Frage. „Kommt Avé öfter zu Euch, hat er Euch was besonderes von Stockhausen erzählt?" Der fröhliche Ton des Briefes gab nicht preis, was Brahms im November 1862, trotz aller Wiener Erfolge und Freundlichkeiten, tief getroffen hatte. Nur in einem Brief an Clara vom 18. November spricht er sich darüber aus.

„Liebe Clara,
inliegenden Brief (von Avé) fühle ich das Bedürfnis Dir mitteilen zu müssen. Er ist mir ein viel traurigeres Ereignis als Du denkst und vielleicht begreiflich findest. Wie ich überhaupt ein etwas altmodischer Mensch bin, so auch darin, daß ich kein Kosmopolit bin, sondern wie an einer Mutter an meiner Vaterstadt hänge. Nun mußt Du wissen, daß diesen Herbst schon die Singakademie ernstlich daran dachte, einen 2. Dirigenten zu nehmen. Da war nur die Rede von Deppe und mir. Gerade vor meiner Abreise hierher frug man privatim bei mir an, ob ich etwa geneigt sei. Nun kommt dieser feindliche Freund und stößt mich für – immer wohl, fort.

Wie selten findet sich für unsereinen eine bleibende Stätte, wie gerne hätte ich sie in der Vaterstadt gefunden.

…Konnt ich hier nicht hoffen, wo soll ich's? Wo mag und kann ich's! Du hast an Deinem Mann erlebt und weißt es überhaupt, daß sie uns am liebsten ganz loslassen und allein in der leeren Weite herumfliegen lassen. Und doch möchte man gebunden sein und erwerben, was das Leben zum Leben macht, und ängstigt sich vor der Einsamkeit. Tätigkeit im regen Verein mit andern und im lebendigen Verkehr, Familienglück, wer ist so wenig Mensch, daß er die Sehnsucht danach nicht empfindet?

…Der Inhalt dieses Briefes und sein Dasein überhaupt ganz unter uns und besonders nicht für Avé, Stockhausen und die Eltern."

Brahms hatte, wie erwähnt, niemanden über seine Zukunftshoffnungen orientiert. Auch Stockhausen wußte davon nichts. Doch die Mutter, innerlich eng mit ihm verbunden, ahnte zum mindesten etwas. Sie schrieb ihm einen Tag vor seinem Konzert, daß sie am 29. November den ganzen Abend an ihn denken würde. „Einige sagten früher, Du könntest nicht vorm Publikum spielen. Ich habe es nie geglaubt... konntest Du es doch als Kind... keck warst Du nicht, aber ruhig und sicher. Sehr viele Freunde hast Du wohl schon in Wien. Also ist Dein Heimweh wohl nicht mehr so schlimm, sonst glaubte ich, Du wärest schuld daran, daß ich nachts gar nicht schlafen kann."

Derjenige seiner Freunde, der sich über die Entscheidung des Hamburger Komitees am deutlichsten äußerte, war Joachim. Er ersparte Avé-Lallemant nichts:

„Du weißt, ich habe die größte Hochachtung vor Stockhausens Gesangstalent, und er ist wohl der beste Musiker unter den Sängern; aber wie man bei der Wahl zwischen ihm und Johannes als Leiter eines Konzertinstitutes sich für ersteren entscheiden kann, versteh ich mit meinem beschränkten Musikverstand nicht! Gerade als Mensch eben, auf den man bauen kann, steht mir Johannes mit Begabung und Willen erst recht hoch. Es gibt nichts, das er nicht fassen und mit seinem Ernst erobern könnte! Du weißt das ebensogut wie ich – und wäret Ihr ihm mit Vertrauen und Liebe alle im Komitée und Orchester entgegengekommen (wie Du als Freund und privatim immer tatest), statt mit Zweifeln und mit Protektormienen, es hätte seiner Natur die Herbheit genommen, während es ihn bei seinem Patriotismus für Hamburg, der fast kindlich rührend ist, immer bitterer machen muß, sich (für einen viel geringeren an Talent und Charakter) hintangesetzt zu sehen. ...Die Kränkung Johannes' wird die Kunstgeschichte nicht vergessen."

Clara, die am 21. November in Hamburg zu spielen hatte, schrieb Johannes noch am Abend des Konzertes sehr bewegt.

„Soll ich Dir sagen, wie viel ich an Dich denke? Du mußt es ja wissen, ohne daß ich es ausspreche... und nun kamen gestern auch noch Deine traurigen Zeilen dazu. Du weißt, wie nah mir alles geht, was Dich betrifft, und kannst Dir denken, wie schmerzlich mich Dein Brief bewegt... Avé empfing mich vorgestern gleich mit dieser Neuigkeit, wir saßen bis tief in die Nacht noch zusammen, ich sagte ihm meines Herzens Meinung, daß ich solchen Schritt von ihm gar nicht für möglich gehalten hätte, daß es eine Schande sei etc....er kam mit allerlei Gründen, z. B. dem, daß hier erst mal aus dem Groben heraus gearbeitet werden müsse, was nicht Sache eines solchen Musikers sei, wie Du es bist. Das solle Stockhausen tun, und dann sollst Du eintreten, überhaupt spricht auch Stockhausen in der festen Zuversicht davon, daß Ihr wunderschön im Verein wirken könntet. Wie das gehen würde, ich weiß es nicht…"

Der Schmerz, die Enttäuschung, die Avés Brief in Johannes hervorrief, hat sich nie mehr ganz aufgelöst. Beide Empfindungen fanden neue Nahrung, als Stockhausen 1867 überraschend von seinem Amt zurücktrat und wiederum ein Dirigent von außerhalb Brahms vorgezogen wurde – „dem größten Musiker unserer Tage" –, wie Joachim schrieb. Noch im Alter gab Brahms der Überzeugung Ausdruck, daß er durch die ablehnende Haltung in Hamburg um sein Lebensglück, die Gründung einer Familie, betrogen worden sei. Auch als er längst Heimatrechte in Wien besaß, geliebt, verehrt und verstanden wurde, hielt er an dieser Vorstellung fest. Daß er selber jeder festen menschlichen Bindung entsagt hatte, sobald ihre Entwicklung ihn zur Entscheidung zwang, wollte er nicht wahrhaben. Auch spätere Neigungen zu ungewöhnlichen und besonders verständnisvollen Frauen beendete er meist mit witzigen oder sarkastischen Floskeln, ehe es zur Festlegung kam; wobei er zweifellos auch die melancholischen Phasen solcher Erlebnisse auskostete und genoß.

Es waren nie unmusikalische Frauen und Mädchen, die ihn fesselten und von ihm beeindruckt wurden. Bertha Porubszky, die Wienerin, die ihn als Gast des Hamburger Frauenchors so sehr entzückt hatte, begegnete er nun in ihrer Heimatstadt wieder; er fand sie „sehr blaß und kränklich", schreibt er an Joachim und fährt fort: „Mein Gewissen fühlte sich ordentlich wohler, als ich die betreffende (Verlobungs-)Karte mit einigen Worten kriegte."

Eine Bekanntschaft vom letzten *Niederrheinischen Musikfest* war Luise Dustmann, Rheinländerin und bewundertes Mitglied der Wiener Hofoper. Sie hatte auf Brahms als *Fidelio* tiefen Eindruck gemacht; mit diesem Namen pflegte sie auch ihre Briefe an ihn zu unterzeichnen. Verschiedentlich wählte sie die gleiche Sommerfrische wie Brahms – sicher mit seinem Einverständnis. Ihr Stil, ihre Einfälle waren einmalig. Bestimmt ist sie die einzige Frau gewesen, die ihn in ihren Briefen mit „Hansi" anredete! Einmal schrieb sie ihm folgendes:

„Gestern abend erhielt ich Ihre Zeilen, und mit überstürzender Schnelligkeit gebe ich Ihnen Antwort. Meine Adresse ist die Ihnen angegebene (in Hietzing). Dort erteile ich bis Schluß dieses Monats Audienzen. Meine Stadtwohnung... ist in überraschender Nähe von Ihrer Residenz. Dort hausen aber jetzt die Maler und andere verschiedene Künstler, die ein gewünschtes Rendez-vous nicht gut zulassen. Wenn Sie also der schrecklich teuren Zeiten wegen den Weg nach Hietzing nicht antreten können, so bleibt nur meine Garderobe im Theater als der geeignetste Ort zu einem Rendez-vous, und zwar bin ich morgen als ‚Heilige Elisabeth' von 5–6 Uhr zu sprechen."

Mit der temperamentvollen Ottilie Hauer, ebenfalls Sängerin, pflegte er seine neuesten Lieder durchzugehen, um deren Singbarkeit zu erproben. Sie war Mitglied eines kleinen Frauenchors, der sich bei guten Freunden von Clara, der Familie von Asten, traf. Brahms hat gerne mit diesem musiziert... Es sollte in Wien noch mehr als eine schöne Frauenstimme sein eigensinniges Einzelgängertum in Frage stellen.

Charakteristisch für seine Vorsicht dem weiblichen Geschlecht gegenüber war die Episode mit Elisabeth von Stockhausen, der begabten, schönen, grundmusikalischen Tochter des Hannoverschen Gesandten in Wien. Johannes sollte der Sechzehnjährigen Klavierunterricht geben, fühlte sich aber durch ihren Charme derart verwirrt, daß er die Stunden unter einem Vorwand schnell wieder aufgab. Sie heiratete später den Komponisten Heinrich von Herzogenberg aus Graz. Brahms begegnete der Lisl nach Jahren in Leipzig wieder, wo sie und ihr Mann wichtige Funktionen im dortigen Musikleben ausübten.

Mit besonderer Freude ging er in Wien den vielen Spuren nach, die zu den Meistern vorangegangener Generationen führten. An den verständnisvollen Kenner und Kritiker seiner Werke, Dr. Schubring in Dessau, schrieb er: „Es ist nun besonders Schubert, bei dem man die Empfindung hat, als lebte er noch! Immer neue Menschen lernt man kennen, die von ihm als einem guten Bekannten sprechen, und immer neue Werke sieht man, von deren Existenz man nichts wußte und die so unberührt sind, daß man den Sand abscheuern könnte..."

Merkwürdig in anderer Hinsicht klingt eine Briefstelle vom Dezember 1862 an Joachim.

„Wagner ist hier, und ich werde wohl Wagnerianer heißen: hauptsächlich natürlich durch den Widerspruch, zu dem ein vernünftiger Mensch gereizt wird, gegenüber der leichtsinnigen Art, wie die Musiker hier gegen ihn sprechen. Auch verkehre ich besonders viel mit Cornelius und Tausig, die – durchaus keine Lisztianer sein und gewesen sein wollen und übrigens mit dem kleinen Finger mehr leisten als die übrigen Musiker mit dem ganzen Kopf und allen Fingern."

Richard Wagner, der um diese Zeit zu Konzerten und Opernvorbereitungen in Wien lebte, traf auf eigenen Wunsch bei einem befreundeten Arzt mit Brahms zusammen. Er bat ihn zu spielen, vor allem seine *Händel-Variationen* vorzutragen, deren Lob er mehrfach gehört hatte. Brahms' Spiel trug an jenem Abend „genialen, großartigen Charakter", berichtet der Gastgeber und auch, daß Wagner über das Werk von Brahms sagte: „Man sieht, was sich in den alten Formen noch leisten läßt, wenn einer kommt, der versteht, sie zu behandeln."

Brahms' Brief an Joachim endet mit dem Satz: „Es ist hier ganz gut, aber ich gehe doch wohl wieder nach Hamburg."

Als ihm Joachim wenig später seine Verlobung mit der jungen Altistin Amalie Schneeweiß meldet, antwortet Brahms: „Du Glücklicher! Was soll ich mehr schreiben als höchstens noch so einige Ausrufe!... Es wird niemand Dein Glück mehr empfinden als ich, und eben jetzt, denn Dein Brief schneite mir in eine Stimmung hinein, daß es mir ergreifend war."

Anfang Mai verläßt er Wien, fährt nach Hannover, lernt Joachims Braut kennen und hört eine schöne Aufführung von Glucks *Orpheus,* mit Amalie in der Titelrolle. Joachim dirigiert: Es ist ihr letztes Auftreten in der Oper, Joachim hat es so gewünscht. Ihre ungewöhnlich schöne, umfangreiche Altstimme, ihre Musikalität und Anmut bezaubern Brahms. Bei späteren Kompositionen für diese Stimmlage, vor allem der *Alt-Rhapsodie,* hat er meist an diese Stimme gedacht.

Johannes ist mit großer Sehnsucht nach Hause gefahren, doch das stille familiäre Glück, das ihm in Wien vorschwebte, wird ihm diesmal nicht zuteil. Die zarte, immer etwas angegriffene Mutter, nun 75 Jahre alt, ist eine müde Greisin geworden. Der Vater, erst 57, wirkt aktiv wie ein junger Mann. Er ist an seinem Fortkommen als Mitglied der *Philharmoniker* interessiert, zu denen er, durch Stockhausen, nun gehört, und übt fleißig Kontrabaß. Doch weder Christiane, noch die von ständigen Kopfschmerzen geplagte Elise vermögen das dröhnende Instrument in der engen Wohnung zu ertragen. Johann Jakob wird für seine Übestunden auf den zugigen Boden verbannt und empfindet das als schwere Kränkung...

Die Atmosphäre ist recht bedrückend. Johannes versucht, die streitenden Parteien miteinander zu versöhnen, aber er fühlt nur allzu deutlich, daß ein harmonischer Zustand nicht mehr herbeizuführen ist.

Den Frühsommer verbringt er in Blankenese, in ähnlicher Situation wie seinerzeit in Hamm. Wieder arbeitet er intensiv an einem größeren Werk: *Rinaldo, Kantate von Goethe für Tenorsolo, Männerchor und Orchester*. Erst 1868 entsteht in Bonn der Schlußchor. Die Uraufführung des Werkes fand 1869 in Wien statt. Der Inhalt – die Geschichte des Helden Rinaldo und seiner Verführung durch die Zauberin Armida – war in der Zeit der *opera seria*, der italienischen Barockoper, ein beliebter Bühnenstoff gewesen. Brahms' Musik besitzt zwar dramatische Akzente, letzten Endes ist das Stück jedoch konzertant angelegt. Vor allem fehlt eine musikalische Auseinandersetzung zwischen Armida und Rinaldo, den Goethe in seiner Dichtung zum Solisten gemacht hat. Und Rinaldos Persönlichkeit vermag in ihrer Unfähigkeit, sich vom Liebeszauber Armidas zu lösen, keine rechte Begeisterung zu entfachen; er ist ein Antiheld im modernen Sinne. Dem Werk war kein großer Erfolg beschieden.

Während Johannes noch immer die trübe Atmosphäre der Fuhlentwiete bedrückt, die ihm auch in Blankenese bewußt bleibt, erreicht ihn im Mai gute Botschaft aus Wien. Einer seiner Freunde dort ist Dr. Josef Gänsbacher, Jurist, später Gesangsprofessor am Konservatorium und ein vorzüglicher Cellist (Brahms hat ihm seine erste *Cello-Sonate e-Moll op. 38* gewidmet). Gänsbacher hat die Bedeutung von Brahms als Komponist wie als konzertierender Künstler erkannt. Er setzt sich mit seinem ganzen Gewicht für Brahms' Wahl zum Chordirigenten der Wiener *Singakademie* ein. Dieser Chor war 1858 durch Abspaltungen vom *Chor der Gesellschaft der Musikfreunde* gegründet worden, sein bisheriger Dirigent gestorben. Brahms wurde nun als Nachfolger gewählt, wenn auch nur mit einer Stimme Mehrheit. In ihm ruft die offizielle Anfrage, neben der Freude über die damit verbundene Auszeichnung,

Rechts: Joseph Joachim und seine junge Frau Amalie in Hannover. 1863/64

Die Lichtenthaler Allee vor 1900. Zeitgenössische Zeichnung

Rechts: Johannes Brahms 1865. Aufnahme von Julius Allgeyer

Blick in den Bremer Dom. Dort dirigierte Brahms 1868 erstmals das damals sechsteilige Deutsche Requiem

auch ein Gefühl der Genugtuung hervor: gerade in Hamburg, gerade der Familie, den Freunden gegenüber. Er kennt inzwischen die große Musikalität der Wiener Laien und freut sich auf die Arbeit mit ihnen; und schließlich erbrachte die Chorleitung auch laufende Einnahmen, die ihm im Hinblick auf die zerstrittene Familie sehr notwendig erschienen. Man hatte ihm zunächst 450 Gulden jährlich angeboten, die Summe dann auf 600 Gulden erhöht. Während Brahms sonst derartigen Angeboten sehr zögernd und abwartend gegenübersteht, sagt er in diesem Fall schnell zu. Einen ausführlichen Brief an die Leitung der Singakademie, in dem er gezielte sachliche Fragen stellt, beenden die Worte: „Es ist eben ein besonderer Entschluß, seine Freiheit das erste Mal wegzugeben. Jedoch, was von Wien kommt, klingt eben dem Musiker noch eins so schön, und was dorthin ruft, lockt noch eins so stark."

Um es gleich vorwegzunehmen: Brahms hat diese Stellung, die von seinen Freunden begrüßt wurde, weil sie ihm manches von dem ermöglichte, was er sich vom Hamburger Engagement versprochen hatte, nur eine Saison hindurch innegehabt. Obwohl ihn das Komitee im Frühjahr 1864, und diesesmal einstimmig, wiederwählte und sich auf weitere Zusammenarbeit mit ihm vorbereitete, schrieb Brahms im Juni den Absagebrief. War es bedauerlich, kam es überraschend? Im Grunde ging Brahms konsequent auf dem Wege weiter, den er als Jüngling eingeschlagen hatte. Er fühlte sich weder als konzertierender Pianist, noch als Pädagoge oder Leiter öffentlicher Institutionen. Doch die vier Programme, die er in der einen Saison durchführte, bleiben als beispielhafte Modelle des Chorgesangs, wie er ihn ansah, bestehen. Sie verraten auch Wesentliches vom Wege des Komponisten Brahms.

Gleich das erste Programm vom 15. November 1863 hatte grundsätzlichen Charakter. Es enthielt eine Kantate von Bach, das *Opferlied* von Beethoven, eigene Bearbeitungen von Volksliedern und zum Schluß das *Requiem für Mignon* von Robert Schumann. Das Programm und Brahms' Art zu dirigieren gefällt. Die Kritiker stimmen zu. Im zweiten Konzert erfüllt er sich eigene Wünsche: Nach einer *8stimmigen Motette* von Mendelssohn kommen Meister des 16. und 17. Jahrhunderts zu Gehör: Johannes Eccard, Heinrich Schütz, Giovanni Gabrieli, Giovanni Rovetta. Also schwierigere Kost, die viele Hörer als ermüdend empfinden. Im dritten Konzert führte Brahms das *Weihnachts-Oratorium* von J. S. Bach auf; fast gleichzeitig der *Singverein der Gesellschaft der Musikfreunde* mit hervorragenden Mitwirkenden Bachs *Jo-*

hannes-Passion. Eine ungünstige Konstellation, die jedoch die Musizier-freude des Chors nicht minderte. Das Schlußkonzert am 17. April 1864 brachte ausschließlich Werke von Brahms; das war ein Vorschlag des Komitees gewesen. Es kamen kirchliche und weltliche Chorgesänge zu Gehör, eine Motette, Solo-Quartette, das *Streichsextett B-Dur*, schließlich, mit Carl Tausig als Partner, die *Sonate f-Moll für 2 Klaviere op. 34 b* (das spätere *Klavierquintett op. 34*). Der Erfolg war freundlich. Doch schon vor diesem Konzert schrieb Johannes an Clara, das Schlimmste sei für ihn „der besagte Entschluß, der gefaßt sein soll… Das Musikalische könnte ich recht gut und genügend besorgen, aber wie es hier steht, müßte ich ein Organisationstalent besitzen, das mir abgeht." Noch deutlicher äußert er sich aus Hamburg Dr. Schubring gegenüber. „Ich habe dort meine Stellung aufgegeben! Trotz vieler Freuden, die man dort von einem Chor hat, mußte es leider sein… Ich müßte mich zuviel um Primadonnen, um tausend Sachen bekümmern, die mich nichts angehen, und in Wien braucht man sich keine Beschäftigung zu suchen, die Zeit vergeht im schönsten Walzertempo…" Das klingt wie ein Stichwort.

Ungefähr ein halbes Jahr später entstanden Brahms' *Walzer für das Pianoforte*, sowohl zwei- wie vierhändig gesetzt. Er widmete sie Eduard Hanslick, dem bedeutenden Wiener Musikkritiker. Ihr seliger Schwung hat Generationen von Musikliebhabern und Musikern erfreut, bis zum heutigen Tag. Sie sind der erste Brahmsische Ausdruck dessen, was die wienerische Atmosphäre ihm als Gastgeschenk zugedacht hatte.

Brahms gesprächsweise zu Richard Specht:
„Halten Sie mich für so beschränkt, daß ich von der Heiterkeit und Größe der Meistersinger *nicht auch entzückt werden könnte? Oder für so unehrlich, meine Ansicht zu verschweigen, daß ich ein paar Takte dieses Werkes für wertvoller halte, als alle Opern, die nachher komponiert wurden. Und ich ein Gegenpapst? Es ist ja zu dumm!"*

6 | Eine tolle Polyphonie

Sehnsucht nach der Waldgegend heißt ein Gedicht von Justinus Kerner, das Robert Schumann im Jahr der Erfüllung, seinem Hochzeitsjahr, vertonte. Er und Clara fanden sich in der Vorliebe für dunkle Tannenwälder mit verrufenen Stellen und Ausblicken in blaue Fernen. Den Schwarzwald haben beide geliebt. Es ist verständlich, daß Clara, als ihr 1862 ein Häuschen in Lichtenthal bei Baden-Baden angeboten wurde, nach kurzer Überlegung zugriff. Es lag an der Oos, im Dörfchen Lichtenthal, das damals noch nicht mit Baden-Baden vereinigt war. Die Umgebung war durchaus ländlich, der Preis – 17 000 Mark – tragbar. Gleich nach ihrem Einzug schrieb sie an Brahms: „Die Natur prangt in vollstem Glanze, und oft stehe ich nur so an der Balkontür und blicke entzückt hinaus auf das herrliche Grün, dahinter die dunklen Tannen!" Ein Bild von Clara, das man förmlich vor sich zu sehen meint.

In Claras erstem Lichtenthaler Sommer konnte sich Brahms nur für einige Tage freimachen, um ihr Häuschen kennenzulernen; 1864 blieb er längere Zeit, wie auch in den meisten der folgenden Jahre. Einige seiner schönsten Werke, zum mindesten wesentliche Teile aus ihnen, sind in dieser Umgebung entstanden, manche hier vollendet worden. Davon wird noch die Rede sein.

Schon 1865 bezog Brahms zum erstenmal zwei Zimmer im Hause der verwitweten Frau Luise Becker in Lichtenthal. Er hat das kleine Refugium geliebt und Jahr für Jahr wieder gemietet. Das Haus lag auf einer kleinen Anhöhe, von seinen Zimmern im oberen Stockwerk hatte man Ausblicke nach drei Seiten: „Auf die dunkel bewaldeten Berge, die schlängelnden Wege hinauf und hinab und die freundlichen Häuser." Außerdem bot die Wohnung noch eine andere für Brahms unschätzbare Annehmlichkeit: Wenn ein unerwünschter Besuch zur vorderen Haustür eintrat, konnte er unbemerkt durch einen Hinterausgang entweichen!

Als Johannes Ende Juli 1864 nach Lichtenthal kam, hatte er traurige Hamburger Eindrücke zu verarbeiten. Das Zusammenleben der Eltern, schon im

Brahms' Wohnhaus in Lichtenthal, wo er in den Sommermonaten von 1865 bis 1872 zwei Zimmer bewohnte

Jahr zuvor recht problematisch, war nun unerträglich geworden. Johannes half Vater und Mutter, getrennte Wohnungen zu finden, und übernahm die Unkosten für Christiane und seine Schwester Elise, die mit der Mutter zusammenblieb. In Anbetracht seiner damals wieder ungewissen Einnahmen bedeutete das eine schwere Belastung. Er verlor aber darüber kein Wort, hat auch zu keinem der Freunde von diesen familiären Sorgen gesprochen; nur Clara war eingeweiht. Er half nicht nur materiell, sondern auch durch sein menschliches Verhalten. Er maß keinem der Partner eine „Schuld" bei und nahm das Geschehen als schicksalhaft hin – was es, durch den großen Altersabstand, ja auch war.

Seine Briefe aus dieser Zeit sind geduldig, liebevoll, immer noch von der Hoffnung getragen, daß die beiden Menschen, die 34 Jahre gut miteinander gelebt hatten, sich wenigstens äußerlich versöhnen würden. Doch dazu kam es nicht mehr. Christiane starb im Februar 1865 nach einem Schlaganfall; als Johannes die beiden Zimmer betrat, die seine Mutter mit Elise zuletzt bewohnt hatte, stand in einem von ihnen bereits ihr Sarg. „Sie war ganz unverändert und sah so lieb und sanft aus wie im Leben." Jetzt, nachträglich, konnte er auch den Vater zu einer versöhnlichen Haltung bewegen. Er und die Geschwister gingen mit Johannes zusammen zur Beisetzung. Er versuchte in den Tagen danach die Situation der Schwester zu klären und hoffte, daß sie nun mit dem Vater zusammenziehen würde. Sie lehnte es jedoch leidenschaftlich ab. Mit 40 Jahren, 1871, heiratete sie einen um 14 Jahre älteren Mann, den Uhrmacher Christian Grund, der sechs Kinder mit in die Ehe brachte. Nach anfänglicher Besorgnis stimmte Johannes ihrem Schritt zu, half Elise und ihrer Familie gern und überlegt und bekam ausführliche Briefe von ihr, die ihn über die Hamburger Ereignisse auf dem laufenden hielten. Er verstand sie und ihren kleinbürgerlichen Stolz durchaus.

Um die Familiengeschichte noch zu einem gewissen Abschluß zu bringen: Im Oktober 1865 erhielt Brahms einen ausführlichen Brief von seinem Vater, der sonst nicht eben mitteilsam war. Darin stand, daß er, da das Leben allein so öde und leer sei, daran denke, sich wieder zu verheiraten. „Zu mir passend habe ich bestimmt keine ungehörige Wahl getroffen. Sie ist Witwe, einfach und im Alter 41 Jahre." Johannes war zunächst etwas beunruhigt. Doch nachdem er Frau Karoline kennengelernt hatte, vertraute er auf die guten, herzhaften und gesunden Seiten ihres Wesens. Sie sollten sich bis zum Tode des Vaters und darüber hinaus aufs Schönste bewähren. Und wie wird Johannes gelacht haben, als er erfuhr, wie Johann Jakobs Werbung vor sich gegangen war!

Karoline Schnack, zweimal verwitwet, betrieb seit Jahren einen „bürgerlichen Mittagstisch" für alleinstehende Herren, vornehmlich Musiker des Stadt- und Thalia-Theaters. Johann Jakob hatte schon bald nach der Trennung von Christiane daran teilgenommen und die vielen guten Eigenschaften der tüchtigen Wirtin erkannt. Aber er traute sich nicht, um ihre Hand anzuhalten. Schließlich verfiel er auf die Idee, ihr einen Zettel zu überreichen, auf dem mehrere weibliche Namen notiert waren, darunter auch der ihre. Nach Kalbeck soll er zu ihr gesagt haben: „Sie sind ja woll 'ne verständige Frau, Madame Schnack, die 'nem ollen Döskopp 'nen guten Rat geben kann. Ick will doch nu wedder heiraten. Nu seggen Sie mich bloß, wen. Söken Sie mich gefälligst eene aus!"

Auf diese Schalksmanier kam der Vater zu einer Frau und Johannes zu einer neuen Mutter, die er bis zu seinem Tode ebenso liebevoll umsorgte wie zuvor seine leibliche Mutter. Zur Hochzeit, die am 22. März 1866 stattfand, konnte Johannes nicht kommen, beteiligte sich aber durch Übersendung einer größeren Geldsumme an dem festlichen Ereignis. Die neue Wohnung von Johann Jakob und Karoline lag am Anscharplatz und war auf das Vermieten von Zimmern eingerichtet. Die „gute Stube" blieb Johannes vorbehalten.

1867, als seine Einnahmen sich schon etwas stabilisiert hatten, kam er auf eine ebenso wunderliche wie rührende Idee. Er lud den Vater zur Reise nach Wien und in die österreichischen Alpen ein – seinen Vater, der über sechzig und noch nie aus dem engsten Umkreis Hamburgs herausgekommen war.

„Komm nach Wien!" drängte der Sohn. „Überlege nicht lange, denke nur daran, daß das Reisen mit jedem Jahr schwieriger und weniger genußvoll ist… Du darfst und darfst nicht widersprechen und nicht überlegen, sondern womöglich gleich heute abend Dich auf die Beine machen. Das hoffe ich so bestimmt, daß ich gleich jetzt nur schreibe wie Du reisen mußt!

Du richtest Dich ein, daß Du 14 Tage bis 3 Wochen ausbleiben kannst… Dann siehst Du zu, ob Du etwa 20 Thaler hast oder haben kannst – ich habe kein preußisches Papier zu Haus und es ist Sonntag… Ich lege 5 Gulden bei, von Bodenbach an gilt das… Hier habe ich die Kasse… Vergiß auch nicht allerwärts, wo irgend Zeit ist, gut zu essen… Mach Dich auf, Du wirst viel, *sehr viel Freude* haben, und mir machst Du die größte."

Schon am 1. August kann der Vater seiner Karoline aus Wien vermelden, daß er gesund und munter sei und recht viel erleben könne. Er habe Schloß Schönbrunn gesehen und den Kaiser mit einem exotischen Gast: „Sie gingen dicht vorüber. Das war ein Hochgenuß, welcher selten einem zuteil wird."

Dr. Gänsbacher begleitete Vater und Sohn in die Steiermark, dann zogen sie zu zweit weiter, bestiegen den Schafsberg, und Freunde berichteten, wie der Sohn gestrahlt habe, dem Vater die Schönheiten der Berge zeigen zu können, die Ausblicke, die herrliche Luft! Der alte Herr habe nur treuherzig dazu genickt und schließlich gesagt: „Aber, nicht wahr, Hannes, das tust Du mir nicht wieder?" Er führte gewissenhaft Tagebuch und war, als sie müde und hungrig in Salzburg eintrafen, nicht zu bewegen, auch nur einen Bissen zu sich zu nehmen, ehe er dem Mozarthaus seine Reverenz erwiesen hatte. Dem Handwerker Johann Jakob war im Laufe seines beschwerlichen Musikantendaseins wohl doch der Sinn dafür aufgegangen, was das sein konnte: Kunst.

Doch zurück in den Sommer 1864. Als Johannes von den zerstrittenen Eltern nach Lichtenthal kam, hoffte er, einige seiner Wiener Freunde nach Baden locken zu können; obwohl er nichts von seinem privaten Kummer verlauten ließ, erwartete er, daß sie, aus reiner Sensibilität, begreifen müßten, wie es um ihn stand. Doch auszusprechen, daß er sie *brauchte*, das vermochte er nicht. Seine zwiespältige Art des Verhaltens, seine verklausulierten Mitteilungen haben mehr als einmal quälende Mißverständnisse zwischen ihm und seinen besten Freunden verursacht.

Doch gerade dieser Sommer wurde für Johannes eine Zeit höchster Produktivität. Er verwandelte das *Streichquintett f-Moll*, das ihm schon so viel Kopfzerbrechen verursacht hatte, in seine endgültige Form, er schuf es zum *Klavierquintett* um. Letzte Hand legte er in Wien an. In Lichtenthal entstanden auch die *Lieder und Gesänge op. 32* nach Texten von Platen und Daumer, die er zu einer Art Zyklus zusammengefaßt hatte.

Manche der Daumerschen Verse sind Übersetzungen: aus dem Indischen, Persischen, aus Hellas, von der Moldau. Sie sind ursprünglicher als seine eigenen Gedichte, die uns heute einiges Unbehagen verursachen. Brahms fühlte sich von der Kühnheit der Gedanken und Gefühle angesprochen. Eines der schönsten Lieder ist das böhmische „Nicht mehr zu dir zu gehen", in seiner Vertonung geworden; da wird die Bedeutung der Begleitung gleichsam durch äußerste Zurücknahme des Klavierklanges erzielt: Der Weg führt nach innen. Hymnisch klingen die Verse „Wie bist du, meine Königin", die Daumer aus dem Persischen übersetzte; Brahms regten sie zu einem seiner klangschönsten Lieder an.

Herber sind die Kompositionen der Platen-Gedichte: „Wie rafft ich mich auf in der Nacht" und „Der Strom, der neben mir verrauschte". Im Verzicht auf freie Gestaltungsweisen – Brahms bevorzugt das variierte Strophenlied –

erzielt er, besonders durch das Ineinandergreifen von Solostimme und (Klavier-)Baß, die stärksten Wirkungen.

In der gleichen Zeit hat er die drei ersten Sätze des *G-Dur-Sextetts* geschrieben, das er schon lange Zeit mit sich herumtrug. Im 1. Satz erscheint, soweit notenmäßig ausdrückbar, der Name „Agathe", motivisch in die 2. Themengruppe der Violinen verarbeitet:

Auch in einem Lied für Frauenchor taucht das Agathen-Motiv auf; der Text dieses Liedes ist eindeutig:

> Und gehst du über den Kirchhof,
> da findest du ein frisches Grab;
> da senkten sie mit Tränen
> ein schönes Herz hinab.
> Und fragst du, woran es gestorben,
> kein Grabstein Antwort gibt;
> doch leise flüstern die Winde:
> es hatte zu heiß geliebt.

Die Lichtenthaler Sommeraufenthalte haben Brahms in mannigfaltiger Weise bereichert und beglückt. Von seiner Wohnung aus konnte er in wenigen Minuten den Wald erreichen; nach einem selbstgebrauten Kaffee brach er in frühester Morgenstunde zu langen einsamen Wanderungen auf. Kein lästiges Gespräch, keine banalen Geräusche des Kurbetriebes störten um diese Zeit seine innere Auseinandersetzung mit einem neuen Werk. Nach der Rückkehr begann die Schreibarbeit in seiner kleinen Wohnung; gegen Mittag lag das Tagespensum bereits hinter ihm. Dann lockte eines der von ihm bevorzugten Lokale oder die Nähe von Claras Häuschen; gemeinsame Mahlzeiten, Stunden mit guten Freunden schufen jene behagliche Atmosphäre, die Brahms am schönsten zum Musizieren anregte.

Er hatte um diese Zeit durch seine guten Erfahrungen in der Wiener Gesellschaft und durch die künstlerische Anerkennung, die ihm dort zuteil geworden war, an Kontaktfähigkeit und äußerer Sicherheit bedeutend gewonnen. Mit Vertretern seiner Generation, die sich von seinem herben, witzigen, oft sarkastischen Wesen angezogen fühlten, entwickelte sich in Baden-Baden so manche Freundschaft. Ein besonders verständnisvoller Verehrer seiner Kunst war Hermann Levi geworden, nur drei Jahre älter als Johannes, damals Kapellmeister der Karlsruher Hofoper, die einmal wöchentlich in Baden-Baden gastierte. Er war schon 1861, als Dirigent der Deutschen Oper in Rotterdam, eigens nach Hamburg gereist, um den jungen Johannes Brahms persönlich kennenzulernen, dessen frühe Werke ihn stark beeindruckt hatten.

Levi war der Sohn eines Rabbiners, intelligent, temperamentvoll und mit der Fähigkeit, Orchester wie Sänger in den Strom der eigenen Begeisterung mit hineinzuziehen. So entstanden Gesamtleistungen, die oft etwas Faszinierendes hatten. Brahms besuchte diese Aufführungen mit besonderer Aufmerksamkeit. Innerlich beschäftigte ihn damals die vage Idee, vielleicht selber einmal an die Komposition einer Oper zu gehen. Wagners große Erfolge, das Sensationelle ihrer Wirkungen hinderten ihn nicht. Er schrieb Clara noch 1870 aus Wien, nach einer Aufführung der *Meistersinger:* „Ich schwärme nicht – weder für dies Werk noch sonst für Wagner... Das weiß ich, in allem anderen, was ich versuche, trete ich Vorgängern auf die Hacken, die mich genieren, Wagner würde mich durchaus nicht genieren, mit größter Lust an eine Oper zu gehen."

Die wichtigste Voraussetzung sah Brahms in einem geeigneten Textbuch. Er hat jahrelang danach gesucht, zahlreiche Beziehungen zu Autoren, Laien wie Dichtern, aufgenommen – gefunden hat er es nie.

Florence May, mehrmals Klavierschülerin von Brahms und später seine erste Biographin, sagt zu diesem Problem, ihr sei es undenkbar, daß Brahms, der die Zartheit seiner Natur durch humorvolle Reden oder barsches Benehmen zu verschleiern suchte, seine persönlichsten Empfindungen zu opernhaften Wirkungen herangezogen hätte. „Seine Liebeslieder sind Träume von einem Ideal, und nicht vom Ideal eines Mannes, der sein inneres Gefühl auf den Bühnenbrettern zur Schau tragen könnte." Damit hat sie sicher einen wesentlichen Punkt berührt, der den in allen privaten Dingen so überaus scheuen Brahms vor einer Opernkomposition zurückschrecken ließ.

Ein besonders anziehendes Kapitel der internationalen Gesellschaft in Baden-Baden spann sich um Pauline Viardot-Garcia, die berühmte Sängerin, einst Kinderfreundin von Clara. Sie bewohnte ein hübsches Chalet im Gunzenbacher Tal; im Garten der Villa war ein Theaterchen errichtet worden, in dem ihre zahlreichen Schüler erste Bühnenauftritte erproben konnten. Pauline schrieb die Musik zu mehreren Operetten, deren Texte von Iwan Turgenjew stammten, einem Nachbarn und guten Freund des Hauses. Besonderes Entzücken erregte die Operette *L'ogre,* in der zwei ihrer Töchter reizende Duette sangen, der achtjährige Sohn Paul eine komische Arie höchst amüsant vortrug und Turgenjew selber den „Menschenfresser" spielte – eine Persiflage auf Napoleon III. Der Zuschauerraum war stets gedrängt voll von musikbegeisterten Hörern; Künstler, Fürsten, Diplomaten, auch der König von Preußen mit Gefolge, erschienen gern zu Paulines Aufführungen. Durch ihre persönliche Ausstrahlung, ihre künstlerische Vielseitigkeit, ihr Temperament und ihre Sprachbegabung wurden die Stunden in ihrem Hause zu unvergleichlichen Erlebnissen. Clara bezeichnet sie in ihrem Tagebuch als „die genialste Frau, die mir je vorgekommen", Pauline wiederum hatte die größte Bewunderung für Claras Lebensleistung. Einmal hat übrigens sogar Brahms, sonst nicht gerade ein Gesellschaftsmensch, ihren Platz eingenommen und auf ihre Bitte das Ensemble vom Klavier aus dirigiert.

Zu den Baden-Badener Sommerereignissen gehörten auch die Gastspiele von Johann Strauß im Kurpark-Kiosk. Dabei durfte Brahms nie fehlen. Er schätzte ihn als lieben Wiener Freund und Kollegen; auf einen Fächer, den er mit seinem Autogramm zieren sollte, schrieb er unter das Thema „Von der schönen blauen Donau" den hübschen Satz: „Leider nicht von Johannes Brahms".

Als er 1865 zum zweitenmal längeren Aufenthalt in Lichtenthal nahm, war seine Stimmung vom Verlust der Mutter beschattet. Er wandte sich ewigen Themen zu: Dem Tod, der Auferstehung. Schon 1858 hatte er einen *Begräbnisgesang* geschrieben, dem eine evangelische Choralmelodie zugrunde liegt; das Werk gelangte ein Jahr später in Hamburg zur Aufführung. Seit 1857 lagen Entwürfe zu einem zweisätzigen Trauergesang vor, im Gedenken an Robert Schumann begonnen. Erste Versuche auf einem Gebiet, dessen gültige Ausformungen mit dem Namen Bach verbunden sind. Brahms hat im Laufe von über zehn Jahren die sieben Teile seines *Deutschen Requiems* entwickelt.

Erster Choreinsatz im Deutschen Requiem

Das Scherzo aus dem Entwurf der früher geplanten *d-Moll-Symphonie* wandelte er zum Trauermarsch für das Chorwerk um. Nach dem Tode seiner Mutter ging er nun mit neuem Ernst an die große Arbeit.

Clara, die schon im April 1865 zu Konzerten nach England aufgebrochen war, hatte er noch vor ihrer Abreise den 4. Satz „aus einer Art deutschem Requiem" gesandt und dazu geschrieben: „Da dieses nun doch vielleicht, bis Du nach Baden kommst, in Nichts verduften könnte, so lies hier noch die schönen Worte, womit es anfängt. Ein Chor in F-Dur ohne Geigen, aber mit Harfe und anderen Schönheiten begleitet:

Selig sind, die da Leid tragen,
denn sie sollen getröstet werden.
Die mit Tränen säen,
werden mit Freuden ernten.
Sie gehen hin und weinen
und tragen edlen Samen
und kommen mit Freuden
und bringen ihre Garben.

Den Text habe ich mir aus der Bibel zusammengestellt... So ein deutscher Text kann Dir doch so gut gefallen wie der gewohnte lateinische? Ich hoffe sehr, eine Art Ganzes zusammenzubringen und Mut und Lust einmal zu behalten."

Fast gleichzeitig, im Mai 1865, komponierte Brahms das *Horntrio,* in das etwas von der romantischen Stimmung der Lichtenthaler Umgebung eingeströmt ist. Ein wunderbar einfaches Werk, klar geformt, voll tiefer Empfindung. Schwermütig klingt das Adagio mesto, ein Abschiedsgesang für die geliebte Mutter, der Johannes als Junge so häufig auf dem Waldhorn vorgespielt hatte. Mit blitzenden Jagdmotiven lockt danach das Allegro con brio des letzten Satzes den Zuhörer wieder in die Welt zurück. Brahms legte Wert darauf, daß nicht etwa das moderne Ventilhorn, sondern das richtige alte Waldhorn gespielt wurde. „Ist der Bläser nicht durch die gestopften Töne gezwungen, sanft zu blasen, so sind auch Klavier und Geige nicht genötigt, sich nach ihm zu richten. Alle Poesie geht verloren..."

Das Manuskript des *Requiems* hat Johannes jahrelang begleitet. In Lichtenthal, in Karlsruhe, auf Konzertreisen durch Deutschland und die Schweiz, auch in Wien und wieder in Baden beschäftigten ihn die zahllosen Gestaltungsprobleme. Es kam ihm dabei vor allem auf die *Architektur des Ganzen* an. Dazu gehörte auch die Ausgewogenheit der einzelnen Sätze untereinander, die zuletzt die gleiche Zahl erreichten wie das traditionelle Requiem.

Das heißt: Seine Tempi, Steigerungen und Ruhepunkte entsprachen in etwa dem System klassischer Strukturen. Inhaltlich weicht das *Deutsche Requiem* entscheidend von der lateinischen Liturgie ab; es ist undogmatisch, der Name Christi kommt nicht vor und nicht die Schrecken des Jüngsten Gerichts. Brahms schreibt einen Trauer-, einen Trostgesang, der den Lebenden

Versöhnung mit der bitteren Erfahrung des Todes bringen soll. Schon die Auswahl der von ihm gewählten Bibelworte ist im Grunde eine musikalische Entscheidung; sie erfordert neue musikalische Gesetze, die der Komponist finden, erfinden und entwickeln mußte.

Als er später mit Karl Reinthaler, dem Musikdirektor in Bremen, in Kontakt kam, der das damals noch sechsteilige Werk aufführen wollte, schrieb er ihm auf Fragen, die unter anderem die Textauswahl betrafen:

„Was den Text betrifft, will ich bekennen, daß ich recht gern auch das ‚Deutsch‘ fortließe und einfach den ‚Menschen‘ setzte, auch mit allem Wissen und Willen Stellen wie z. B. Evang. Joh. Kap. 3, Vers 16 entbehrte. Hinwieder habe ich nun wohl manches genommen, weil ich Musiker bin, weil ich es gebrauchte, weil ich meinen ehrwürdigen Dichtern auch ein ‚von nun an‘ nicht abdisputieren oder streichen kann."

Wie immer bei neuen Werken war es ihm wichtig, Teile der Komposition noch vor dem Druck in der Praxis auszuprobieren. Er überließ Herbeck, dem Dirigenten der *Wiener Gesellschaftskonzerte,* auf dessen Wunsch die drei ersten Sätze zur Uraufführung. Während die ersten beiden mit Ruhe und Interesse angehört wurden, geriet nach dem 3. Satz das Auditorium in starke Verwirrung: Die gewaltige Fuge, die sich von Takt 173 bis zum Schluß des Satzes beständig steigert, wurde vom Orgelpunkt des Paukers in katastrophaler Manier übertönt. Die Zuhörer waren teils entsetzt, teils betreten, ein nicht geringer Teil zischte danach. Es mag Brahms an den Leipziger Durchfall des *Klavierkonzertes* erinnert haben. Diesmal reagierte er mit völliger Gelassenheit. Die Ursache war leicht zu erkennen und leicht zu beheben; er änderte nach dieser Erfahrung die dynamische Bezeichnung der Fugenstelle und erwartete die zweite, die eigentliche „Uraufführung" mit großer Ruhe.

Brahms hielt sich vom 1. April 1868 an in Bremen auf, um die Proben mitzumachen. Er wohnte bei dem Dirigenten und Organisten Karl Reinthaler. Zu den vielen Gästen von außerhalb – Dietrichs aus Oldenburg, Grimm aus Münster, Max Bruch, Dr. Schubring, auch der spätere Verleger des Requiems, Johann Melchior Rieter-Biedermann aus der Schweiz, der Vater von Johannes aus Hamburg und von dort auch vier Sängerinnen, die seinerzeit den Kern des Frauenchors gebildet hatten und nun bei der Uraufführung mitwirkten – gesellte sich am Tage der Generalprobe auch Clara. Nach der

Aufführung, der 2000 Hörer beiwohnten, notierte sie im Tagebuch: „Mich hat dieses Requiem ergriffen wie noch nie eine Kirchenmusik… Ich mußte immer, wie ich Johannes so da stehen sah mit dem Stab in der Hand, an meines teuren Roberts Prophezeiung denken: ‚Laß den nur mal erst den Zauberstab ergreifen und mit Orchester und Chor wirken' – welche sich heute erfüllte. Der Stab wurde wirklich zum Zauberstab und bezwang alle, sogar seine entschiedensten Feinde."

Mit dem nachträglich geschriebenen 5. Satz „Ihr habt nun Traurigkeit", dessen innigste Töne dem Solo-Sopran anvertraut sind, erschien das Requiem zum erstenmal in Leipzig vor der Öffentlichkeit. Diese Uraufführung des nun siebensätzigen Werkes fand am 18. Februar 1869 im *Gewandhaus* statt, unter Leitung von Karl Reinecke. Der Eindruck auf die Zuhörer war tief und nachhaltig, die Fachkritik, wie gewöhnlich in Leipzig, geteilter Auffassung. Nur eine fünfspaltige Besprechung in der Neuen Evangelischen Kirchenzeitung wurde dem Werk gerecht:

„Brahms hat den alten Meistern das Geheimnis ihrer Kunst, das nicht in der Form steht, sondern aus dem Grunde der Seele quillt, abgelauscht und ist dann seinen eigenen Weg gegangen, die Schwingungen der Gegenwart in seiner Seele. Wir haben moderne Musik vor uns. Modern in dem schmucklosen Aufriß… Modern in dem Überwiegen des reflexiv-lyrischen Elementes; in den bezaubernden Klangwirkungen der Instrumentation; modern auch darin, daß nicht mehr so sehr die Harmonik als die Rhythmik die oberste Stelle behauptet… Und wenn wir von einem Genius erwarten, daß er eine neue Tür auftut, durch welche der Strom dessen, was in der Zeit lebt, sich ergießend auch alles mitfortreiße, was die Vergangenheit an Leben überliefert, so wird man Brahms nach diesem Requiem den Ehrennamen (Genius) schwerlich versagen dürfen."

Dieser Autor hat recht behalten. Schon im selben Jahr 1869 wurde das Werk zwanzigmal innerhalb Deutschlands zur Aufführung gebracht, 1871 folgte London, 1872 Petersburg, Paris 1875. Durch das *Deutsche Requiem* ist Brahms zuerst in weitesten Kreisen bekannt geworden.

Die freundschaftliche Beziehung zwischen Clara und Johannes war damals schon seit längerer Zeit getrübt. Als Hauptursachen sind Ungeschicklichkeiten von Brahms, Überempfindlichkeit von Clara anzusehen. Trotzdem hatte ihr Brahms schon vor der Bremer Aufführung geschrieben:

„Könntest Du am Karfreitag (in Bremen) zuhören, das wäre mir eine unglaubliche und große Freude. Das wäre mir die halbe Aufführung! Geht es dann gar etwas nach Wunsch, so solltest Du Dich wohl wundern und freuen... Es ist ja auch nicht bloß ums Hören, das Sehen ist mir ebenso wichtig."

Clara war dabeigewesen, tief bewegt, wie ihr Tagebuch zeigt. Sie hatten sich auch „ausgesprochen", ohne daß eine echte Versöhnung stattfand. Die Auseinandersetzung ging, wenn auch in gemäßigter Form, weiter. Johannes beklagte brieflich, daß er sich in Claras Lichtenthaler Häuschen nicht mehr so selbstverständlich zu Hause fühlen könne wie früher; die großen Töchter hatten nun mitzusprechen, mitzuentscheiden. Und diese wieder litten unter seiner Launenhaftigkeit, weil sie oft Claras Ferientage trübte.

Eine Äußerung von ihm über ihre Konzertreisen hatte sie schwer verletzt. Diese verlangten ihr mit zunehmendem Alter naturgemäß immer mehr Kräfte ab, sie beklagte das auch selber. Brahms hatte ihr deshalb geraten, diesen Teil ihres Berufslebens zu beenden. Er schrieb ihr zum Beginn einer England-Tournee:

„Es darf Dir nur *ein* Grund gelten, und der gilt für alle und für mich! Ob Du nötig hast, für Dich in dieser Weise Geld zu verdienen. Alles andre, meine ich, darf weder Dir noch anderen mitsprechen."

Clara konnte diese Äußerung nur als versteckte Kritik an ihrer künstlerischen Leistung verstehen. In weiten Abständen gingen Briefe der Rechtfertigung zwischen den alten Freunden hin und her. Schließlich suchte sie auf ihre Weise, die quälende Differenz aus der Welt zu schaffen.

Sie schrieb ihm, daß sie jenen kränkenden Brief längst ad acta gelegt habe, daß sie aber seine Anschauung vom Konzertieren nicht teilen könne. „Du betrachtest es nur als (Geld-)Verdienst, ich nicht; ich fühle mich berufen zur Reproduktion schöner Werke, vor allem auch der Roberts, solange ich die Kraft habe, und würde auch, ohne daß ich es unbedingt nötig hätte, reisen, nur nicht in so anstrengender Weise, wie ich es oft muß. Die Ausübung der Kunst ist ja ein großer Teil meines Ichs, es ist mir die Luft, in der ich atme! Hingegen wollte ich lieber hungern, als mit *halber* Kraft öffentlich wirken."

Brahms antwortete darauf spürbar gerührt. „Es ist so vieles wahr in Deinem Brief – oder alles", schreibt er. „Habe also tausend Dank... es ist eine tolle Polyphonie im Leben, und manchmal kann doch eine so gute Frau wie Du eine herrlich sanfte Auflösung fertigbringen.“

Aus der Schweiz hatte er ihr, noch vor dieser endgültigen Versöhnung, eine Postkarte mit originellem Inhalt zum Geburtstag gesandt:

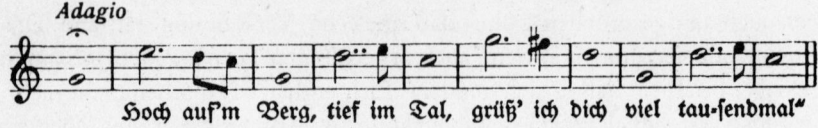

„Also blus das Alphorn heut:

Hoch auf'm Berg, tief im Tal, grüß' ich dich viel tau-send-mal“

Es war jenes Thema, das er in den 4. Satz seiner 1. Symphonie aufgenommen hat.

Der Dichter und Musikliebhaber Klaus Groth an Brahms:
   „Ich muß ein musikalisches Werk erst viele Male hören, es auch selbst wie-derholt mit eigenen Fingern heraustasten, stückweise im Innern erklingen las-sen, ehe ich es genießen kann, etwa so genießen, wie wenn ich Wein trinke… Ich höre mitunter Gedanken von Ihnen, als redeten Sie eine fremde Sprache. Aber ich lese dann so lange, bis ich sie doch verstehe, ja, oft werden diese Ge-danken mir die allerklarsten…“

Die Kaiserproklamation Wilhelms I. in Versailles.
Gemälde von Anton von Werner

Tutzing am Starnberger See
Aquarell von
Lorenz Quaglio d. J.

Die Wissower Klinken
auf der Insel Rügen

7 | Jahre der Entscheidungen

Trotz der ständig wachsenden Zahl der Brahms-Anhänger, der zahlreichen neu erscheinenden Werke wollte sich sein Wunsch, mit einem guten Orchester und Chor regelmäßig zu arbeiten, nicht erfüllen. Als Julius Stockhausen die Leitung der *Hamburger Philharmoniker* 1867 überraschend aufgab, erwarteten alle Freunde von Brahms, man würde an ihn herantreten, um auf diese Weise die Kränkung von 1863 wiedergutzumachen. Das Hamburger Komitee aber wandte sich zuerst an Anton Rubinstein – vergeblich – und engagierte schließlich Julius von Bernuth, einen vielseitig gebildeten Mann, zuletzt Dirigent der Leipziger *Euterpe-Konzerte*.

Brahms erreichten jedoch, meist zunächst unter der Hand, auch Anfragen aus anderen Städten, Köln und Berlin zum Beispiel. Dort sollte Joachim eine Musikhochschule aufbauen; er hatte sowohl Brahms als auch Clara um ihre Mitarbeit gebeten, doch beide sagten ab. Noch schien das Projekt zu unsicher, Clara befürchtete auch mögliche Ansprüche des Hofes, und Brahms schien eine pädagogische Stellung ohnehin nicht das Richtige. Auch persönliche Überlegungen spielten bei seiner Absage eine Rolle.

Die Jahre, die der Vollendung und den ersten Aufführungen des *Requiems* folgten, waren für Brahms von merkwürdiger äußerer Unruhe gezeichnet. Er konzertierte viel, meist mit Joachim oder Julius Stockhausen zusammen; in der Fremde, namentlich der Schweiz, bildeten sich neue Freundschaften, die sein Leben fortan begleitet haben. Vor allem war es Theodor Billroth, bedeutend als Chirurg, Lehrer und Musikkenner, der damals schon Brahms' große Begabung erkannte. Daß Billroth an die Wiener Universität berufen wurde, war einer der Glücksfälle im Leben von Johannes Brahms. Er hat durch den um vier Jahre Älteren über zwanzig Jahre lang Bereicherung und Bestätigung erfahren.

Brahms war nach dem Besuch des *Niederrheinischen Musikfestes* 1868 noch einige Zeit in Bonn geblieben. Er arbeitete, vollkommen ungestört, in angenehmer Wohnung und entdeckte gelegentlich bei seinem Freund Hermann Deiters Reichardts Komposition der *Harzreise im Winter* von Goethe. Das Gedicht bewegte ihn tief. Er begann, sich Strophen für eine eigene Komposition mit Alt-Solo, Chor und Orchester herauszusuchen.

Aber abseits, wer ist's?
Ins Gebüsch verliert sich sein Pfad,
Hinter ihm schlagen
Die Sträucher zusammen,
Das Gras steht wieder auf,
Die Öde verschlingt ihn.

Ach, wer heilet die Schmerzen
Des, dem Balsam zu Gift ward?
Der sich Menschenhaß
Aus der Fülle der Liebe trank?

Erst verachtet, nun ein Verächter,
Zehrt er heimlich auf
Seinen eigenen Wert
In ung'nügender Selbstsucht.

Ist auf Deinem Psalter,
Vater der Liebe, ein Ton
Seinem Ohre vernehmlich,
So erquicke sein Herz!

„Aber abseits, wer ist's?" – war das nicht sein eigenes Schicksal, sein eigener Weg? Er nahm das Manuskript 1869 nach Lichtenthal mit, wohin er in diesem Jahr schon Anfang Mai ging. In Claras Häuschen wurde viel Musik gemacht, Johannes spielte ihr neue Stücke vor, darunter Sätze aus zwei Streichquartetten; es war fast wie in früheren Zeiten. Doch Clara bedrückten damals schwere Sorgen um ihre Kinder. Bei ihrem ältesten Sohn Ludwig machten sich Anzeichen fortschreitender Geisteskrankheit bemerkbar. Der Arzt hielt seine Unterbringung in einer Heilanstalt für unumgänglich. Sie schrieb,

Julie Schumann. Zeichnung von
E. Bendemann

nachdem sie schließlich hatte zustimmen müssen, im Tagebuch: „Seit dem
Unglück mit Robert habe ich solchen Schmerz nicht empfunden... Die
Nächte war es oft sehr schlimm, da sah ich dann stundenlang den armen Jungen
vor mir mit den guten treuen Augen..."

Felix, der jüngste Sohn und vielseitig begabt, wollte durchaus Musik studieren,
doch Clara zweifelte, ob seine Begabung für eine Musikerlaufbahn
ausreichte. In langen liebevollen Briefen redete sie ihm zu, das Abitur zu machen,
was er auch tat. Die schöne zarte Julie wiederum machte ihr durch gesundheitliche
Anfälligkeit Sorgen. Die Ärzte hielten ihren hartnäckigen Husten
für nervös, Clara fürchtete Ernsteres. Mit Recht. Julie starb mit 26 Jahren
an Tuberkulose. Bei ihrem Aufenthalt im Süden hatte sie den Grafen
Marmorito aus Turin kennen und bald auch lieben gelernt. Das junge Paar
war sich einig geworden, es wollte heiraten. Clara gab, schweren Herzens,
ihr Einverständnis: „...denn Liebe läßt sich nicht abschrecken, das weiß ich
ja aus meinem eigenen Leben...

Sonntag, den 11. September, sagten wir unseren Bekannten die Verlobung, ich natürlich Johannes zuerst, der sich gar nichts erwartet zu haben schien und ganz erschrocken schien…" Später schreibt Clara: „Johannes ist wie umgewandelt jetzt, kommt selten und ist einsilbig, auch gegen Julie, gegen die er vorher so sehr liebenswürdig immer war. Hat er sie wirklich lieb gehabt? Doch er dachte ja nie an heiraten, und Julie hatte nie Neigung für ihn."

Am Polterabend wurde die *Kindersinfonie* von Haydn gespielt, Johannes und Clara gaben die *Ungarischen Tänze* zum besten. Die Trauung fand in der katholischen Kirche von Lichtenthal statt. Wenige Tage danach brachte Brahms seine *Altrhapsodie* zu Clara. „Ein wundervolles Stück, Worte von Goethe aus der Harzreise… Er nannte es *seinen* Brautgesang. Es erschütterte mich so durch den tiefinnigen Schmerz in Wort und Musik, wie ich mich lange nicht eines solchen Eindrucks erinnere… Ich kann dies Stück nicht anders empfinden, als wie die Aussprache seines eigenen Seelenschmerzes. Spräche er doch nur einmal so innig in Worten!" Brahms hatte seine Empfindungen für Julie niemals geäußert – auch nicht Clara gegenüber.

Die *Alt-Rhapsodie* wurde zum erstenmal gelegentlich einer Orchesterprobe von Levi mit dem *Karlsruher Hoforchester* probiert; unter den Freunden, die mit Brahms und Clara zuhörten, war auch Pauline Viardot-Garcia, die das Alt-Solo bei der Uraufführung im März 1870 in Jena singen sollte. Ein Jahr später fand die Erstaufführung in Wien statt. Theodor Billroth, der seit 1867 an der Wiener Universität lehrte, hatte zunächst ästhetische Bedenken dem Werk gegenüber empfunden. Der musikalische Gesamteindruck aber überwältigte ihn. Er schrieb an Brahms: „Ich finde, daß Sie die Altstimme wundervoll zur Wirkung gebracht haben, der Schlußsatz ist herrlich, das Ganze ist voller Herzenswärme und tiefer deutscher Empfindung, weich, traurig, rührend und erhebend, ohne irgendwo weichlich oder sentimental zu sein."

Im nächsten Sommer hatte Johannes sein Kommen bei Clara, wie auch bei seiner Lichtenthaler Wirtin, bereits angemeldet, mußte aber kurzfristig absagen. Er war unter der Hand gefragt worden, ob er die Stelle des Artistischen Direktors in der *Gesellschaft der Musikfreunde* übernehmen würde. Er bat zunächst seine Freunde um Rat. Während Clara auf seine Mitteilung betrübt – wegen der Absage –, sonst aber erfreut reagierte und ihm nur riet, sich nichts von den Geschäften aufbürden zu lassen, beschwor ihn Levi, sich unter keinen Umständen zu binden. Er kannte die Dirigentenarbeit – und seinen Freund.

„Daß Du die Fähigkeit zum Dirigieren besitzt, habe ich in Karlsruhe gesehn – und mit unparteiischen Augen. Aber Du bist nicht der Mann, den Kampf mit den tausend kleinen Widerwärtigkeiten, wie sie jede öffentliche Stellung unausbleiblich mit sich bringt, siegreich durchzuführen... Besinne Dich! Ich empfinde Dir lebhaft nach, daß Du Dich sehnst, eine wirkliche Heimat zu haben, gefesselt zu sein von einer Tätigkeit, die nicht von augenblicklicher Stimmung und Inspiration bedingt ist... Aber hoch über allem steht die Pflicht, auszuhalten in dem Kampfe und den Schwerpunkt Deines Lebens nicht auf ein Terrain zu verlegen, das einmal nur von den Handlangern der Kunst, nicht den Meistern selbst mit Erfolg bebaut werden kann!"

Noch wird die letzte Entscheidung Brahms nicht abverlangt. Hellmesberger übernimmt die Stellung provisorisch, 1871 folgt ihm Anton von Rubinstein für ein Jahr, erst danach ist Brahms wieder im Gespräch. Man bietet ihm 3000 Gulden Gehalt und ausschlaggebendes Entscheidungsrecht in allen künstlerischen Fragen. Darauf sagt er zu. Wir kommen auf seine Erfahrungen in dieser Stellung noch zu sprechen.

Als er 1870 endlich daran denken konnte, nach Baden-Baden zu fahren, war der Krieg mit Frankreich gerade ausgebrochen, der normale Personenverkehr eingestellt. Er sagte daher nun endgültig ab – zum Kummer von Clara, die sich ohne männlichen Schutz mit den Kindern in ihrem Häuschen befand. Ferdinand war eingezogen worden und sollte in wenigen Wochen an die Front kommen. Man hörte in Baden-Baden die Beschießung Straßburgs, erfuhr Näheres vom Leid der Verwundeten und Vertriebenen, „an die man nicht denken kann, ohne daß einem das Herz blutet". Bei Clara war das menschliche Mitgefühl stärker als jeder Patriotismus.

Brahms war vom Intellekt her kein politisch denkender Mensch. Er empfand durchaus bürgerlich, fühlte sich als Deutscher und war es gern. Prägende künstlerische Eindrücke hatte er von früh an durch deutsche Musiker, Dichter und Maler empfangen. In der Detmolder Zeit beschäftigten ihn auch große europäische Meister wie Palestrina und Orlando di Lasso, er las die Odyssee, die Göttliche Komödie, Dramen von Sophokles und Shakespeare in deutschen Übersetzungen. Die entscheidende Erweiterung seines Weltbildes brachten seine Italienreisen; 1878 fand die erste statt, und Theodor Billroth war sein kenntnisreicher Begleiter.

Der Krieg zwischen Preußen und Österreich 1866 hatte ihn tief betroffen gemacht. Er erlebte ihn als Deutscher in Österreich und schrieb nach dem Ausbruch der Feindseligkeiten an einen Freund: „Im übrigen vergißt man jetzt doch wirklich alles über einem politischen Leitartikel. Und leider, ob sie sich nun 30 oder 7 Jahre schlagen, es wird so wenig für die Menschheit geschlagen, als sie sich 30 und 7 Jahre schlugen."

Ganz anders waren seine Gefühle beim Ausbruch des Deutsch-Französischen Krieges 1870. Eine leise Antipathie gegen Frankreich klingt von früh an bei ihm gelegentlich durch – hervorgerufen wahrscheinlich durch Erzählungen der Eltern von den Härten der Franzosenzeit anno 1806. Jetzt fühlte er sich durchaus als Deutscher, nicht als Hamburger, und zwar als Deutscher im Ausland. Die Erfolge der Armee, die Hochstimmung der Menschen in der Heimat, von denen die Zeitungen berichteten, berührten ihn als etwas Wunderbares und Großartiges, doch etwas, das ihn nur von außen erreichte. Es klingt weltfremd, wenn er in der Widmung seines *Triumphliedes* an Wilhelm I. bedauert, „daß es ihm nicht vergönnt war, die gewaltigen Kämpfe für Deutschlands Größe mitzukämpfen". Das Leid, das große Teile der Bevölkerung erfahren mußten, die Ängste um Nahestehende, Todesfälle und schwere Verwundungen, das Entsetzliche des Krieges – *jedes* Krieges – gewann für ihn keine Realität. Die positiven Eindrücke überwogen. Und so fühlte er sich aufgerufen, auf seine Weise ein rühmendes Werk zu schaffen. Er wählte den Text dazu aus der Offenbarung Johannis und vollendete die Komposition für achtstimmigen Chor, Bariton-Solo und Orchester nach der Kaiser-Proklamation in Versailles. Das *Triumphlied* wurde „Seiner Majestät dem Deutschen Kaiser Wilhelm I. ehrfurchtsvoll zugeeignet vom Komponisten". Doch sein eigentlicher Empfänger war für Brahms Bismarck, und er nannte das Werk Freunden gegenüber gern sein „Bismarcklied". Die erste vollständige Aufführung erfolgte am 5. Juni 1872 unter Levi in Karlsruhe. Es wurde ein stürmischer Erfolg. Billroth, der der Uraufführung nicht beiwohnen konnte, sandte Brahms einen Silberpokal mit eingravierter Inschrift. Brahms dankte ihm schriftlich:

„Ich kann mir kein Genüge tun, wenn ich versuche, Ihnen zu schreiben und zu danken. Es müßte ein Beschreiben werden, mit welchen Gefühlen ich

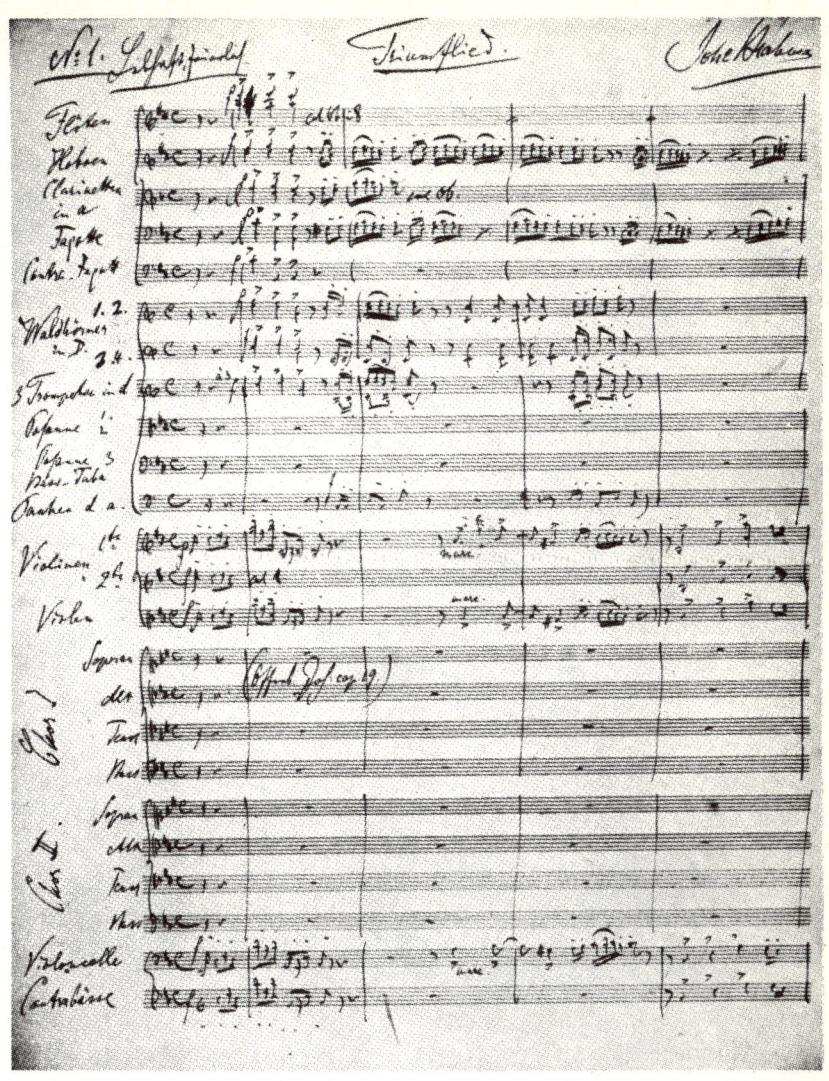

Handschrift des Triumphliedes, 1. Partiturseite

etwa den Postzettel in der Hand hielt, oder wie Frau Schumanns edles Gesicht strahlte, oder wie wir bei Levi zusammensaßen und über Männer Ihrer Art ganz feierlich sprachen…"

Das Triumphlied in seinem nationalen Pathos ist uns heute weniger zugänglich als andere Chorwerke von Brahms. Damals wurde es mit großer Begeisterung aufgenommen und in vielen Städten, auch in der Schweiz, noch im selben Jahre aufgeführt.

Etwas eher als dieses Werk hat Brahms Hyperions *Schicksalslied* vollendet. Der Text beschäftigte ihn schon einige Jahre; er fand eine wunderbar versöhnliche Lösung für den Schluß, der in Hölderlins Versen die ganze Unerbittlichkeit menschlichen Schicksals ausspricht:

> Doch uns ist gegeben
> Auf keiner Stätte zu ruh'n;
> Es schwinden, es fallen
> Die leidenden Menschen
> Blindlings von einer
> Stunde zur andern,
> Wie Wasser von Klippe
> Zu Klippe geworfen,
> Jahrlang ins Ungewisse hinab.

Bei Brahms klingt danach noch ein orchestrales Nachspiel auf. Er entlockt dem Orchester – wie Florence May es ausdrückt – „die seltensten und erlesensten Wirkungen ätherischer Zartheit".

Im Dezember 1871, in der Weihnachtswoche, hat Brahms eine Wohnung in Wien gemietet und sofort bezogen. Sie lag in unmittelbarer Nähe der Karlskirche, die er liebte, und des Konzertsaals der *Gesellschaft der Musikfreunde,* mit der er in ständigem Kontakt war. Bis zu seinem Tode blieb Karlsgasse 4 sein Wohnsitz. Da er Wert darauf legte, Untermieter, nicht Wohnungsinhaber zu sein, begnügte er sich zunächst mit zwei Zimmern. In

Rechts: Brahms in seiner Wiener Wohnung. Bleistiftzeichnung von Wickgraf

F. Wichgraf fecit —   Wichgraf del.

späterer Zeit wurde ein anderes Arrangement getroffen, und er verfügte über drei ineinandergehende Räume.

Im Frühjahr 1872 starb Johann Jakob Brahms. Karoline hatte dem Stiefsohn von seiner Erkrankung geschrieben; es war Leberkrebs, unheilbar. Johannes reiste Ende Januar nach Hamburg. Er saß am Lager des Kranken und erheiterte ihn mit Erinnerungen an alte Hamburger Zeiten, sprach von ihren gemeinsamen Reisen und malte ihm künftige recht bunt und verheißungsvoll aus. Er erzählte dem Sterbenden Märchen – wie Peer Gynt seiner Mutter Aase.

Kurz nach der Beisetzung schrieb er an Stockhausen: „Du kennst meine Liebe zum Vater und weißt, wie tiefer Schmerz mir sein Verlust ist. Du kennst auch meine Schwäche für die Heimat und kannst Dir denken, mit wie eigentümlichen Gefühlen ich diesmal durch die Straßen gehe, die ich wohl lang nicht wiedersehe."

Sein Verhältnis zur Stiefmutter, zu Karoline, spricht am schönsten aus einem Brief nach der Rückkehr von der Beisetzung.

„Meine liebe Mutter,
schon manchmal habe ich das Papier vor mir liegen gehabt, um Dir zu schreiben. Dann habe ich wohl sehr herzlich an Dich gedacht und immer weiter zurückgedacht – es wollte nichts aufs Papier und Tröstendes gar nichts. Ich weiß zu sehr, was wir verloren haben und wie einsam Dein Leben geworden ist. Doch hoffe ich, Du empfindest recht innig die Liebe andrer, Deines Sohnes, Deiner vortrefflichen Schwester und ihrer Kinder und schließlich meine Liebe, die Dir ganz und voll gehört. Hier habe ich so viele Zeichen der Teilnahme gefunden, daß Du Dich gefreut hättest, zu sehen, wie wert Vater jedem war, der ihn gekannt."

Hamburg war weiter gerückt als je zuvor. Brahms fühlte: Es war nicht mehr seine Stadt.

Im Herbst dieses Jahres begann seine Tätigkeit als Artistischer Direktor der *Gesellschaft der Musikfreunde*.

„Brahms wird nun also die Musikvereins-Konzerte dirigieren, er bereitet Händels *Te Deum* und *Saul* vor, zwei Bachsche Kantaten, sein *Triumphlied* etc. Vorläufig ist er ganz Feuer bei der Leitung des Gesangvereins und ist immer entzückt über die Stimmen und das musikalische Talent des Chores.

Sind die Erfolge günstig, so wird er, glaub' ich, aushalten; ein Mißerfolg kann genügen, ihn so zu deprimieren, daß er die Lust verliert." So Billroths Prognose, der sich in Brahms' schwieriger Psyche auskannte.

Brahms hatte vor Antritt der Stellung die Reformen, die er für notwendig hielt, durchgesetzt. Die Amateure im Orchester wurden durch tüchtige Fachkräfte ersetzt, eine zweite Wochenprobe eingeführt und schwierige Partien in anspruchsvollen Werken zunächst mit kleinen Gruppen studiert. Seine Programme forderten auch von den Hörern Geduld und intensive Mitarbeit. Zwei Drittel der Werke, die er im Laufe seiner Dirigententätigkeit mit dem Singverein zu Gehör brachte, stammten von Bach, Händel und Komponisten des 17. Jahrhunderts. Sein frühes Studium Bachscher Werke, vor allem die Chorerfahrungen in Detmold, gaben ihm die Möglichkeit, dem Wiener Publikum diese hier weniger bekannten und geliebten Werke nahezubringen. Er hielt sich dabei durchaus an Bachs Vorschriften: Solo-Gesänge wurden nur von einem Teil des Orchesters begleitet, die Generalbaß-Anweisungen von Bach genau befolgt. Das zweite Programm, mit einem wenig bekannten *Offertorium* von Mozart und Brahms' *Triumphlied* gelang besonders gut, im dritten Konzert passierten einige Pannen. Das letzte Programm der Saison enthielt Bachs Kantate *Liebster Gott, wann werd ich sterben* und ein *Requiem* von Cherubini. Hanslick, der Starkritiker Wiens und ein großer Bewunderer von Brahms, konnte die Bemerkung nicht unterdrücken, daß man in Wien, so wenig wie anderswo, Konzerte eigens zu dem Zweck besuche, um sich nacheinander erst protestantisch, dann katholisch begraben zu lassen!

Den Sommer 1873 verbrachte Brahms in Tutzing. Nicht nur die Übersiedlung von Julius Allgeyer und Levi nach München mochte ihn dazu angeregt haben: gegenüber Joachim, ein wenig auch Clara gegenüber, bestand eine Verstimmung über die Programmwahl zum *Schumannfest*. Tutzing erwies sich als behaglich und musikfreundlich; bald nach der Übersiedlung schrieb Brahms an Levi, jetzt Chef der *Münchener Hofoper*: „Tutzing ist weit schöner, als wir uns neulich vorstellen konnten. Eben hatten wir ein prachtvolles Gewitter, der See war fast schwarz, an den Ufern herrlich grün, für gewöhnlich ist er blau, doch schöner, tiefer blau als der Himmel, dazu die Kette schneebedeckter Berge – man sieht sich nicht satt."

In manchen Liedkompositionen dieses Sommers begegnet uns die Ungebrochenheit dieser Natur. Es ist, als hätte Karl Simrock das Gedicht *Auf dem See* eigens für Brahms geschrieben, vornehmlich die letzte Strophe:

> Spiegelnd sieh die Flut erwidern
> Turm und Hügel, Busch und Stadt,
> Also spiegle du in Liedern,
> Was die Erde Schönstes hat.

Die beiden Streichquartette, die hier vollendet wurden, sind die ersten, die Brahms drucken ließ. Schon vor zwanzig Jahren hatte er sich mehrmals an dieser anspruchsvollen Form versucht; die Ergebnisse genügten seiner strengen Kritik nicht, er hat alle früheren vernichtet. Durch Levis Vermittlung konnte er die neuen Werke vom Münchener Walter-Quartett probieren und sich vorspielen lassen. Das erste, in c-Moll, von größter Geschlossenheit der Form, leidenschaftlich vorwärts drängend in den Ecksätzen, verknüpft ersten und letzten Satz thematisch miteinander; auch zu Beginn der Romanze wird thematische Verwandtschaft erkennbar. Mit sanfter Eindringlichkeit singt und spricht das Cello darin zum Hörer. *Das a-Moll-Quartett* erinnert gleich zu Anfang an Joachims f-a-e-Thema, frei aber einsam; es wandelt sich bei Brahms zu a′-f″-a″-e″. Im ganzen ist das Werk von zarterer Beschaffenheit als das erste; formal sehr ausgewogen, besonders im doppelbödigen Mittelsatz; der letzte, von vitalem ungarischem Schwung, endet heiter.

Beide Werke sind Theodor Billroth gewidmet. Ob Brahms diesen Entschluß erst faßte, nachdem die Korrespondenz über das Bonner *Schumannfest* unbefriedigend verlief? Joachim wollte das *Deutsche Requiem* aufs Programm setzen, das Komitee wünschte jedoch eine neue Komposition von Brahms. Der aber lehnte den Vorschlag ab und schrieb an Joachim schwer zu deutende Worte: „Weshalb Du mein Requiem dort aufzuführen wünschst – doch – ich kann ja doch meine Gründe nicht sagen – also weiter."

Joachim verzichtete nun – wenn auch ungern –, und Brahms grollte. Er schrieb einen gekränkten Brief, der mit dem Satz endete: „Dächtest Du der Sache und mir gegenüber *einfach*, so wüßtest Du, wie sehr und innig ein Stück wie das Requiem überhaupt Schumann gehört. Wie es mir also in geheimem Grunde ganz selbstverständlich erscheinen mußte, daß es ihm auch gesungen würde."

Die Programme der festlichen Tage bestanden nun ausschließlich aus Werken von Robert Schumann; Brahms fand sich als Zuhörer zu den Konzerten ein. Clara spielte das *a-Moll-Konzert* ihres Mannes und wirkte in einigen seiner Kammermusikwerke mit; sie wurde stürmisch gefeiert und bildete den eigentlichen Mittelpunkt der Veranstaltungen. „Es war gut, daß ich es vorher nicht wußte. Mit welcher Bangigkeit wäre ich dann zu dem Feste gegangen... Die Freude, die ich empfand, trug mich über alles Schwere hinweg."

Von Lichtenthal aus sandte sie Joachim zum Dank für seine intensive Beteiligung als Dirigent und Solist der Abende das Original des Schumannschen *Nachtliedes,* das er besonders liebte. „Ich hatte ein paar schöne Tage als Nachfeier hier durch Johannes, der schöne Sachen brachte. Zwei Streichquartette, die mir von höchster Bedeutung scheinen, einige wundervolle Lieder und die Variationen, die Sie kennen, die ich *sehr* schön finde. Er war auch sonst liebenswürdig, was die Tage gemütlich machte."

Die *Variationen,* von denen Clara spricht, sind die *über ein Thema von Josef Haydn,* welche Brahms im Tutzinger Sommer in zwei Fassungen vollendete; Clara lernte sie zunächst als Variationen für 2 Klaviere kennen. Das Thema stammt aus dem zweiten Satz einer Feldpartita von Haydn, die er für den Bläserchor der Esterhazyschen Soldaten geschrieben hat. Es ist die Melodie des Chorale St. Antoni, eines alten Wallfahrtsgesanges. Brahms gefiel die eigenartige fünftaktige Periode, die er in einer Haydns Instrumentierung angeglichenen Satzweise dem Werk voranstellte. Er hat es in acht Veränderungen aufgebaut, jede bringt andere Klangmischungen und charakteristische Soli, namentlich die Holzbläser kommen in der Orchesterfassung zu bestrickender Entfaltung. Die Substanz des ursprünglichen Themas bleibt erhalten, auch im Baß, über den er im letzten Teil eine großangelegte Passacaglia errichtet. Die Uraufführung der *Haydn-Variationen* fand am 2. November 1873 im ersten Wiener Philharmoniker-Konzert statt, Brahms dirigierte selber. Es war sein letzter Schritt auf die Symphonie zu, mit der er sich schon so lange beschäftigt hatte. Nicht so sehr der äußere Erfolg als der Eindruck, den er selber bei der Wiedergabe hatte, bestimmte ihn, als nächstes an die Vollendung der ersten Symphonie zu denken.

Clara war im November dieses Jahres wieder nach Berlin, und zwar *In den Zelten Nr. 11,* gezogen, ganz in die Nähe von Joachims Wohnsitz. Sie hoffte, hier tatkräftiger für ihre Kinder sorgen und häufiger mit ihnen zusammentreffen zu können als bisher. Im September, noch von Lichtenthal aus, hatte sie Johannes Gedichte von Felix gesandt, mit der Bitte, ihr zu sagen, was er von ihnen hielte. „Glaube nicht, daß ich als schwache Mutter an ein Genie bei ihm dächte, im Gegenteil", schrieb sie dazu. Felix hatte eine langwierige Brustfellentzündung hinter sich und konnte sich nur schwer erholen. Clara mußte gleich nach der Übersiedlung eine Konzertreise antreten und spielte in Leipzig Brahms' *Klavierkonzert* – an der Stätte, in der es 1859 so vollständig abgelehnt worden war. Sie berichtete ihm: „Genußreiche Stunden habe ich durch Dein Konzert gehabt, ich kann sagen *glückliche*. Es ist gar zu schön, und es ist mir in Leipzig sehr gelungen… Das Publikum verhielt sich respektvoll, sie riefen mich, die Musiker aber und Musikfreunde, deren eine Masse waren, kamen alle und dankten mir, daß ich ihnen dieses herrliche Werk vorgeführt, und das machte mir denn doch große Freude."

Am 24. Dezember sandte ihr Brahms einen Brief, der Noten enthielt. Es war die Vertonung eines Gedichtes von Felix: „Meine Liebe ist grün wie der Fliederbusch." Brahms schrieb dazu: „Die Verse sind mir wirklich heut früh in die Hände und in den Kopf gefallen. Wahrscheinlich, weil ich mich ärgerte, nie für ein Fest denken und besorgen zu können. Für die Schwestern kann es ja wohl eine kleine Festgabe sein, denn sie werden doch auch gern die Verse des Bruders singen wollen…"

Clara hatte Felix zunächst nichts von der Lied-Komposition gesagt, „abends, als Joachim kam, zeigte ich es diesem, wir fingen an zu spielen, da kam Felix und frug, was für Worte es seien, und wurde ganz blaß, als er seine eigenen sah. Und wie schön ist das Lied und das Nachspiel – das allein könnte ich mir schon immer spielen…"

Es ist eines der bekanntesten, am häufigsten gesungenen Lieder von Brahms geworden; der jugendliche Schwung der Verse trägt die Melodie ebenso wie die dahinstürmende Begleitung.

Ende Januar 1874 traf Brahms in Leipzig ein. Es war vierzehn Jahre her, daß er hier konzertiert und seine *A-Dur-Serenade* aufgeführt hatte, ohne starken Eindruck damit hervorzurufen. Jetzt gab es fast eine Brahms-Woche. Er spielte im Kammermusikabend des *Gewandhauses* den Klavierpart seines *g-Moll-Quartetts* und die *Händel-Variationen op. 24*, dirigierte den *Rinaldo* mit dem Universitäts-Sängerverein und schließlich am 5. Februar das Gewandhausorchester. Seine *Haydn-Variationen* für Orchester und die *Alt-rhapsodie* mit Amalie Joachim als Solistin standen auf dem Programm;

schließlich begleitete er mit Karl Reinecke zusammen seine *Liebeslieder-Walzer.*

Und hier begegnete Brahms nun auch seiner ehemaligen Schülerin wieder, Elisabeth von Stockhausen, die inzwischen mit dem Komponisten und Brahmsverehrer Heinrich von Herzogenberg verheiratet war. Er war Mitbegründer und Artistischer Leiter des Leipziger Bach-Vereins, Lisl sein wichtigstes, aktivstes Mitglied. Ihre Schönheit, ihre Musikalität, ihre hausfraulichen Talente und ihr Charme entzückten Brahms beim Wiedersehen genauso wie damals. Doch stand er ihr jetzt unbefangener gegenüber, da er sie in festen Händen wußte. Im Laufe der Jahre ergab sich ein ausführlicher Briefwechsel zwischen ihnen, ausführlich von seiten Lisls, von Brahms knapp, mit Witz und verhaltener Sympathie erwidert. Er sandte ihr neue Werke, sie las, spielte sie und antwortete darauf. Clara erhielt wieder einmal Grund zur Eifersucht – sie bekam seine Manuskripte nun nicht mehr als erste zugesandt: Der Berufsstreß, unter dem sie stand, die vielen Abhaltungen durch ihre Kinder, die Vorbereitungen zu den Tourneen erlaubten ihr nicht immer die schnelle Reaktion, die Brahms erwartete.

Lisl konnte sich sofort intensiv mit dem neuesten Werk beschäftigen und ihm lange, kenntnisreiche, meist begeisterte Briefe schreiben. Ihre Musikalität war erstaunlich: Sie spielte einzelne Sätze nach zweimaligem Hören aus der Erinnerung fast fehlerfrei, einmal schrieb sie einen Symphoniesatz sogar aus dem Gedächtnis nieder: Clara nannte das Ergebnis „einen ganz anständigen Klavierauszug". Es ist bezeichnend, daß Brahms nicht einmal Interesse zeigte, die ungewöhnliche Arbeit kennenzulernen.

Das Jahr 1875 stellte Brahms vor eine schwerwiegende Entscheidung. Er hatte die Gesellschaftskonzerte nun drei Konzertwinter hindurch geleitet, sein Stil war anerkannt; mit zahlreichen Aufführungen, besonders seines *Deutschen Requiems,* der *Missa Solemnis* von Beethoven und Bachscher Werke waren ihm beispielhafte Darstellungen gelungen. Bei den Neuwahlen im Frühjahr 1875 wurde er wiedergewählt: einstimmig. Es schuf einige Verwirrung, daß Brahms die Wahl zunächst annahm, im Sommer seinen Entschluß jedoch wieder rückgängig machte. Er hatte nicht mehr das Bedürfnis, anderen Leuten, vor allem den Hamburgern, zu zeigen, was er in solcher Stellung zu leisten vermochte. Wenn ihn auch bald danach noch einmal eine Anfrage aus Düsseldorf beschäftigte – zuletzt wurde aus den zwölf Briefen, die er in dieser Angelegenheit schrieb, doch eine Absage. Billroth schrieb er, daß seine Hauptgründe „kindlicher Natur" seien: „Etwa die guten Wirtshäuser in Wien, der schlechte, grobe rheinische Ton (namentlich in Düsseldorf) und – und – in Wien kann man ohne weiteres Junggeselle bleiben, in einer kleinen Stadt ist ein alter Junggeselle eine Karikatur. Heiraten will ich nicht mehr..."

Um diese Zeit war seine Stellung als Komponist bereits unwidersprochen. Seine Einnahmen bewegten sich in Größenordnungen, die ihm noch vor wenigen Jahren unvorstellbar erschienen wären. Für sich selber blieb Brahms bescheiden, er sah keinen Anlaß, sein eigenes Leben aufwendiger zu gestalten. Größte Befriedigung gewährte es ihm, den Familienmitgliedern finanziell helfen und gelegentliche Extrawünsche erfüllen zu können: eine kleine Reise, ein Geburtstagsfest, berufliche Verbesserungen – „eine und noch eine Weihnachtsgans". Er gab liebevoll, mit Humor und Zartheit.

So war seine Stimmung im Sommer 1875 heiter und unternehmend. Er vollendete in Ziegelhausen bei Heidelberg einige Kammermusikwerke, darunter das *c-Moll-Klavierquartett,* das er 1855, in den krisenhaften Düsseldorfer Zeiten, begonnen hatte. In Werther-Stimmung, wie er später sagte. Freunde, die sich meldeten, während er in einem Atelierhaus am Neckar wohnte, lud er herzlich ein, ihn zu besuchen. Clara kam mit ihren Töchtern Marie und Eugenie, der Dirigent Frank aus Mannheim, das Ehepaar Dessoff, auch der Verleger Fritz Simrock mit seiner sanften Frau, die es gut verstand, ausgleichend zwischen ihrem leicht aufbrausenden Mann und dem sarkastischen Brahms zu wirken. Anselm Feuerbach, der in Heidelberg wohnte, suchte ihn häufig auf. Im Herbst 1873 war er als Professor an die Wiener Akademie berufen worden, hatte Erfolg bei seinen Schülern, doch Auseinandersetzungen mit den Behörden. Eine schwierige, übersensible, neurotische Natur, anders als Brahms, wenn auch in seinen künstlerischen Vorstellungen von ähnlichen Ideen bewegt. Brahms schätzte ihn als Mensch wie als Künstler, hielt es aber für richtig, ihn vor falschen Vorstellungen von der Wiener Öffentlichkeit zu warnen, und riet ihm dringend, bei der ersten Ausstellung nicht gleich mit einem Riesengemälde wie der *Amazonenschlacht* hervorzutreten. Feuerbach reagierte gekränkt, und Brahms zog sich zurück. Ein bereits skizziertes Porträt von Brahms wurde bedauerlicherweise nie vollendet. Anselm Feuerbach starb 1880 einsam in einem Gasthof zu Venedig.

Elisabeth von Herzogenberg

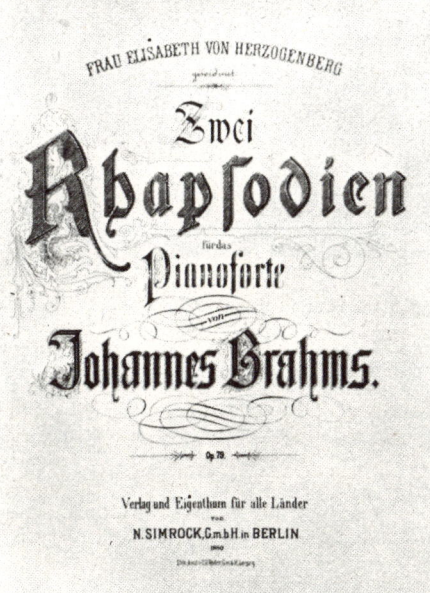

Titelblatt der ihr
gewidmeten Rhapsodien

Lenbach Rom 20 Apr 1884

Billroth
Rom 1884
Seinem lieben Freunde J. Brahms
zur Erinnerung an unsere
gemeinschaftlichen Romfahrten.
Th. Billroth

8 | Das Opus 68

Johannes Brahms war 1876 im internationalen Musikleben kein Unbekannter mehr, dafür brachten Konzerteinladungen und andere Vorschläge mehrfach Beweise. So wurde er durch den ihm befreundeten Arzt Professor Engelmann, der an den Planungen holländischer Musikvereine beratend teilnahm, zu einer Tournee durch niederländische Städte aufgefordert. Er nahm die Einladung gerne an, er hatte Sympathie für die Mentalität der Holländer, deren Sprache seinem heimatlichen Platt so ähnlich war; die Sprachbarriere war sonst für ihn ein starkes Hemmnis, ins Ausland zu reisen. Lediglich Italien sollte später eine Ausnahme machen.

Brahms dirigierte in Holland sein *Deutsches Requiem*, spielte sein *d-Moll-Klavierkonzert* und wirkte in Kammermusikabenden mit. Im Utrechter Hause der Familie Engelmann fühlte er sich höchst behaglich, Emma Engelmann, geb. Brandes, war eine ebenso vorzügliche Pianistin wie Hausfrau. Brahms fand sich verwöhnt und verstanden, er kehrte befriedigt nach Hause zurück.

Im Frühsommer erfuhr er, daß die Universität Cambridge ihm den Dr.h.c. verleihen wollte. In England waren seine Werke seit Jahren mit wachsendem Erfolg aufgeführt worden; von anerkannten Interpreten wie Joseph Joachim, Clara Schumann und Julius Stockhausen und auch von aufstrebenden jungen Musikern. Brahms war erfreut über die geplante Ehrung und bedankte sich herzlich. Der Forderung, die stillschweigend damit verbunden war: nach England zu reisen, um den Titel in einer feierlichen Zeremonie in Empfang zu nehmen, mochte er nicht nachkommen. An Joachim, der mit ihm gleich-

Links: Theodor Billroth. Zeichnung von Franz Lenbach

zeitig geehrt werden sollte und ihn brieflich beschworen hatte, sich unbedingt zu dieser Reise zu entschließen, schrieb er daraufhin:

„Kannst Du den Engländern nicht begreiflich machen, daß ich den Doktor für mein Schreiben bekommen habe? Daß ich ihnen auch gern extra was dafür schreiben und widmen will.

Aber – ich bin nervös, ich kann das Reisen, die Konzerte, die Aufregung nicht vertragen??!! Ich kann nicht bloß nach Cambridge, ich muß in dem Fall auch in London gaukeln… Das *Geschäft* habe ich nicht nötig, wozu soll ich mir denn die paar Wochen verderben?"

Brahms' Überlegungen sind charakteristisch für den selbstbewußten Komponisten. Er hatte für England nie viel Sympathie gehabt; in manchen Briefen an Clara kommt das deutlich zum Ausdruck. Ehrungen waren zwar erfreulich – aber deshalb Zeit opfern, sich womöglich der Gefahr heftiger Seekrankheit aussetzen? Brahms neigte dazu, hat einmal sogar ein Schiffsbillet von Genua nach Sizilien aus Angst davor verfallen lassen. Er ging trotz Joachims Zureden nicht nach England und erhielt den schönen englischen Titel nie; erst drei Jahre später wurde er zum Dr.h.c. der Breslauer Universität ernannt, und dorthin reiste er dann auch und schrieb 1880 die lustige *Akademische Festouvertüre* als Dank für die Ehrung.

Vielleicht aber hing die strikte Ablehnung jener englischen Reise auch mit ganz anderen Dingen zusammen. Als Brahms im 43. Lebensjahr stand, 1875 also, umfaßte sein Werkregister 67 Opuszahlen. Von Klavierwerken ausgehend, über Lieder und Kammermusiken war er zu Vorstudien für ein größeres Orchesterwerk vorgedrungen. Nach langem Ringen formte sich daraus das *Klavierkonzert d-Moll;* als erstes großes Chorwerk religiösen Charakters das *Deutsche Requiem* – sein erster entscheidender Erfolg. In den *Haydn-Variationen* hatte er dann zum erstenmal die volle Palette seiner Orchesterfarben ausbreiten können. Nur eines fehlte in der Reihe der Werke, das, was Robert Schumann prophetisch beschworen hatte, was seine nächsten Freunde immer dringender von ihm forderten: eine *Symphonie*.

In der Zeit des Sturm und Drang, als ihn die Überwindung seiner Liebe zu Clara innerlich fast zerbrochen hatte, war er bei Bach und Händel in die Lehre gegangen, hatte die alten Meister der italienischen und niederländischen Schule studiert. Es ging ihm dabei nicht so sehr um die Behandlung der Menschenstimme. Es ging ihm um kontrapunktisches Denken, um die Beherrschung der von den Alten kunstvoll entwickelten Polyphonie. Mit kritischer Strenge dem eigenen Schaffen gegenüber hatte er sich im Laufe von Jahren jene tiefere Kenntnis der Gesetzmäßigkeiten angeeignet, die seinen reifen Werken die Struktur verlieh und zugleich durch ebendiese, seine schöpferischen Kräfte zu höchster Entfaltung brachte. Seine Zeitgenossen, soweit sie sich als Anhänger der „Neudeutschen" verstanden, waren enttäuscht. Für sie war er nichts weiter als ein Hüter der Tradition. Daß er im Laufe eines komplizierten Prozesses zu einer Synthese fand und aus alten Formen *Neues* entwickelte, wurde den Fachleuten von damals nicht bewußt. Erst Jahrzehnte später wird Arnold Schönberg es erkennen und von „Brahms, dem Fortschrittlichen", sprechen.

Wie lange er am ersten Satz der *c-Moll-Symphonie* gearbeitet hat, wissen wir nicht. Erst 1862 sandte er Clara den zum vorläufigen Abschluß gelangten 1. Satz seiner Symphonie. Clara kopierte den kühnen Anfang des Stückes, dem später noch eine langsame Einleitung vorangesetzt wurde. Sie schickte diese Takte an Joachim:

„Das ist nun wohl etwas stark", schrieb sie dazu, „aber ich habe mich sehr schnell daran gewöhnt. Der Satz ist voll wunderbarer Schönheiten, mit einer

Meisterschaft die Motive behandelt, wie sie ihm ja so mehr und mehr eigen wird. Alles ist so interessant ineinander verwoben, dabei so schwungvoll wie ein erster Erguß; man genießt so recht in vollen Zügen, ohne an die Arbeit erinnert zu werden." Joachim fragte daraufhin optimistisch bei Johannes an, ob er diese Symphonie nicht im kommenden Winter in Hannover aufführen könne. Und Brahms antwortete kurz: „Hinter ‚Symphonie von J. B.' magst Du einstweilen ein Fragezeichen setzen." Es sollten weitere vierzehn Jahre vergehen, ehe Brahms das unter Schmerzen, Entmutigungen und vielen neuen Anläufen entstandene Werk in die Öffentlichkeit entließ.

Es ist bezeichnend, daß die erste Symphonie in einer ganz anderen Gegend, in anderem Klima ihre endgültige Gestalt erhielt als alle vorangegangenen Werke: in Saßnitz, auf der Insel Rügen. Georg Henschel, ein junger Sänger und Komponist, hatte ihm dazu geraten. Es gab dort schon eine vornehme städtische Unterkunft auf dem Fahrnberg mit herrlicher Aussicht aufs Meer; Brahms mietete sich jedoch lieber im Dorf ein.

„Es ist herrlich hier", schrieb er an Simrock, „auszusetzen habe ich nur die Abgelegenheit. Selbst nach Putbus oder Bergen kann man nur mit Lasten und Umständen, erst von dort aber weiter. Es geht mit Städten und Menschen in der Nähe wie mit Büchern im Zimmer. Man braucht sie vielleicht nicht, sie sollen aber doch da und zur Hand sein." Einige Wochen später kam Henschel, von Brahms nachdrücklich dazu aufgefordert. (Er wurde übrigens 1881 Dirigent des Boston Symphony Orchestra, und sein Nachfolger hieß Arthur Nikisch!) Henschel wohnte im Gasthof auf dem Fahrnberg, wohin Brahms täglich zum Essen wanderte. Henschel hat seine Erlebnisse mit dem Meister in spontanen Aufzeichnungen festgehalten.

„Er sieht prächtig aus und geht hier, wie es ihm gefällt, immer mit sehr sauberer Wäsche, aber ohne Halskragen und Binde und gewöhnlich mit offener Weste, den Hut in der Hand. Nur während der table d'hôte trägt er Halskragen und Binde. Sein Appetit ist vortrefflich. Abends trinkt er regelmäßig drei Glas Bier und zum Schluß stets seinen Kaffee. Er gleicht jetzt in Gesichtsfarbe und Haarwuchs, ja sogar im Gesicht selbst außerordentlich dem Bilde Beethovens, das im Besitz Joachims ist…"

Brahms gab Henschel Ratschläge für seine Kompositionen und kritisierte sie ausführlich. „Wenn Sie Lieder schreiben, so sehen Sie ja zu, daß Sie gleichzeitig mit der Melodie einen gesunden, kräftigen Baß erfinden. Sie kleben zu sehr an der Mittelstimme… Auch merken Sie sich: keine schweren Dissonanzen auf leichten Taktteilen, das ist schwächlich! Ich liebe Dissonanzen sehr, aber auf schweren Taktteilen, und dann leicht und sanft auflösen!"

Einen Tag vor Henschels Abreise musizierten beide im Saal des Gasthofes. „Brahms hatte seit Wochen zum ersten Male die Hand auf den Tasten, ich sang zum erstenmal seit meiner Ankunft in Saßnitz. Zuerst sang ich seine *Mainacht,* dann ein Schubertsches Lied, dann den Beethovenschen Liederkreis *An die ferne Geliebte.* Als wir geendet hatten, sahen wir mit Erstaunen, daß das Nebenzimmer voller Zuhörer war; der Wirt war sehr gerührt und dankte für die Ehre, die Brahms seinem Hause angetan. Wir unterhielten uns dann über Schubert und seine Kompositionen Goethescher Gedichte. Da sagte Brahms:

,Die letzte Strophe des Schubertschen Suleika-Liedes *Was bedeutet die Bewegung* ist die *einzige* Stelle, wo ich mir sagen muß, daß Goethesche Worte durch die Musik wirklich noch gehoben worden sind. Sonst kann ich das von keinem anderen Goetheschen Gedichte behaupten. Die sind alle so fertig, da kann man mit Musik nicht an.'

Neulich pfiff ich auf seinem Zimmer, und zwar das Andante aus seinem *c-Moll-Streichquartett.* Es schien ihm zu behagen, denn bei einer gewissen Stelle machte er wiegende Handbewegungen, und sein Gesicht glänzte. Schließlich fing er an: ,Ja, ich schäme mich nicht zu sagen, daß es mir selbst eine große Freude ist, wenn ein Lied, ein Andante oder sonst was mir gut gelungen scheint. Wie muß es erst den Göttern Mozart, Beethoven und denen, deren tägliches Brot das ist, zumute gewesen sein, wenn sie den Schlußstrich unter *Figaros Hochzeit* oder *Fidelio* gesetzt haben… Was ich nicht begreife, ist, wie unsereiner eitel sein kann. Wie wir Menschen, die auf der Erde aufrecht gehen, zu den Geschöpfen, die unter der Erde kriechen, so stehen unsere Götter über uns. Wenn es mir nicht so lächerlich wäre, so würde es mir ekelhaft sein, mich von Kollegen ins Gesicht hinein so überschwenglich loben zu hören.'

So sprach er fort. Es war fast Demut, nicht mehr Bescheidenheit, was er empfand, und ich nahm mich in acht, durch ein Wort seine Stimmung zu stören."

Brahms blieb nach Henschels Abreise noch einige Wochen allein in Saßnitz und arbeitete an seiner Symphonie; danach hielt er sich eine Zeitlang in Hamburg auf.

Die letzte abschließende Arbeit erfolgte, wie so oft, in Baden-Baden. Er spielte Clara das ganze Werk auf dem Flügel vor; doch war er nicht inspiriert – war Clara zu stark von ihren Sorgen um die Kinder beansprucht? Sie fühlte sich jedenfalls danach recht niedergeschlagen, weil ihr das Werk nicht so bedeutend erschien wie seine letzten Kammermusiken, die sie besonders liebte. Brahms hat das sicher gespürt, aber nichts dazu gesagt.

Die Uraufführung der *1. Symphonie* fand am 4. November 1876 in Karlsruhe unter Felix Otto Dessoff statt, dem Nachfolger von Levi. Vor den weiteren Aufführungen in Mannheim, München und Wien, die Brahms selber dirigierte, nahm er noch einige Änderungen am Manuskript vor.

Die wichtigste Station war für ihn natürlich Wien. Die Symphonie sollte dort am 17. Dezember 1876 gespielt werden, im zweiten von Herbeck geleiteten Gesellschaftskonzert. Sein Werk dirigierte Brahms selber. Er hatte Billroth, dem passionierten Musikfreund, vorher die Partitur geliehen, und dieser schrieb ihm nach der Durchsicht des neuen Werkes einen seiner charakteristischen Briefe; es fiel ihm schwer, sich von der Partitur zu trennen. „Den letzten Satz habe ich am vollkommensten bewältigt; er erscheint mir von herrlichster, großartigster Vollendung und hat mich oft an die architektonische Behandlung des *Triumphliedes* erinnert… Ich fürchte mich fast vor dem ersten Hören, denn in meiner Phantasie hat sich bereits ein so festes Tonbild von dem Ganzen festgesetzt, welches schwer erreicht werden wird. Ich wollte, ich könnte die Symphonie ganz allein hören, im Dunkeln, und fange an, König Ludwigs Sonderbarkeiten zu verstehen… ich hoffe jedoch, daß die musikalische Masse hier genügend musikalischen Instinkt hat, um zu begreifen, daß da oben auf dem Orchester etwas Großartiges vorgeht. Auf die Introduktionen des ersten und letzten Satzes würde ich das größte Gewicht legen; …es darf da kein Zweifel in Ton und Rhythmus sein."

Billroth sorgte für ein festliches Zusammensein der Freunde nach der Wiener Aufführung; Brahms dankte ihm, spürbar bewegt:

„Ich möchte nicht gerade sagen, das bißchen Komponieren sei eitel Müh und Arbeit, bloß ein fortgesetztes Ärgern, daß nichts Besseres kommen will – aber Du glaubst nicht, wie schön und erwärmend man eine Teilnahme wie

Deine empfindet; in dem Augenblick meint man doch, das sei das Beste vom Komponieren und allem, was drum und dran hängt. So schön und vollkommen, wie Du sie zeigen kannst, wird sie einem auch selten. Es gehört doch viel dazu!"

Das Publikum war von der Aufführung stark beeindruckt, die Kritiker blieben natürlich ihrer jeweiligen Grundeinstellung treu. In der *Neuen Freien Presse* schrieb Hanslick, der Brahmsverehrer: „Diese Musik mag verschiedenen Zuhörern mehr oder minder klar, mehr oder minder sympathisch geklungen haben; das eine läßt sich, glauben wir, als eine einfache, von Freund und Feind anzuerkennende Tatsache aussprechen, daß bisher kein Komponist den größten Schöpfungen Beethovens so nahe gekommen ist wie Brahms in dem Finale seiner *c-Moll-Symphonie.*"

Louis Ehlert aus Berlin, sonst recht kritisch, äußerte Erstaunliches: „Was seine Musik von der aller Zeitgenossen unterscheidet, ist das geheimnisvolle Hineinragen einer anderen Welt, ihr leises und erschütterndes Pochen an unser Herz."

Am 18. Januar 1877 dirigierte Brahms sein neues Werk im *Gewandhaus.* Er wohnte diesmal in dem behaglichen Heim von Lisl und Heinrich von Herzogenberg, die ihn herzlich eingeladen hatten; das gab dem Aufenthalt von vornherein eine reizvolle und fröhliche Note. Ein großer Kreis musikverständiger Freunde, bedeutender Musiker war aus allen Himmelsrichtungen zusammengeströmt, auch Clara befand sich unter ihnen. Und jetzt erst, in der Wiedergabe durch das Gewandhausorchester mit Brahms an der Spitze, erschloß sich ihr diese neue Musik des Freundes. Sie nennt sie schon nach der Probe im Tagebuch „wunderbar großartig, ganz überwältigend! Besonders der letzte Satz mit seiner genialen Introduktion packte mich ganz merkwürdig, die Introduktion so düster, wahrhaft erschütternd, klärt sich so nach und nach bis zu dem sonnigen Motiv des letzten Satzes, bei dem sich das Herz förmlich erweitert…"

Nach dem Konzert traf sich eine große Gesellschaft im Hotel Hauffe. Die Freude der Versammelten, einen Leipziger Erfolg von Brahms miterleben zu können, spiegelte sich in der allgemeinen fröhlichen Stimmung. Stockhausen, der einen Toast auf Brahms ausbringen wollte, sprang plötzlich auf, erhob sein Glas und sang mit seiner herrlichen Stimme die ersten Takte von Brahms' Goethelied *Unüberwindlich:*

Hab' ich tausendmal geschworen,
Dieser Flasche nicht zu trauen,
Bin ich doch wie neugeboren,
Läßt mein Schenke fern sie schauen.
Alles ist an ihr zu loben
Glascrystall und Purpurwein…

Das Ziel war erreicht, um das Brahms seit der Prophezeiung Robert Schumanns so hart gerungen hatte. Dreiundzwanzig Jahre waren darüber vergangen. Ihm selber wurde jetzt erst bewußt, welchen Einschnitt das Werk in seinem Schaffen, in seinem Leben bedeutete. Seine Stimmung war gelöster als je zuvor, wozu sicher auch die völlige Befreiung von den Pflichten des Artistischen Direktors in der *Gesellschaft der Musikfreunde* beitrug.

Sein öffentliches Musizieren galt von jetzt an vor allem der Wiedergabe eigener Werke, er dirigierte häufiger, spielte weniger. Das hatte allerdings den Nachteil, daß sein Interesse an der Pflege seiner Klaviertechnik noch geringer wurde als bisher schon. Nicht immer spielte er con amore, und seine musikalischen Freunde bemerkten es – oft mit leisem Humor, nie ohne Bedauern.

Am 7. Mai 1877 wurde Brahms 44 Jahre alt. Bald nach der Veröffentlichung der Symphonie ließ er sich einen Bart stehen.

II | 1876–1897

9 | Der Komponist und sein Verleger

Mit seinen Verlegern hat Brahms von Anfang an Glück gehabt. Schumanns Empfehlung brachte ihn schon 1853, als Zwanzigjährigen, mit Breitkopf & Härtel in Kontakt. Der renommierte Verlag veröffentlichte von dem ganz unbekannten Komponisten noch im selben Jahr die *beiden ersten Klaviersonaten*; ein *Liederheft, das H-Dur-Trio*, die *Schumann-Variationen op. 9* und *Vier Klavierballaden* folgten. In den Jahren der Werther-Erfahrung hatte Johannes nur wenige Schöpfungen vollenden können und auch keine Versuche unternommen, Neues zu veröffentlichen. Als er sich 1860 wieder an Breitkopf & Härtel wandte, verhielt der Verlag sich zurückhaltend. Das *1. Klavierkonzert d-Moll* von Brahms hatte inzwischen einen totalen Durchfall in Leipzig erlebt, und die „Erklärung" von ihm und seinen Freunden gegen die Neudeutsche Schule war in aller Munde. Bei Breitkopf aber erschienen gerade sämtliche *Sinfonische Dichtungen* von Franz Liszt! Man begnügte sich daher mit der *1. Serenade D-Dur op. 11*, die 1860 herauskam.

Glücklicherweise war Brahms inzwischen in dem Schweizer Verleger Rieter-Biedermann ein überzeugter Gönner und Förderer seiner Musik erwachsen. Er übernahm jetzt das *Ave Maria*, den *Begräbnisgesang* und vor allem sein Schmerzenskind: das *1. Klavierkonzert d-Moll*. Für dieses erhielt Brahms 10 Friedrichsdors, also 170 Mark, für die Herstellung der vierhändigen Ausgabe noch einmal 120 und für eine zu zwei Klavieren 510 Mark; insgesamt also 800 Mark.

Fast gleichzeitig war Brahms auch mit dem Bonner Simrock-Verlag in Kontakt gekommen; Inhaber war damals Peter Joseph Simrock, der Sohn des Gründers Nikolaus Simrock. Dieser hatte noch mit dem unwirschen Beethoven Briefe gewechselt, Peter Joseph war Herausgeber und Freund des kultivierten, erfolgreichen und liebenswürdigen Felix Mendelssohn gewesen. In seinen Briefen an den jungen Brahms ist noch ein Nachklang biedermeierischer Politesse zu spüren. Als erstes Werk von ihm erschien die *2. Sere-*

nade A-Dur bei Simrock; Lieder, Kammermusiken und Klavierwerke folgten.

Fritz Simrock, vier Jahre jünger als Brahms, mußte schon während einer schweren Erkrankung seines Vaters die Verlagsleitung übernehmen; nach dessen Tod verlegte er Wohnsitz und Verlag nach Berlin. Die Beziehung zu Johannes Brahms, nie problemfrei, oft von heftigen Kontroversen gekennzeichnet, wurde für den jungen Musikverleger zur bedeutendsten menschlichen Begegnung seines Lebens. Sie brachte ihm schließlich die Freundschaft mit dem schwierigen, oft widerstrebenden Musiker ein, der sich äußerlich bärbeißig und ironisch gab, doch nobel dachte und handelte.

Fritz Simrock war Johannes, was allgemeine Bildung, Sprachkenntnisse, Geschäfts- und Weltgewandtheit anbelangt, weit überlegen und brachte dies auch gelegentlich zum Ausdruck. Er hatte eine vorzügliche Ausbildung genossen, in der französischen Schweiz den letzten Schliff erhalten, war Akademiker, Bonner Husar, ein gewandter Klavierspieler – und sah auch noch gut aus. Im Typ hatte er etwas Modernes: Er war dynamisch, entwickelte ständig neue (nicht immer erfolgreiche) Ideen, und seine Begeisterung für Brahms war echt.

Er nahm für ihn auch finanzielle Risiken in Kauf: das wollte etwas heißen! Brahms machte sich gern über ihn lustig; so dankbar, wie Simrock es eigentlich erwartete, war sein Komponist nur selten. In den Jahren zwischen 1860 und 69, als die Entscheidungen des Verlages noch nicht vom Junior allein getroffen wurden, hatte sich die äußere Situation von Brahms entscheidend verändert. Er war erfolgreich als Pianist, verdiente für seine Begriffe schon dadurch recht gut, und die Leitung der Wiener *Singakademie* hatte ihm eine Saison hindurch regelmäßige Einnahmen verschafft. Der Erfolg des *Deutschen Requiems* und anderer Werke, vor allem der bei Simrock verlegten anmutigen *Liebeslieder-Walzer*, der *Ungarischen Tänze*, stärkten seine Position dem Verleger gegenüber. Seine Honorarforderungen hatten sich etwa zum Fünffachen der Anfängerzeit gesteigert.

Persönlich interessierte ihn materieller Erfolg wenig. Sein Lebensstil blieb anspruchslos wie zuvor. Aber die höheren Einnahmen ermöglichten ihm, außer Familienmitgliedern auch guten Freunden und armen Teufeln unter den Kollegen zu helfen, und das beglückte ihn. Er tat es ohne viel Aufhebens, möglichst unbemerkt; Fritz Simrock wurde im Laufe der Zeit sein verständnisvoller Assistent, in manchen Aktionen, die oft nur mit Fingerspitzengefühl zu bewältigen waren, ein selbstloser Sekretär.

Das Urheberschutzrecht für Musikwerke im heutigen Sinne gab es damals noch nicht. Die Bezahlung erfolgte pauschal, d. h. mit einer einmaligen Summe wurden sämtliche Neuauflagen, auch Auslandsausgaben und alle Arten der Bearbeitungen, abgegolten (lediglich für die vom Komponisten selber durchgeführten gab es ein einmaliges Honorar). Von besonders erfolgreichen Werken ließ Simrock durch einen gewandten Angestellten Bearbeitungen für die verschiedensten Besetzungen herstellen. So gab es z. B. von dem schnell populär gewordenen *Wiegenlied* „Guten Abend, gut Nacht" eine Ausgabe für Salonorchester. Brahms schlug ihm danach vor, auch eine Ausgabe „für unartige oder kränkliche Kinder in Moll" herauszubringen!

Einen durchschlagenden Erfolg erzielten die von Brahms vierhändig gesetzten *Ungarischen Tänze*. Er hatte sie zum Teil durch Reményi, zum Teil früher kennengelernt und im Ohr behalten. Wenn er gut aufgelegt war, spielte er sie in engerem Kreise allein, jedesmal in etwas anderer Fassung, von eigenen Einfällen angereichert. Nun sollte er sie für Simrock zweihändig setzen: „Für Mädchenpensionate, facile und agréable", wie Brahms spottete. „Es ist das eine üble Arbeit", schrieb er an Simrock. „Einige spiele ich allein, jedoch so frei – in jeder Beziehung, daß man schwer aufschreiben kann. Andere habe ich so entschieden vierhändig gesetzt, daß ich – dito."

Vierhändige Bearbeitungen waren damals sehr gefragt. Sie gehörten zum musikalischen Übungsstoff des gebildeten Dilettanten, der an neuen Werken interessiert war, und boten die einzige Möglichkeit, sich eingehender zu orientieren. Und es gab eine große Schicht bürgerlicher Hausmusikanten, deren Niveau beachtlich war; nicht nur der Arzt Billroth vermochte Brahms' Klavierwerke und Liederbegleitungen zu spielen oder sich an häuslicher Kammermusik als Bratschist zu beteiligen. Doch die allzu vielen, oft peinlichen Formen der Bearbeitungen, die Simrock herausgehen ließ, waren nicht die einzigen Gründe für Brahms' zuweilen gereizte, wegwerfende Äußerungen ihm gegenüber. Ganz besonders ärgerte ihn die Art der Bezahlung, die nach den Gepflogenheiten des 18. Jahrhunderts erfolgte. Im Sommer 1881 hat er sich darüber einmal sehr deutlich ausgesprochen.

„Nur eines ist klar; es muß auch Ihnen klar sein, daß dies eine eben alle Unruhe schafft, und daß Sie deshalb wenigstens niemals mein Betragen schlecht

ZWEI
UNGARISCHE TÄNZE

№5 №6

von

Johannes
BRAHMS

KLAVIER 4 händig (Original).   M 2 —
KLAVIER 4 händig, erleichtert (Keller).   M 2 —
KLAVIER 2 händig (Brahms).   M 2 —
KLAVIER 2 händig, erleichtert (Keller).   M 2 —
VIOLINE UND KLAVIER (Jos. Joachim).   M 2 —
VIOLINE UND KLAVIER (Fr. Hermann).   M 2 —
VIOLONCELL UND KLAVIER (Alfr. Piatti)   M 2 —
KLARINETTE UND KLAVIER (Alfr. Piguet)   M 2 —
STREICHQUARTETT (Lederer).   M 2 —
2 MANDOLINEN, MANDOLA, GUITARRE od. KLAVIER (Schick) M 2.50
ZITHER (Hysky) Wiener u. Münch. Stimmg. je M 1 —
2 ZITHERN „   „   „   „   je M 1 80

N. SIMROCK G.m.b.H. BERLIN.

Titelblatt zu den Ungarischen Tänzen Nr. 5 und 6

oder falsch deuten dürfen. Dies eine ist das leidige Geldverhältnis, wie es zwischen Musikern und Verlegern leider noch üblich ist. Wir Musiker werden darin wie Kinder und Unmündige behandelt, wir wissen nicht im geringsten, was und wie eigentlich bezahlt wird, ob wir beschenkt werden oder schenken, rauben oder beraubt werden... Sie müssen doch begreifen, daß dies ein unbehagliches Gefühl ist, namentlich gerade, wenn man, wie ich, nicht zu klagen, nur zu bedenken und zu fürchten hat.

Ich habe ja keine Ahnung, ob Sie riskieren, ob Sie auf die Zukunft zu rechnen haben, sich also sehr irren können. Sie müssen notwendig einsehen, daß das keine Gemütlichkeit aufkommen läßt. Warum können wir Musiker nicht das gleiche Verhältnis zu den Verlegern haben wie die Schriftsteller? G. Freytag weiß doch, warum und wofür er Geld kriegt.

...Aber unrecht ist es, daß ich bei meiner Beliebtheit nicht diese Änderung durchgesetzt habe. Ich bin aber zu unpraktisch, zu faul, zu schwer von Entschluß – und bei meiner traurigen Solo-Stellung persönlich eben nicht interessiert – Unrecht aber ist es doch.“

Simrock antwortete umgehend, aber ausweichend. Er habe schon darüber nachgedacht, wie sich ein dem Schriftsteller vergleichbares Verhältnis zwischen Verleger und Komponist schaffen ließe, es seien aber unglaubliche Schwierigkeiten vorhanden, und er könne der Sache keine angenehmen Seiten abgewinnen. Auch würde es wahrscheinlich für Brahms nur von Nachteil sein etc. etc. Damit war das Thema vom Tisch.

Ein anderes, das nun wieder Simrock in ständige Unruhe versetzte, waren Brahms' Beziehungen zu denjenigen Verlagen, die schon vor Simrock seine frühesten Werke herausgebracht hatten und denen er aus Anstand nicht ganz untreu werden wollte. Simrock versuchte alles, um ihn davon abzubringen; Brahms amüsierte das, er hielt Fritz Simrock mit vagen Andeutungen und witzigen Bemerkungen in einer Art latenter Aufregung. Vor allem beanstandete er, daß Simrocks Ausgaben zu wesentlich höheren Preisen verkauft wurden als die der anderen Verlage. Außerdem legte er Wert darauf, daß seine Lieder auch in Einzelausgaben erschienen. Er schrieb: „Denken Sie doch nur ein wenig nach, wie der Sänger für seinen Vortrag die einzelnen Lieder in mehreren Exemplaren nötig hat – wie unbequem ihm ganze Hefte sind usw. Härtels legen jetzt den Liedern eine Singstimme bei. Ich bin kein Liebhaber der Idee, aber sie ist freundlicher und praktischer als die Ihre.“

Es entstanden endlose Brief-Dialoge – einmal äußerte sich Simrock in einem sechzehnseitigen Brief zu Brahms' Vorschlägen –, doch seinen verlegerischen Standpunkt konnte er ebensowenig aufgeben wie der Komponist seine künstlerischen Gesichtspunkte.

Als Simrock sich in tagelangen Verhandlungen mit Breitkopf & Härtel herumgeschlagen und für „große Opfer" die dort früher erschienenen Werke von Brahms aufgekauft hatte, reagierte dieser ironisch. „Da soll man gratulieren? Ich kann nichts dafür, wenn Sie mich ganz bodenlos überschätzen. Durch mein Benehmen und meine Worte habe ich gewiß nicht dazu beigetragen... Ich soll ,sympathisch' empfinden!! Ach Gott, ja; mich rührt Ihre Sympathie, aber ich finde es über die Maßen unvernünftig, wenn Sie von Härtels Sachen kaufen... die in kürzester Zeit nicht einen Schuß Pulver wert sind. So ein klein bißchen Sympathie für den Verlag Peters müssen Sie schon erlauben. Ich weiß alles, was dagegen spricht – aber Freude müßte es einem doch machen, wenn Partituren oder Liebeslieder z. B. so etwas leichter gekauft werden könnten. Auf den Galerien ist eben wirklich besseres Publikum als in den Logen... Na also, ich gratuliere, aber wasche meine Hände mit Karbol und allem möglichen!"

Auch wenn Simrock seinem Komponisten Freude bereiten wollte, griff er zuweilen daneben. Besonders mit den sogenannten „Autorenausgaben" der großen Werke: extra angefertigte Prachtbände, die Brahms nicht ausstehen konnte und gerne weiterverschenkte.

Kritiken las Brahms sachlich. Er blieb gelassen, auch wenn sie gehässig waren; Simrock bereiteten sie schlaflose Nächte.

Brahms, ironisch: „Sie sind wie jedes Frauenzimmer; beim ersten ,Aber' ist der Kritiker ein Esel und Halunke." Ließ sich Simrock durch Reden dritter zu bissigen und ungerechten Bemerkungen verleiten, bemerkte Brahms: „Alle Welt lügt und lügt viel; Sie z. B. aus Leidenschaftlichkeit, Joachim aus Höflichkeit usw."

Andererseits bewährte sich Simrocks vielseitige Bildung, als Brahms in späteren Jahren wachsendes Interesse an moderner Graphik zeigte. Simrock

Rechts: Fritz Simrock

Anton Dvořák. Lithographie von Svabinski

Pörtschach am Wörther See. Stahlstich nach einer Zeichnung von M. Pernhart. 19. Jh.

Florenz. Gesamtansicht. Stahlstich. 19. Jh.

Richard Wagner
Gemälde von Hubert Herkomer

Hans von Bülow
Pastell von Ludwig Michalek. 1891

trat mit Max Klinger in Verbindung, für dessen Werke sich Brahms interessierte, und beauftragte ihn, Titelblätter für Liederhefte von Brahms zu entwerfen. Ein Versuch, der offenbar – da Klinger den Druck nicht überwachen konnte – nicht befriedigend verlief. Doch wiederholt hat Simrock Einzelblätter von Feuerbach, Zyklen von Klinger und auch andere anspruchsvolle Geschenke für Freunde seines Komponisten besorgen müssen. Simrock verlor nie die Geduld angesichts der vielen, oft schwer auszuführenden und zeitraubenden Aufträge. So erwarb er für ihn die ersten 25 Jahrgänge der satirischen

Zeichnung aus dem Zeitschriftenkopf des Kladderadatsch

Zeitschrift *Kladderadatsch*, deren scharfen Witz Brahms schätzte. Simrock besorgte auch Bücher und Noten für ihn; eine Liste der erbetenen Werke vom Dezember 1879 zeigt die vielseitigen geistigen Interessen des Bestellers:

Heyses Wörterbuch (neueste Auflage)
Dommers Handbuch der Musikgeschichte, Leipzig 1868

Chrysander, Über das Oratorium und die Molltonarten im Volksgesang, Schwerin 1853
Cherubini, Credo (Peters Nr. 1361)
Clementis Gradus ad Parnassum, falls Sie ihn vollständig (100 Etüden) gedruckt haben. Ich glaube aber, Sie haben nur die Hälfte?
Schenkendorf, Gedichte, Cotta 1878, 5te Auflage
Franz von Gaudy, Erato
Franz Kugler, Skizzenbuch

Besonders dankbar war Brahms seinem Verleger, weil er sein Vermögen umsichtig verwaltete und ihm schließlich alle geschäftlichen Korrespondenzen abnahm: „Ich verstehe nichts von Geld und interessiere mich für nichts so wenig." Als Simrock einmal durch eine mißglückte Spekulation Tausende von Mark des Brahmsschen Vermögens einbüßte, blieb dieser gelassen, wollte durchaus nichts von Simrock ersetzt haben und meinte nur: Der Verlust hätte ihn geärgert, wenn er durch seine eigene Schuld eingetreten wäre. Er solle ihm lediglich brieflich bekennen, daß er ihm, Brahms, zwanzig Mille schuldig sei und diese bezahlen würde, sobald Brahms es wünsche! Sein Vertrauen in die Redlichkeit des Freundes blieb unberührt; er kündigte Simrock, der sein Testamentsvollstrecker sein sollte, im selben Brief an, daß er ihm in Kürze einen neuen, abgeänderten Letzten Willen senden werde. Leider hat Brahms diesem Dokument nicht die juristisch gültige Form gegeben. Es gab deshalb nach seinem Tode langwierige Auseinandersetzungen.

Übrigens trafen sich die ungleichen Partner auf einem sehr menschlichen Gebiet: dem des Humors.

Simrock war emotionaler als Brahms, wortreicher, liebte fremdsprachige Floskeln. Auch Kalauer blieben nicht aus. Brahms äußerte sich gern sarkastisch, ironisch und manchmal recht derb. Besonders gern neckte er Simrock mit seiner nahezu hysterischen Angst vor anderen Verlegern. So schrieb er ihm vor einem Leipziger Konzert: „Ich bin schon am Sonntag in Leipzig und wohne bei Herzogenbergs… unten ist nämlich oder wird nächstens sein Verlagsgeschäft eingerichtet…" Ob Simrock diesen Unsinn geglaubt hat?

Seine Honorarwünsche pflegte Brahms höchst kompliziert und verklausuliert zu äußern. So schrieb er gelegentlich des *Violinkonzertes*: „Wie denken

Sie über 3000 Taler für ein so unnützes Stück? Natürlich für jeden Satz und jedes Jahr, solange wir und unsere männlichen Nachkommen leben – Herrgott, werden Sie jetzt vorsichtig sein!"

Als Simrock ihn nach dem Honorar für das *Triumphlied* fragte, antwortete Brahms: „Nun weiß ich aber wirklich nicht recht den kaiserlichen Schnadahüpfl zu taxieren. Wie verhält er sich zu einem soliden Quartett? Legen Sie zu, ziehen Sie ab, was Ihnen nötig scheint. Sie können sich ja auf das fehlende Adagio berufen…"

Besonders verwirrend äußerte sich Brahms beim *Streichquartett B-Dur op. 67*. Da heißt es: „Als Honorar wünsche ich bloß 5000 Reichstaler (15000 Mark). Davon werden Sie aus angeborener Niedrigkeit 1000 Reichstaler abziehen, für Wartenlassen 500, für weiteres Warten auf den vierhändigen Auszug 500, für bloß 2 b-Vorzeichen 250 Reichstaler, für Zigarren, Tabak und Odekolonje usw. 750 Reichstaler, mit falschem Zählen und Rechnen werden noch 1000 verlorengehen, und gepumpt haben Sie mir 200 Reichstaler, bleibt ein Rest von 800 Reichstaler."

Und die waren dann der vom Komponisten gewünschte Pauschalpreis! Das in der Clara-Krise entworfene, jahrelang unvollendet gebliebene *c-Moll-Klavierquartett* bot er Simrock mit folgenden Worten an: „Nun ist das Schlimme, daß mir Peters für so ein Stück gern 1000 Taler gibt! Das ist es nicht wert – aber was geht das mich an. Ich rate nicht dazu und wasche meine Hände. Einen Vorteil hat das Stück. In welcher Weise Sie auch meinem Talent mißtrauen, *dies* kann sich entschuldigen. Halten Sie mich jetzt für altersschwach und philiströs, oder meinen Sie gegenteilig, jetzt erst lerne ich einiges – dies Quartett ist zur Hälfte alt, zur Hälfte neu – es taugt also der ganze Kerl nichts! Außerdem dürfen Sie auf dem Titelblatt ein Bild anbringen. Nämlich einen Kopf – mit der Pistole davor. Nun können Sie sich einen Begriff von der Musik machen! Ich werde Ihnen zu dem Zweck meine Photographie schicken! Blauen Frack, gelbe Hosen und Stulpenstiefel können Sie auch anwenden, da Sie den Farbendruck zu lieben scheinen."

Bunte Titelbilder für Musikalien waren damals beim Publikum sehr beliebt.

Völlig ablehnend verhielt sich der Komponist, als er einmal um biographische Daten gebeten wurde: für neugierige Kunden, wie Simrock schrieb. „Ob in meinen Liebesliedern nun aber noch meine Biographie deklamiert wird, kann ich wirklich für das Verständnis der Walzer nicht sehr nötig finden. Höflich entschuldigen kann ich mich, daß ich durch mein unstetes Leben nicht in der Lage bin, irgend Daten zu liefern für eine Lebensbeschreibung (der hoffentlich zum Schluß eine Romanze, Ballade folgt)."

Wenn Brahms seinen Verleger auch nicht als ebenbürtigen Fachmann betrachtete, er hat ihm doch so manche Gedanken über Probleme mitgeteilt, die ihn im stillen beschäftigten. So schreibt er nach einer Zeit, in der er viel konzertiert und wenig komponiert hatte: „Leider muß ich im übrigen immer noch um Geduld bitten. Ich merke immer mehr, wie sehr das Virtuosenleben einem so sehr dafür ungeeigneten Menschen wie mir schadet. Oder verwandelt sich leichter der Mensch, und pass' ich allmählich dafür (?) Aber kurz, die Ruhe ist nicht allein köstlich zu genießen (selbst das verlernt man), sie ist auch den Sachen, die ein Virtuose unterwegs erdenkt, recht heilsam. Übrigens hat Mozart sich gar besonders gemüht, sechs schöne Quartette zu schreiben, so wollen wir uns recht anstrengen, um ein und das andre passabel zu machen. Ausbleiben sollen sie Ihnen nicht. Aber wäre ich heute Verleger, ich ließe das Drängen – Halt! Aufklären und belehren darf ich Sie hierin nicht."

Daß in Brahms' ungeduldigen, nüchternen und oft sehr kritischen Briefen auch manche Anregung für den Verleger mit einfloß, daß in einer Schlußwendung, einem verständnisvollen Satz plötzlich die tiefe Güte seines innersten Wesens zutage trat, mochte diesen für viele Frotzeleien entschädigen. So berichtete Brahms ihm ausführlich über diejenigen der jungen Kollegen, die er für begabt hielt und denen er gern zum Erscheinen ihrer Werke verhelfen wollte. Mit besonderer Intensität setzte er sich für Anton Dvořák ein, er freute sich, daß Simrock seine Anregung aufgriff und daß die von ihm bestellten *Slawischen Tänze* beim Erscheinen ähnliche Erfolge errangen wie Brahms' *Ungarische*. Mehrmals legte er Dvořák nahe, doch von Prag nach Wien umzusiedeln: Brahms wollte für alle entstehenden Kosten in großzügigster Weise aufkommen. Dvořák dankte ihm sehr herzlich. Doch schon seiner Kinder wegen, für die eine Übersiedlung große schulische Schwierigkeiten gebracht hätte, konnte er sich zu einer so radikalen Umstellung seines Lebens nicht entschließen. Er fühlte instinktiv, daß der heimatliche Lebensraum, die darin wurzelnde Musikfreude seiner Landsleute, den Boden ausmachten, auf dem seine schöpferischen Kräfte wuchsen.

Simrock hat erst später erkannt, welches künstlerische Kapital ihm gerade mit den Werken Dvořáks zugeflossen war.

Es ist bezeichnend für die lange, oft so kämpferische Beziehung zwischen Komponist und Verleger, daß Brahms ihm erst 1895 das „Du" schenkte. Da bestand ihre Geschäftsbeziehung, ihr freundschaftlicher Dialog seit 27 Jahren! Simrock ist der einzige seiner vielen Verleger gewesen – wenn man von dem verständnisvollen, fast väterlichen Rieter-Biedermann absieht –, mit dem ihn über alle Meinungsverschiedenheiten, alle Reizthemen hinaus fast ein Leben lang echte Freundschaft verband.

Brahms an Simrock, als er die Korrektur der Liebesliederwalzer erhalten hatte:

„... Ich will gestehen, daß ich bei dieser Gelegenheit zum erstenmal gelächelt habe beim Anblick eines gedruckten Werkes – von mir. Übrigens möchte ich doch riskieren, ein Esel zu heißen, wenn unsere Liebeslieder nicht einigen Leuten Freude machen... Ich lege der Korrektur eine kleine Neuigkeit bei, für die ich in Anbetracht ihrer Vortrefflichkeit 40 Friedrichsdor begehre... Postludium zu des Verfassers Liebesliedern op. 52. Das Ding heißt:

Rhapsodie (Fragment aus Goethes Harzreise im Winter) für eine Altstimme, Männerchor und Orchester (oder Pianoforte).

Es ist das Beste, was ich noch gebetet habe, und wenns nun auch die werten Altistinnen nicht gleich begierig singen werden, so gibts genug Leute, die ein derartiges Gebet nötig hätten..."

10 | Brahms entdeckt den Süden

Nun, da er der Symphonie nicht mehr „ins ernste Gesicht" sehen muß, ist seine Stimmung heiter und gelöst. Zahlreiche Lieder entstehen, früher entworfene werden vollendet. Sie füllen schließlich die Opuszahlen zwischen der 1. und 2. Symphonie: Herrlichkeiten wie die *Alte Liebe, Geheimnis* und *Lerchengesang* von Candidus sind darunter, die herb fordernde *Salome* von Gottfried Keller, *Mädchenlieder* nach böhmischen, serbischen Texten, deren Brahmsschen Klängen ein Hauch von Fremdartigkeit beigemischt ist. Auch in diesen Liedergruppen besteht niemals ein Zweifel an der Bedeutung des Klavierbasses, von dem er zu Henschel so eindringlich sprach. Und wie verschiedenartig auch Atmosphäre und Stimmung eines Liedes sich im pianistischen Part spiegeln: nie überwuchert das Instrument den Gesang. Die menschliche Stimme bleibt Trägerin des Liedes.

Seit Mitte Juni 1877 ist Brahms in Kärnten, im abgelegenen, noch ganz dörflichen Pörtschach. „Hätte man nur eine Idee, wo das ist", fragt Clara sinnend, und später: „Laß mich doch auch mal wissen, wie es Dir in Pörtschach gefällt? Wie es liegt? Berg, Seen, Wald?"

„Unsere Landschaft gleicht beiläufig der vom Starnberger See, nur haben wir größere Berge im Hintergrund, die Karawanken", antwortet Brahms, der sich in dieser weltabgelegenen Gegend schon ganz zu Hause fühlt. Die Entdeckung war Wiener Freunden zu danken; das Ehepaar Kupelwieser hatte ihm davon vorgeschwärmt. Brahms wohnte im Pörtschacher Schloß. „Das kannst Du im allgemeinen einfach so erzählen, das imponiert", schreibt er dem Freund Faber. „Nebenbei aber sage ich, daß ich eben zwei kleine Zimmer der Hausmeisterwohnung habe, *mein* Flügel würde die Treppe nicht heraufgehen, auch wohl die Wand sprengen. Zum Glück hat Dr. Kupelwieser hier eine Villa und einen Stutzflügel. Den haben wir sofort ins Zimmer gestellt, und mein Flügel kommt nun in die Villa." Kupelwieser, ein Sohn des Schubertschen Malerfreundes, war mit einer vielseitig begabten Frau verheiratet, die während der Pörtschacher Sommeraufenthalte eine sehr gelungene Porträtbüste von Brahms schuf, die später vor dem Schloß aufgestellt wurde.

Das Schloß gehörte zur Herrschaft Leonstein; der Eingang zu den Zimmern von Brahms befand sich über dem Wirtschaftshof. Im nächsten Jahr zog er eine Wohnung beim Kaufmann Rapatz vor, direkt am See gelegen, wo er vier Zimmer mieten konnte, nur das mittlere benutzte und dadurch gegen die Außenwelt vollkommen abgeschirmt war. Im Schloß war er durch gesellschaftliche Ansprüche gestört worden. Vom Rapatzhaus führte ein Fußpfad an die Badehütte, die Brahms jeden Tag in frühester Morgenstunde benutzte – sicher als einziger, denn damals war weder Schwimmen noch Sonnenbaden üblich. Am schönsten bot sich die weitere Umgebung dar, eine weltverlorene Landschaft, mit den grünen Abgründen einsamer Wälder, nahen und fernen Bergkonturen, manche noch mit schneebedeckten Gipfeln; über allem aber lag der Hauch des nahen Südens. Man erntet hier Mais und Obst und Wein; archäologische Ausgrabungen haben inzwischen bewiesen, wie stark die frühe römische Kultur das schöne Land geprägt hat.

Jahre später erinnerte sich Brahms noch an die wunderbaren Sommertage in Pörtschach, an die Werke, mit denen er damals „spazierenging". Hier entstanden zwischen 1877 und 79 die heitere *2. D-Dur-Symphonie*, sein einziges *Violinkonzert*, die *G-Dur-Sonate für Violine und Klavier*, viele seiner *Lieder* und *Klavierstücke* und schließlich *2 Motetten*, darunter die tiefernste *„Warum ist das Licht gegeben den Mühseligen"*.

Freunde von außerhalb kamen hin und wieder zu Besuch, diese und ihm sympathische Einheimische leisteten ihm in Werzers Gasthof bei den Mahlzeiten Gesellschaft. Milde Sommerabende klangen zuweilen unter den Erlen am See aus. Gern ließ er sich dann von Honoratioren des Ortes alte Kärntner Volkslieder mehrstimmig vorsingen. Mit Franz Wüllner und dem jungen russischen Komponisten Iwan Knorr, den er seinen Benjamin nannte und musikalisch ermutigte, bestieg er den Dobratsch, wanderte auch allein im nahen Tirol. An Simrock schrieb er, mit deutlichem Behagen am Spaß: „Ich war neulich ein paar Tage am Ampezzotal – herrlich!... es ist zu schön hier, was soll man sich mit Norddeutschen und Schweizern herumschlagen? Schade, daß es keine österreichischen Verleger gibt, das müßten reizende Leute sein!" Zugleich sendet er dem immer nervös auf neue Manuskripte von ihm wartenden Simrock den vierhändigen Klavierauszug seiner *1. Symphonie* und schreibt dazu: „Und wenn alle Kapellmeister dabei bleiben, daß die Symphonie nichts taugt, so werden die Vierhändigen sagen, sie sei schön."

Hier fand er auch Zeit, sich mit einer Angelegenheit zu befassen, die Clara schon im Mai an ihn herangetragen hatte. Der Londoner Verlag Novello wollte eine Neuausgabe der Schumannschen Klavierwerke herausgeben; er hatte ihr ein Angebot gemacht und sie um ihr Einverständnis dazu gebeten. Clara hätte eine Revisionsausgabe viel lieber bei Roberts altem Verlag Breitkopf & Härtel gesehen. Doch war einem ersten Gespräch mit dem Vertreter der Firma kein Angebot gefolgt. Novello drängte stark, und Clara „schwebte in fortwährendem Kampf zwischen Gefühl und Pflicht".

Brahms hatte ihr noch aus Wien geschrieben: „Laß mich Dir vor allem recht dringend sagen: In solchen Sachen gibt es keine Eile! Nie und unter keinen Umständen lasse Dich hetzen, beunruhigen oder gar übereilen! Lege alles, was Dir in der Angelegenheit kommt, mit größter Ruhe hin, und überlege und bedenke nach Herzenslust in aller Behaglichkeit... laß Novello warten, laß Härtel warten; gib auch das Schweben ‚in fortwährendem Kampfe zwischen Gefühl und Pflicht' durchaus auf – sitze ganz behaglich auf beiden und tue danach. Hättest *Du* nur einmal Ursache zu eilen, glaubst Du, Dein vis-à-vis kümmerte sich darum, wenn es ihnen nicht paßte?"

In Pörtschach entschloß sich Brahms, nun selber an Breitkopf & Härtel zu schreiben. Er teilte Clara seine Absicht und den Inhalt des Briefes mit: „Gefällt's Dir nicht, so kannst Du mich heruntermachen und ihnen schreiben, daß es Dich nichts anginge und Dir nicht recht wäre."

In seinem Brief an den Verlag heißt es unter anderm: „Ich und mit mir viele wünschen herzlich, es möchten in einer deutschen Ausgabe der Sch'schen Werke die beiden Namen Robert und Clara vereinigt sein. Die Verehrung, die man dem Paare zollt, kann sich nur immer noch steigern, ihre Namen nur inniger verbinden. So schön wie im Leben waren sie auch in der Kunst vereint... Ich brauche einem Verleger nicht auseinanderzusetzen, wie gern jeder, namentlich die Klaviersachen und Lieder, in solcher Ausgabe besitzen wird. Es ist das ein Vorteil und ein schönster Schmuck, wie Sie ihn bei keinem anderen Werke haben können..." Dann folgten genaue geschäftliche Vorschläge.

Der Brief von Brahms tat seine Wirkung, Breitkopf & Härtel bot Clara 10 000 Mark für die Revision der gesamten Werke an, und sie akzeptierte den

Vorschlag. Brahms, der ihr für die Revision der Orchester-, Chor- und Ensemblestücke seine Hilfe angeboten hatte, bat sie, die Hälfte des Honorars anzunehmen. Er antwortete darauf noch aus Pörtschach: „Es ist lächerlich, aber ich glaube, ohne meinen Brief wäre die schöne Sache nicht zustande gekommen!

Ich weiß nun, wie ernsthaft Dein Vorschlag wegen der Hälfte des Honorars ist – aber leider habe ich gar keine Lust oder Geduld, ernsthaft und ausführlich darauf zu erwidern.

Laß es gehen, bis wir einmal zusammen plaudern. Du weißt ja, daß ich es gewohnt bin und sehr leicht ein paar tausend Mark in die Hand nehme – einstweilen gewöhne Dich auch ein klein wenig an den Gedanken, daß ich Dir und Deinem Manne gegenüber – gewissermaßen und unter Umständen und sozusagen und überhaupt – und dann strenge Deinen Verstand an und dann wolle nicht alles Herz allein haben, sondern laß andern ein klein Stück..." Und dabei blieb er.

Der erste Kärntner Sommer 1877 wird durch die Entstehung der *2. Symphonie* gekennzeichnet. Der Eindruck des Südens – eines Südens ohne Härte und Kargheit, eingebettet in die gelöste ländliche Situation am Wörther See – mußte für Brahms neu und beglückend sein. Und wenn die Wurzeln zu diesem Werk auch auf anderem Boden entstanden sind: Etwas von der Heiterkeit der Umwelt spiegelt dieses klanglich so durchsichtige, naturnahe Werk wider. Man spürt auch an den haarsträubenden Fehlmeldungen, die Brahms darüber in Umlauf setzt, seine gute Stimmung. Simrock z. B. teilt er mit:

„Die neue Symphonie ist so melancholisch, daß Sie es nicht aushalten. Ich habe noch nie so was Trauriges, Molliges geschrieben; die Partitur muß mit Trauerrand erscheinen."

Brahms vollendete das Werk im September 1877 in Lichtenthal und spielte Clara daraus vor, die sofort ganz entzückt war und ihm einen großen Publikumserfolg voraussagte. Die Zweite wurde bereits am 30. Dezember von den *Wiener Philharmonikern* unter Hans Richter uraufgeführt, und Claras Prophezeiung erfüllte sich; der 3. Satz mußte sogar wiederholt werden. Sie erhielt ein Telegramm von Billroth mit der Glücksmeldung und gratulierte Johannes „zu dem schönen Jahresschluß für Dich und mich mit".

Seine *1. Symphonie* hatte Jahre, Jahrzehnte seines Lebens in Anspruch genommen und war nur ganz allmählich in weiteren Publikumskreisen auf Ver-

ständnis gestoßen. Die zweite – obwohl sicherlich auch schon vor der endgültigen Niederschrift entworfen – brauchte nur einen Pörtschacher Sommer, einen Lichtenthaler Herbst, um auszureifen. Brahms war sich jetzt der
Form gewiß, in die er sie goß.

Am 3. April 1878 schrieb er gut gelaunt an Heinrich von Herzogenberg:
„Unterzeichneter beehrt sich, seinen werten Gönnern anzuzeigen, daß ihn
poste-restante-Briefe vom 14. bis 20. April in Neapel finden. Vom 20. bis –?
in Rom. Er reist mit Billroth und empfiehlt sich zum Briefeschreiben, Bein-
abschneiden und allem möglichen, das er mit seinem Kompagnon bestens besorgen wird. Was sonst passiert, davon hat er keine Ahnung.“

Und er konnte auch keine haben, denn diese Reise war anders, ganz anders
als alle bisherigen, und von Musik war keine Rede. Billroth, zunächst auch
Goldmark, waren seine Begleiter. Letzterer mußte in Rom bei Proben zu seiner Oper *Die Königin von Saba* anwesend sein. Brahms wäre selber zunächst
gern dort geblieben, doch Billroth wollte ihm gleich den richtigen Begriff von
Italien geben und drängte deshalb nach Neapel.

Das Land mit seiner Fülle von Eindrücken – die Werke der Architektur,
der bildenden Kunst, die Landschaft und die unbefangenen, leidenschaftlichen und lebensfrohen Menschen – überwältigte Brahms vollständig. Gewiß
bedeutete es Freude, doch auch eine ständige Geduldsprobe, das alles unter
Billroths Führung zu erleben. Dessen Organisationstalent, seine virtuose
Menschenführung traten zutage, auch seine dynamische Unruhe – und seine
große Autorität. Ihr fügte Brahms sich nur mit leisem Widerstreben. Er, der
Bedächtige, wollte auf seine Weise, ruhiger und zugleich intensiver aufneh-
men und genießen – nicht „gründlich-flüchtig“, wie er Billroths Methode
spottend nannte. Er ist danach noch achtmal nach Italien gefahren, zweimal
mit Billroth, dann auch in Kompagnie mit anderen Freunden, nun schon selber führend und stets in guter Laune.

Noch jahrelang war Brahms jeder körperlichen Strapaze, jeder abgekürz-
ten Nacht gewachsen, tagelange Eisenbahnfahrten machten ihm nichts aus,
er wurde nie krank und strapazierte durch seine Unverwüstlichkeit eher
Nerven und Wohlbefinden der Reisegenossen. Sein Selbstbewußtsein wuchs
mit jeder Italienfahrt, und als Fritz Simrock sich ihm 1887 anschloß, teilte er
dem reisegewandten Verleger ausführlich mit, wie er sich kleiden und ausrü-
sten, wieviel Geld er mitnehmen müsse und in welchen Scheinen!

Als er im April 1878 allein aus Italien zurückkehrte, blieb er wieder in Pörtschach hängen. Er schrieb an Billroth, der 14 Tage vor ihm die gleiche Strecke gefahren war: „Hier wollte ich einen Tag bleiben, als dieser gar zu schön war, noch einen, aber die Schönheit hielt an, und fürs erste bleibe ich weitere Tage... Wenn Du unterwegs von der Lektüre aufgeblickt hast, so weißt Du, wie rund um den blauen See alle Berge schneeweiß sind und die Bäume zartgrün. In Florenz hatten wir herrliche Tage, auch eine schöne Fahrt nach Fiesole. Ungemein erquickend ist der Nachgenuß in der Ruhe hier..."

In dieser Stimmung reifte das *Violinkonzert*. Das Manuskript wanderte noch oft zwischen dem Komponisten und dem Geiger hin und her: Es war fast wie in den Jahren des *d-Moll-Klavierkonzertes*, nur wurde jetzt Joachims große Erfahrung bei der endgültigen Gestaltung der Violinstimme erbeten. Die erste Aufführung fand am 1. Januar 1879 in Leipzig statt. Brahms schrieb aus Wien an Lisl von Herzogenberg: „Auch spielt Joachim mein Stück in jeder Probe schöner, und die Kadenz ist zum hiesigen Konzert so schön geworden, daß das Publikum in meine Koda hineinklatschte."

Auch in Ungarn, Siebenbürgen und Polen hat Brahms das Konzert mit Joachim zusammen zum Vortrag gebracht – mit ständig wachsendem Erfolg. Nicht nur der Solist mußte erst den Zugang zu Stil und Technik des Werkes finden, das sich von den bisher üblichen überkommenen Klischees so ganz gelöst hatte. Es war kein Virtuosenkonzert mehr, dabei für damalige Begriffe außerordentlich schwierig. Auch für die Hörer. Erst in einem längeren Lernprozeß freundeten sie sich mit dem herben und leuchtenden Klangcharakter, dem weiten Spielraum des Melos an. Heute gilt das Werk als eines der schönsten, vielleicht als *das* schönste Violinkonzert des 19. Jahrhunderts; es hat die Ausdrucks- und Klangmöglichkeiten des feingliedrigen Instrumentes auf großartige Weise erweitert, und was einst schwer verständlich schien, ist längst Allgemeingut geworden.

Im September 1878 feierte die *Hamburger Philharmonische Gesellschaft* ihr fünfzigjähriges Stiftungsfest. Brahms war vom Leiter der Konzerte, Julius von Bernuth, herzlich eingeladen worden, den festlichen Tagen beizuwohnen und seine zweite, die Pörtschacher Symphonie, zu dirigieren. Er schrieb: „Sie wissen, daß auch nicht einer in Hamburg zu finden wäre, der nicht mit Jubel Sie am Dirigentenpult begrüßen würde." Obwohl Freunde ihm zuredeten, der Einladung Folge zu leisten, blieb Brahms zunächst verstimmt und ablehnend.

Einen Tag vor Beginn der Festlichkeiten fuhr er dann doch nach Hamburg und dirigierte dort seine 2. *Symphonie.* Er wurde, wie Kalbeck feststellt, „wie ein Held und Sieger" empfangen. Fast alle seine berühmten Freunde waren, als Mitwirkende oder Hörer, dabei: Clara, Joachim mit seiner Frau, Reinthaler, Grimm, Reinecke, die Konzertmeister Bargheer, Böie, Barth und noch viele andere, auch Musiker des Auslands, wie der dänische Komponist Niels Gade. Nach dem Ende der Symphonie brach ein für Hamburg unvorstellbarer Jubel aus, der Dirigent und Komponist wurde mit Blumensträußen vom Chor, von den Zuhörern förmlich überschüttet. Es war für Brahms mehr als ein Augenblick der Begeisterung, es war die Unterwerfung seiner Heimatstadt.

Doch selbst diese spontane Kundgebung konnte ihn das Erlittene nicht vergessen lassen. Als der Festredner beim Bankett im Hamburger Hof sagte, daß das alte Sprichwort vom Propheten, der nichts in seinem Vaterland gelte, sich diesmal nicht anwenden lasse, flüsterte Brahms seinem Freunde Klaus Groth zu: „Zweimal hat man die offene Direktorstelle der *Philharmonischen Gesellschaft* mit einem Fremden besetzt, mich übergangen. Hätte man mich zu rechter Zeit gewählt, so wäre ich ein ordentlicher bürgerlicher Mensch geworden, hätte mich verheiraten können und gelebt wie andere. Jetzt bin ich ein Vagabund."

Es sind fast dieselben Worte, die Brahms 1862 an Clara geschrieben hatte und die er oft und oft wiederholte. Ob er innerlich noch an sie glaubte? Ob er nicht längst erkannt hatte, daß die selbstgewählte Einsamkeit Vorbedingung seiner künstlerischen Existenz war?

Nein, Brahms konnte nicht leben wie andere.

11 | Jahresrhythmus

Seit der Lösung seiner Verpflichtungen beim *Wiener Singverein* konnte Brahms über seine Zeit so verfügen, wie es ihm für seine schöpferische Arbeit sinnvoll erschien. Als Pianist trat er fast nur noch auf, um eigene Kompositionen zu spielen; häufiger als Dirigent seiner symphonischen Werke. Hans von Bülow hat einmal von ihm gesagt, er wüßte keinen Dirigenten außer Wagner, der eine solche Wirkung erzielen könne wie Brahms, wenn er an einem Werk interessiert sei. Ähnlich äußerten sich Clara Schumann und Hermann Levi.

Im Laufe der Jahre lernte Brahms daher Formen der Bewunderung und Verehrung kennen, die außergewöhnlich waren. Sie haben den noch Unverwöhnten zunächst erfreut und ihm Selbstbestätigung gegeben; bald jedoch wurde es ihm lästig, als „berühmter Mann" behandelt zu werden. Und was bedeutete das überhaupt, Ruhm? Brahms glaubte den wirklichen Wert seiner Werke sehr genau zu kennen. Um ihre Zukunft – was die ersten dreißig Jahre nach seinem Tode betraf – machte er sich keine Sorgen. Was würde er heute sagen, wenn er erführe, daß viele seiner zunächst so umstrittenen Werke seit mehr als hundert Jahren Hörer wie Musiker begeistern?

Etwa Ende der siebziger Jahre nahm sein äußeres Leben einen bestimmten Rhythmus an, der sich, leicht variiert, regelmäßig wiederholte. Im Laufe des Winters besann er sich auf Italien, trat mit Freunden in Korrespondenz und freute sich, wenn er die richtigen Partner für seine meist recht strapaziösen Entdeckungsfahrten gewann. Auch der Sommeraufenthalt wurde rechtzeitig geplant; die Monate zwischen Mai und Oktober waren zur Hauptarbeitszeit für ihn geworden. Dazu brauchte er eine landschaftlich schöne, nicht zu überlaufene Gegend, in der er sich ungestört bewegen konnte und, wenn er wollte, auch angenehme Gesprächspartner fand.

Nach drei Kärtner Sommern kehrte er nicht mehr dorthin zurück, weil er zu häufig von Touristen und Autogrammjägern gestört worden war. Für

1880 suchte er eine andere, möglichst abgelegene Gegend – und fand sie erstaunlicherweise im weltberühmten, menschenüberlaufenen Bad Ischl. Lisl von Herzogenberg fragte brieflich an: „Was bringt Sie nur nach Ischl... hockt nicht halb Wien dort?" Worauf Brahms zurückschrieb: „Daß das halbe Wien hierher kommt, verdirbt mir's einstweilen nicht – mir ist ja das ganze Wien durchaus nicht zuwider!" Eine passende Wohnung hatte ihm Ignaz Brüll besorgt, vier Zimmer, mit praktischen zwei Ausgängen – falls unerwünschter Besuch auftauchte. Zum Essen ging er ins *Hotel Elisabeth* oder in die *Post*; ähnlich wie in Pörtschach bildeten verständnisvolle Einheimische oder Freunde aus Wien eine Art Stammtisch um ihn. Die Kombination von morgendlicher Einsamkeit in einer noch unberührten Natur, häuslicher Ungestörtheit beim Schreiben und dem improvisierten geselligen Teil gefiel ihm ausnehmend gut. Er hat Ischl im Laufe der Jahre noch neunmal aufgesucht; wenn er es sich selber wahrscheinlich auch nie eingestand: Der herbe, zugeknöpfte, norddeutsche Brahms war im Herzen ein Wiener geworden.

Im ersten Ischler Sommer entstanden zwei Ouvertüren, die er selber, den Titel eines damals beliebten Lustspiels zitierend, „Die eine weint, die andere lacht", nannte. Die erste ist die heute selten gespielte *Tragische Ouvertüre*, die „lachende" seine Reverenz für den Breslauer Ehrendoktor: die *Akademische Festouvertüre*, in der die Studentenlieder seines ersten Göttinger Aufenthaltes wieder aufleben. Er brachte das vergnügliche Opus im Januar 1881 in Breslau zur Uraufführung. In diesem Jahr entfernte sich Brahms im Sommer nur wenig von Wien, er zog in das nahegelegene Preßbaum. Vorangegangen war seine zweite und zugleich längste Italienreise; sie dauerte insgesamt sechs Wochen.

In Preßbaum war er von Mai bis Oktober. Er hatte wieder eine reizende Wohnung gefunden, ländlich, umgeben von Wald und Wiesen. Sein *2. Klavierkonzert in B-Dur*, das er schon im Frühling 1878, nach der ersten Italienreise, skizziert hatte, wurde hier vollendet. Es atmet Lebensfreude, und man ist versucht zu sagen, südliche Heiterkeit; doch das träfe den Stil dieses viersätzigen Werkes nicht. Es stellt hohe Anforderungen an Technik, Intelligenz und Einfühlsamkeit des Spielers. Das Ineinandergreifen von Orchesterinstrumenten und Klavier, die Soli von Horn, Cello und Klarinette, die wiederum ganze Wogen pianistischer Schönheiten auslösen, das prägnante

Scherzo, das heitere Finale: Man spürt, daß dieses Werk unter glücklichen Sternen entstanden ist.

Die zweite Komposition, die hier vollendet wurde, war Schillers *Nänie für Chor und Orchester*, ein Klagegesang, den Brahms im Gedenken an den im 51. Lebensjahr verstorbenen Anselm Feuerbach komponierte. Er widmete ihn dessen Stiefmutter Henriette Feuerbach, die dem glücklosen Maler sein Leben lang eng verbunden, im schönsten Sinne Mutter gewesen ist.

Nach der Vollendung des neuen Klavierkonzertes hielt er Umschau, wo er das Werk in aller Stille mit einem guten Orchester probieren könnte, um etwa notwendige Änderungen vorzunehmen, ehe er es zum Druck freigab. In diesem Fall gewann eine Beziehung für ihn Bedeutung, die bis auf das Jahr 1854 zurückging, als er durch Joachim in Hannover den jungen Pianisten Hans von Bülow kennengelernt hatte. Damals waren diese beiden begeisterte Anhänger von Liszt gewesen. Bülow hatte einige Zeit als Schüler und Sekretär bei ihm gelebt. Schumanns hymnischer Aufsatz über den jugendlichen Brahms war Bülow natürlich bekannt geworden; er schrieb seiner Mutter 1854 über ihn: „Den Robert Schumannschen jungen Propheten habe ich ziemlich genau kennengelernt; er ist seit zwei Tagen hier und immer mit uns. Eine sehr liebenswürdige candide Natur und in seinem Talente wirklich etwas Gottesgnadentum im guten Sinne!"

Bülow war der erste Interpret, der sich bereits 1854 für eine Komposition von Brahms öffentlich einsetzte. Bei späteren Begegnungen äußerte er sich kritischer; da war er schon ganz Wagner verfallen. Der nervöse, intellektuelle Aristokrat, der sein Musikertum den Eltern gegenüber von Kind an verteidigen und durchsetzen mußte, empfing schon als Schüler in Dresden entscheidende Eindrücke durch Wagners Musik. Als Sechzehnjähriger durfte er den Meister besuchen, der ihm Worte mit auf den Weg gab, die Bülows spätere Entwicklung erstaunlich richtig voraussagen:

„Glüht für die Kunst in Ihnen eine echte reine Glut, so wird die schöne Flamme Ihnen sicher einst entbrennen, das Wissen aber ist es, was diese Glut zur kräftigen Flamme nährt und läutert.

29. Juli 1846
Ihr Richard Wagner."

Ein Ritterschlag, der den jungen Musiker endgültig zum Wagnerianer machte. Nach der Eheschließung mit Cosima, der zweiten Tochter Franz Liszts, führte die Hochzeitsreise das Paar zu Wagner in die Schweiz, und sie erlebten dort „ganz andere als die gewöhnlichen Flitterwochen", wie Bülow feststellte. Er wohnte mit Cosima bei Richard Wagner. „Ich wüßte wirklich nichts zu nennen, was mir eine solche Wohltat, solche Erquickung gewähren könnte als das Zusammensein mit dem herrlichen, einzigen Manne, den man wie einen Gott verehren muß", schreibt er überschwenglich. Sein Können, seine ganze Überzeugungskraft setzt er fortan für Wagner und seine Werke ein. Doch im Juni 1869 muß er einem Freund die Mitteilung machen, daß Cosima sich von ihm getrennt und mit den Kindern dauernd in der Schweiz niedergelassen habe. Das hieß: in Triebschen, und bedeutete: bei Richard Wagner.

Kurz nach der Scheidung, in die Hans von Bülow lange Zeit nicht einwilligen wollte, heirateten Richard und Cosima. Ein Schicksalsschlag, den Bülow nie verwand.

Er hatte Brahms nie ganz aus den Augen verloren; seine *1. Symphonie* wurde von ihm bereits 1877 in Hannover und in Glasgow aufgeführt. Sie war für ihn „die Zehnte" – so stark empfand er Brahms' Musik als Fortsetzung, ja Vollendung der Beethovenschen Sinfonik. Als er 1881 von dem kunstverständigen Herzog Georg II. von Sachsen-Meiningen damit beauftragt wurde, ein Musterorchester aufzubauen, ähnlich dem schon berühmten Meininger Theaterensemble, empfand er diese Aufgabe als eine Wende in seinem von schwerer Krankheit, Not und Enttäuschung gezeichneten Dasein. Er schrieb Brahms davon, lud ihn ein, gelegentlich in Meiningen mit einem neuen Werk gründliche Proben zu halten. Brahms antwortete: „Die Gelegenheit wäre da, aber es ist ein Klavierkonzert, das diese Proben nötig hätte!... Ganz einfach wäre jetzt die Sache, wenn Sie sagten, ein Klavierkonzert wäre gegen die Abrede und interessiere Sie nicht..."

Davon war natürlich keine Rede. Am 17. Oktober 1881, so Bülow, stünde ihm die Hofkapelle zur Verfügung. Der Herzog und seine Gattin kamen vorzeitig von einem Jagdaufenthalt nach Meiningen zurück, um Brahms zu begrüßen und sein neues Werk kennenzulernen. Schon am 20. Oktober meldet Bülow dem Konzertunternehmer Wolff in Berlin, der die Tourneen arrangierte:

Brahms 1883,
im Entstehungsjahr der 3. Symphonie

Hermine Spies,
„das rheinische Mädchen"

Brahms' Sommerwohnung in Hofstetten am Thuner See

Joseph Viktor Widmann

Joseph Joachim mit seinem Quartett.
Radierung von Ferdinand Schmutzer.
Um 1900

Brahms in der Bibliothek von Victor von Miller zu Aichholz, Wien

Brahms im Kreise seiner Freunde bei Victor von Miller zu Aichholz. Von links nach rechts sitzend: der Sänger Gustav Walter, der Kritiker Eduard Hanslick, Brahms, der Klarinettist Richard Mühlfeld; stehend: der Komponist Ignaz Brüll, der Pianist Anton Door, der Sänger Josef Gänsbacher, der Pianist Julius Epstein, der Cellist Robert Hausmann, der Archivar der „Gesellschaft der Musikfreunde" Eusebius Mandyczewski

Das alte Meininger Hoftheater. Stich um 1850

„Anwesenheit von Brahms füllt laufende Woche bis zum Rande. Sein neues *Klavierkonzert* ist aller-allerersten Ranges, klingt wundervoll – n. b., er spielt's unnachahmlich schön – mit einer Klarheit, Präzision und Fülle, die ihm bekanntlich die ‚Kritik' nicht zuerkennen will, die mich aber um so mehr überrascht haben. Enfin – er hat aller Eroberung im Sturme gemacht, als Dirigent der beiden *Ouvertüren* und der kleinen *Serenade* für Bläser, Bratschen, Celli und Bässe, die wir auf unser Repertoire stellen werden." Etwas später vermerkt Bülow, daß Brahms ihnen zwar viel Ehre erwiesen, sie aber empfindlich in den Vorbereitungen für geplante Konzerte gestört habe.

Die Zusammenarbeit jedoch ging weiter, und als Brahms das Orchester nach Wien begleitet, schreibt Bülow seiner Mutter: „Seit dem 8. Januar 82 (Bülows Geburtstag) duzt mich der große Meister, worauf ich nicht wenig stolz bin. Ich habe ihn mir erobert und erobere ihm einen Teil der Nation, der noch nichts von ihm hat wissen wollen, trotzdem der Mann 48 Jahre alt ist und so vieles Hohe, Meisterliche, Unsterbliche geschaffen hat. Ja, es wird mir gelingen, ihm eine Nachwelt schon in der Mitwelt schaffen zu helfen."

Bülows Enthusiasmus schlägt schon wieder hohe Wellen – man ahnt, daß es eines Tages einen Rückschlag geben muß.

Die Qualität des *Meininger Orchesters* lebte von der intelligenten, unerbittlichen Probenarbeit ihres Dirigenten. Er hielt täglich zwei Proben ab, übte schwierige Ensemblestellen gruppenweise und studierte mit den Solisten, auch den Bläsern, zunächst allein. Dadurch erreichte er eine kammermusikalische Feinheit, eine Präzision des Spiels, wie sie bisher in Orchesterkonzerten nicht zu hören war. Übrigens bestand der ganze Klangkörper nur aus etwa 52 Spielern, dreißig davon Streicher. Bei Werken, deren Wiedergabe eine 3. Posaune, Pikkoloflöte und Kontrafagott erforderten, mußten diese Instrumente von drei begabten Streichern übernommen werden, die nun wiederum im Streichquartett fehlten: „Qualität muß fehlende Quantität ersetzen." Gute Akustik der Säle war daher auf allen Tourneen unbedingte Voraussetzung für Bülows Erfolg, denn die meisten sinfonischen Orchester der größeren Städte waren den Meiningern zahlenmäßig und daher im Gesamtklang weit überlegen.

Brahms hatte große Freude an Bülows Art des Studiums; ganz ähnlich war er beim Einstudieren mit seinen Chören verfahren. Er äußerte dies auch Freunden gegenüber, denen unverständlich blieb, daß Brahms in den „herumziehenden Bülow-Konzerten" auftreten wollte, wie ihm Ferdinand Hiller tadelnd schrieb. Brahms antwortete: „Ich war in Meiningen, um vor allem ein neues Klavierkonzert in Ruhe und ohne die unbehagliche Aussicht auf ein Konzert spielen und probieren zu können. Das kann ich sonst nirgendwo haben. Nirgendwo sonst aber hätte man es sonderbar gefunden, und hätte ich mir den größten Esel von Musikdirektor ausgesucht. Warum denn hier und bei Bülow, der freilich ein sehr eigengearteter, ein sehr streitlustiger, aber auch ein geistreicher, ernster und tüchtiger Mann ist?"

Es war Brahms natürlich vollkommen klar, warum seine Partnerschaft mit Hans von Bülow den Freunden so mißfiel. Wir heute können uns kaum noch vorstellen, welchen Raum die Auseinandersetzung um Richard Wagner damals in der Öffentlichkeit einnahm. Es ging ja durchaus nicht nur um künstlerische Probleme, die vor allem die Fachleute und das gebildete Bürgertum beschäftigten. Es ging um seine Affären, Skandale und Forderungen – um seine in jeder Beziehung grandiose Unbescheidenheit! Interesse, Aufregung, schroffe Ablehnung und fanatische Zustimmung bewegten die verschieden-

188

sten Hörerschichten. Ein Ereignis wie die begeisterte Zuwendung des schönen achtzehnjährigen Bayernkönigs Ludwig II. zu Wagners Person und Sache hatte an sich schon Sensationswert. Und Hans von Bülow, jahrelang Wagners Schildträger und überzeugendster Interpret, er hatte teil am schlimmsten aller Skandale: Wagners Beziehung zu einer verheirateten Frau, zu Cosima von Bülow. Daß der Betrogene sich nach dem Erlittenen vollkommen von Wagner zurückgezogen hatte, daß er mühsam lernen mußte, sich ein neues Leben, eine eigene Umwelt zu schaffen, wurde von all denen hartnäckig übersehen, die Wagner noch immer als eine Art „Anti-Musiker" betrachteten.

Brahms gehörte, wie wir wissen, nicht zu ihnen. Richard Heuberger, der junge Komponist und Literat, der ihm in den letzten Lebensjahren nahestand, sagte über diesen Komplex: „Es gab eine Zeit, da zwischen Brahms und Wagner, die früher zu Wien in angenehmer Form, wenn auch nicht intim verkehrt hatten, eine Verstimmung eintrat. Wagner sandte, wohl durch Zwischenträger gereizt, in seiner Broschüre über das Dirigieren überflüssigerweise einen recht scharfen Pfeil gegen Brahms. Dieser, der nie an Wagner, sondern stets nur an lärmenden Wagnerianern Anstoß genommen hatte, war dadurch eine Zeitlang verletzt... Bald jedoch war er mit sich im reinen und trennte den großen Meister von dem Schreiber jener Zeilen. Oft und oft hörte ich ihn die mächtige Ursprünglichkeit Richard Wagners rühmen, seine Genialität als Bühnenkünstler und als Musiker, die bewunderungswürdige Klarheit seiner Gedanken."

Brahms hatte auch Verständnis für Hans von Bülows schwierige Situation, er sah dem leicht gereizten, durch scharfen Witz verletzenden Mann vieles nach. Er bewunderte und akzeptierte seine leidenschaftliche Hingabe an die Musik. Es war ihm auch bewußt, wie viel Bülows differenzierte Darstellungen seiner Symphonien zum Verständnis sowohl der Hörer wie der Presse beigetragen hatten. Eine Berliner Zeitung schrieb nach einem Konzert der Meininger: „Es war, als sei das geistige Auge plötzlich mit einem Fernglas versehen, durch das eine im Nebel liegende großartige Landschaft bis in die kleinsten Teile vollkommen erkennbar würde."

Eine überraschende menschliche Bereicherung ergab sich für Brahms durch die taktvolle, von Respekt und Verständnis diktierte Haltung des Herzogs ihm gegenüber. Von seinem zweiten Besuch an war Brahms stets Gast im Schloß. Man erinnert sich der Steifheit des Detmolder Hofes, der strengen Vorschriften, die dem jungen Johannes damals ebenso ärgerlich wie komisch erschienen waren. Davon konnte in Meiningen keine Rede sein. Das Herzogspaar tat alles, um dem Komponisten den Aufenthalt behaglich zu machen, und Brahms spürte, daß Georg II. und Frau von Heldburg echtes Interesse an seiner Musik nahmen und daß für ihn die strenge höfische Etikette nicht galt. Das spiegelt sich auch in den zahlreichen Briefen, die Brahms im Laufe der Jahre an die Meininger schrieb. Gleich der erste, vom Dezember 1881 an Frau von Heldburg (sie war die dritte morganatisch angetraute Gattin des Herzogs) klingt gelöst und echt brahmsisch: „Lassen Sie mich nur kurz sagen, wie oft und wie glücklich und dankbar ich an meinen Aufenthalt bei Ihnen zurückdenke; das fing im Waggon an, ich öffnete ein Paket Briefe und fand Ihr Telegramm über das Requiem, ich aß Butterbrot – zärtlicher kann man nicht Butterbrot essen! Das geht hier fort, wo ich meinen Freunden von jener lieblichen Idylle erzähle und dabei des leisen Kriegslärmes und der kleinen Gewitter denke, die Herr von Bülow dazu lieferte."

Man erinnert sich dabei der Worte, die Bülow einmal einem alten Freund schrieb, der ihn engagieren wollte: „Gib Dich aber keinen Illusionen hin; der Charakter ist, bleibt unveränderlich – ob einer 17, 27, 37 oder 47 Jahre zähle; mildern, vielleicht zähmen kann ich meine Heftigkeit (den schlimmsten meiner Fehler), *kastrieren* niemals."

Dem Herzog schrieb Brahms nach jenen ersten Proben und Konzerten in Meiningen: „...daß man nicht bessere künstlerische Freude haben kann als ich damals an E. H. Kapelle und namentlich an Bülow. An letzterem gewiß mehr wie viele andre. Er ist so sehr der Mann des Augenblicks, und nicht jeder merkt, wie groß und schön so ein Augenblick und er in ihm werden kann."

In besonderer Weise bestätigte sich das bei Konzerten der *Meininger Hofkapelle* im Januar 1882, die in der *Berliner Singakademie* stattfanden. Am ersten Abend spielte Brahms sein *2. Klavierkonzert* unter Bülows Direktion, am zweiten Abend dieser das *1. Klavierkonzert,* während Brahms dirigierte. Welch großartiges Zeugnis ihres Könnens stellt allein schon diese wechselweise konzertante Darbietung beiden Musikern aus! Brahms berichtete an Billroth: „Von Bülow, als Mensch und Musiker, könnte ich nur mit Enthusiasmus erzählen; ich wollte, Du hättest die Berliner Tage miterlebt!"

Sie sollten für das künftige Musikleben der Stadt bedeutende Folgen haben. Schon im März desselben Jahres wurde das *Berliner Philharmonische Orchester* gegründet – von vierundfünfzig Musikern, die sich von ihrem bisherigen, allzu selbstherrlich gewordenen Kapellmeister Bilse getrennt und in einem notariellen Vertrag „zum gegenseitigen, unverbrüchlichen Zusammenhalten" verpflichtet hatten. Dieser demokratische Geist in einer undemokratischen Zeit wurde die Grundlage ihres Aufstiegs, an dem von Anfang an bedeutende Musiker, Dirigenten wie Solisten, teilnahmen. Vom Oktober 1887 an prägte Hans von Bülow den Stil des Orchesters. Damit war die Tradition begründet, die das *Berliner Philharmonische Orchester* fortan trug. Ihre Formel ist einfach, man kann sie in zwei Worte fassen: Selbstverantwortung und künstlerische Qualität. Sie wirkte und wirkt fort in allen verantwortlichen Persönlichkeiten, die dem Orchester verbunden waren und sind.

Anfang Februar 1882 gab Hans von Bülow einen Brahms-Klavierabend in Wien; der Komponist kam aus Holland eben noch zu diesem Konzert zurecht. Liszt saß in der ersten Reihe und applaudierte – Brahms hatte das gleiche ein Jahr zuvor in einem Pester Konzert von Franz Liszt getan. Höflichkeiten, gewiß – doch taten sie beiden Parteien wohl.

Im November 1882 bittet Brahms den Herzog, ihm das in Ischl entstandene *Parzenlied für Chor und Orchester* widmen zu dürfen. Georg II. nimmt die Ehrung „mit Freude und Stolz" an. Die menschliche Zuneigung zu dem Komponisten äußert sich in seinen vertraulichen, oft recht besorgten Briefen über Bülows labile Gesundheit. Nach dem 13. Februar 1883 schreibt er an Brahms: „Wagners Tod hat ihn so bis ins innerste Mark erschüttert, daß er mir vor 14 Tagen schrieb, es sei ihm, als ob seit dem Tode des großen Heros, durch den er zum Musiker geworden sei, jede Fähigkeit weiterzuleben und zu musizieren – was für ihn ja gleichbedeutend – bis auf den letzten Funken erloschen sei."

Es dauerte lange, ehe Bülow wieder vor seinem Orchester stehen konnte; der junge Komponist Richard Strauss sprang kurzfristig für ihn ein. Große Erfolge und allerhand „Gewitter", die zeitweilig sogar zur Entfremdung zwischen Bülow und Brahms führten, blieben auch in Zukunft nicht aus. Wir kommen darauf noch zurück. Ein Brief von Brahms an Frau von Heldburg aus späterer Zeit zeigt das Vertrauensverhältnis, in dem er zu ihr und dem Herzog stand. Es ist, als habe Brahms angesichts der verständnisvollen und großzügigen Haltung des Paares das Bedürfnis gehabt, sich aufgeschlossener zu geben, als er es sonst aristokratischen Bewunderern gegenüber tat. Aber „die Meininger" waren eben außerdem auch Menschen: Das empfand Brahms mit aufrichtiger Dankbarkeit.

Mehrfach war er von dem herzoglichen Paar zum Besuch ihrer Villa Carlotta in Cadenabbia oder zu anderen ihrer Sommeraufenthalte in Berchtesgaden oder am Rhein aufgefordert worden. Nur selten war er solchen verführerischen Einladungen gefolgt. 1887 scheint es ihm endlich notwendig, näher auf die Gründe für seine Absagen einzugehen. Er schreibt an Frau von Heldburg: „...ich möchte mit etwas anfangen, das ich Ihnen längst gern vertraulichst sagen wollte. Ich meine nämlich, Sie müßten mich öfter für undankbar und auch unredlich halten, und Sie haben dann auch in gewissem Sinne recht. Es ist das, wenn mir geboten wird, Ihre so große und schöne Güte und Freundlichkeit für mich genießen zu dürfen.

Aus vollem Herzen kann ich sie genießen, das haben Sie gesehen und zweifeln nicht daran. Aber ich verzichte oft, und Sie verstehen den Grund nicht. Nun lassen Sie mich bekennen, daß ich in solchem Fall freilich nicht unredlich bin, aber auch nicht offen: Die ehrliche richtige Antwort will nicht heraus, weil ich nicht gern von mir und meiner Eigenheit spreche. Das Bekenntnis ist einfach: Ich brauche absolute Einsamkeit, nicht sowohl, um das mir Mögliche zu leisten, sondern um nur überhaupt an meine Sache zu denken. Das liegt an meinem Naturell, es ist aber auch sonst einfach zu erklären.

Wir ,Kleinen' müssen nämlich früh einsehen, auf was wir traurig Verzicht zu leisten haben. Wer nun, wie ich, Freude am Leben und an der Kunst außer sich hat, der ist nur zu geneigt, beides zu genießen – und anderes zu vergessen. Es möchte wohl auch das Richtige und Gescheuteste sein. Aber gerade jetzt, da ein neues größeres Werk (das *Doppelkonzert für Violine, Cello und Orchester*) fertig vor mir liegt, freue ich mich doch ein wenig seiner und muß mir sagen: Ich hätte es nicht geschrieben, wenn ich mich am Rhein und in Berchtesgaden noch so schön des Lebens gefreut hätte. Nun bitte ich, liebe gnädige Frau, machen Sie sich womöglich einen Vers aus dem Geschwätz..."

So offen, so freimütig hat sich Brahms selbst Clara Schumann gegenüber nur selten geäußert.

12 | Zeit der Ernte

Für viele Deutsche war der Rhein seit 1870/71 mehr als ein Fluß; er war ein Symbol. Brahms empfand ähnlich, doch nicht nur aus patriotischen Gründen. Die Wanderung an seinen Ufern, die den Zwanzigjährigen schließlich zu Robert und Clara Schumann geführt hatte, war sein erstes großes Landschaftserlebnis gewesen, und die wichtigsten Jugendjahre blieben für immer mit Düsseldorf, der Stadt am Rhein, verbunden: Jahre erster Selbstbestätigung, innerer Kämpfe, kaum bewältigter Probleme. Niemals ausgelöscht wurde für ihn der Schock, daß der schwerkranke Robert Schumann damals in den Fluten des Rheins den Tod gesucht hatte – nie vergessen die fünftägige Rheinwanderung, die Clara 1855 mit ihm unternahm, begleitet von der Hauskraft Bertha, doch letztlich ihm zuliebe. Alles das hatte das Wesen des jugendlichen Johannes geprägt; als Brahms 1876 die Direktion des *Düsseldorfer Musikvereins* angetragen wurde – Schumanns Stelle! –, zögerte er lange mit der endgültigen Absage.

Übrigens waren auch die *Niederrheinischen Musikfeste* jahrelang wichtige Orientierungspunkte für ihn gewesen. Hier hatte er Musikwerke, Stile, Kompositionseinrichtungen kennengelernt, auch zahlreiche Persönlichkeiten, die in seinem Leben eine Rolle spielen sollten. In späteren Jahren wurde er zu den Musikfesten als Interpret oder Dirigent eigener Werke geholt; zahlreiche rheinische Städte bemühten sich um seine Mitwirkung. Durch seinen Verleger Fritz Simrock hatte er die Familien von Beckerath und von der Leyen kennengelernt, einen Kreis musikbegeisterter Rheinländer, die nicht nur Weinberge und Aktien besaßen, sondern ernst zu nehmende musikalische Kenntnisse. Sie studierten Kammermusikwerke von Beethoven, Schubert und Schumann; ihr Hausgott aber hieß Johannes Brahms. So verbrachte er den Sommer 1883 nicht in Ischl, Kärnten oder der Schweiz, sondern in Wiesbaden, der Stadt zwischen Taunus und Rhein. Die Kurstadt besaß damals etwa 52000 Einwohner und 80000 Kurgäste, darunter auch zahlreiche

Ausländer, vor allem Engländer und Russen. Damals gab es noch die gußeiserne Wandelhalle beim alten Kochbrunnen; das Kurhaus war 1810, das Theater 1827 erbaut worden. Erst im letzten Jahrzehnt des 19. Jahrhunderts mußten diese Gebäude neuen, großartigeren weichen. Brahms hat den Ort noch in seinem anheimelnden Biedermeiercharakter gekannt.

Laura von Beckerath in Wiesbaden half ihm, ein geeignetes Sommerdomizil zu finden; es gehörte „der Alten vom Berge", einer Frau von Dewitz, und der Maler Ludwig Knaus hatte es seinerzeit als Werkstatt für sich erbaut.

Brahms' Sängerin wurde in dieser Zeit „das rheinische Mädchen", eine begabte Schülerin von Stockhausen. Brahms hatte Hermine Spies nach einem Orchesterkonzert in Krefeld kennengelernt; er nannte sie abwechselnd „Herminche", „Hermione ohne o" oder einfach Herma. Sie war sechsundzwanzig Jahre alt – er gerade fünfzig geworden. Herminche hatte eine Stupsnase, lockiges Haar und eine warme, dunkel gefärbte Altstimme, vor derem Klang er schwach wurde; in musikalischer Beziehung war sie mehr instinkthaft begabt als durch Kunstverstand ausgezeichnet. Ihr rheinisches Temperament war heiterer Art; sie wußte die manchmal nicht ganz leicht verständlichen Scherze des Meisters lustig und schlagfertig zu erwidern. Gerade das zog ihn an – ernsthaft ergriffene Hörer hatte er genügend.

Er verliebte sich in die ganze appetitliche Person, begleitete sie gern, nicht nur zum Gesang, und hat ihr so manche Liederhandschrift geschenkt, manches für sie komponiert. Darunter war *Dort in den Weiden steht ein Haus*, auf dessen erster Seite in Brahms' Handschrift stand: „Gruß an Herma! Von der es wünschte, fröhlich und ernstlich gesungen und gelebt zu werden." In seiner verschlüsselten Ausdrucksweise bedeutete das: Herma solle nach dem „schönsten Bursch am ganzen Rhein" Ausschau halten, wie es im Lied heißt, nicht nach ihm, dem „Abseiter", dem Mann von 50 Jahren.

Die Zeit, in der eine Ehe noch für ihn in Betracht gekommen wäre, war vorüber, und er wußte es. Seine verständnisvollste Wiener Freundin, Frau Maria Fellinger, schrieb einmal an Minna, Hermines Schwester, sehr offen über Brahms und sein gebrochenes Verhältnis zur Ehe; sie hoffte offenbar, Hermines Qualitäten, ihr heiteres Wesen könnten ihn noch umstimmen. Doch Hermine schrieb ihr: „Ihr Brief an Minna hat mir doch zu denken gegeben. Säße ich jetzt neben Ihnen, so würde ich wahrscheinlich sehr verlegen und sehr rot, denn was Sie da von Brahms in bezug auf mich schreiben, das ist ein Irrtum, liebes Frauchen. Nein, das ist ganz gewiß ein Irrtum! Er mag mich ganz gut leiden, denn ich singe seine Lieder nicht schlechter als andere und bin ja auch ein mit fünf gesunden Sinnen ausgestattetes Geschöpf... Aber – daß er mir gehört, das muß ich von mir abwälzen. Nein, die Verantwortung nehme ich gar nicht auf mich. Ich wüßte mich ja dabei gar nicht zu benehmen. Mein ganzes unbefangenes Wesen ihm gegenüber könnte man eigentlich mit dem Namen ‚Frechheit' benennen, denn mit dieser suche ich selbst über meine Ehrfurcht vor ihm wegzukommen. Er weiß gar nicht, wie innerlich klein ihm gegenüber ich mich fühle; ich kann dann nur Unsinn mit ihm treiben, und er versteht das auch..."

Hermine, das rheinische Mädchen, sah die Situation realistisch an. Gerade weil sie Brahms in seiner Bedeutung als Musiker *und* Mensch akzeptierte und wahrscheinlich herzlich liebte, schien ihr eine Ehe mit ihm undenkbar. Das hinderte nicht, daß sie noch oft zusammentrafen, Brahms sie am Flügel begleitete und auch als Dirigent, zum Solo der *Altrhapsodie,* die er eine Zeitlang besonders gern von ihr hörte. Die Qualität ihres Gesanges war ungleich, Frau von Herzogenberg vermerkte es kritisch, und Brahms machte Hermine gelegentlich scherzhafte Vorhaltungen: „Mir träumte neulich, Sie hätten einen halben Takt überschlagen und eine Viertel – statt einer Achtelnote gesungen – unglaubliche Phantasie!" Hermine erwiderte: „Liebenswürdig ist's von Ihnen, bloß zu träumen, ich sei unmusikalisch. Ich weiß das längst, und nicht nur aus Träumen..."

Hermine war ein Naturkind und eine Naturbegabung; sie kannte ihre Schwächen – behoben hat sie diese nicht.

Brahms' gute Stimmung im Sommer 1883, seine Vorliebe für gesellige Zusammenkünfte hing zweifellos mit dem Herminche zusammen. Dazwischen wurden anstrengende Touren mit Freunden unternommen: so auf die Platte, eine 500 Meter hohe Erhebung nahe Wiesbaden. Stockhausen kam dazu von Frankfurt herüber, Louis Ehlert, Wiesbadener Komponist und Essayist, begleitete Brahms von der anderen Seite hinauf. Sehr häufig gab es sonntägliche Hausmusiken bei Beckeraths; Rudolf von Beckerath spielte ausgezeichnet Geige, Brahms begleitete ihn zu Haydn- und Mozartsonaten. Auch die junge Marie Soldat, die Entdeckung von Pörtschach, fand sich ein und trug spanische Tänze von Sarasate vor. Bei der Prinzessin von Ardeck, ebenfalls eine Brahmsverehrerin, wurden Kammermusikwerke von ihm gespielt: *das c-*

Moll-Klavierquartett, *das Horntrio,* Hermine mußte seine *Lieder* singen, Hausmann das *Cello-Konzert* von Schumann vortragen. Auch Brahms' neuestes *Klaviertrio C-Dur* erklang dort.

Was ihn in seinem Atelier beschäftigte, darüber schwieg er sich aus, und Frau von Dewitz hatte strikte Anweisung, keinen Menschen, auch keinen Freund, in sein Arbeitszimmer hineinzulassen. Doch an Simrock schrieb er eines Tages: „Und wenn ich etwa noch einmal Notenblätter aus meiner Jugendzeit finde, so will ich sie Ihnen auch schicken."

Damit kündigte er seine *3. Symphonie* an. Ihre Uraufführung fand am 2. Dezember 1883 in Wien unter Hans Richter statt. Hierbei geriet Brahms spürbar in die Auseinandersetzung „hie Brahms, hie Bruckner". Seit Wagners Tod war dieser zum Nachfolger des Bayreuther Meisters hochstilisiert worden. Die Antipathie zwischen den beiden war bekannt. Brahms amüsierte sich über Bruckners „symphonische Riesenschlangen", die bald vergessen sein würden; der kindlich-fromme Bruckner wiederum hatte für den grandiosen Formwillen seines Kontrahenten kein Verständnis. Versuche der Anhänger, die beiden Meister zu versöhnen, verliefen erfolglos. Aber als Bruckner 1896 gestorben war und seine feierliche Aussegnung in der Karlskirche stattfand, bemerkte der damals neunjährige Bernhard Paumgartner, daß Brahms, im Schatten eines Pfeilers halb versteckt, der kirchlichen Feier beiwohnte. Und Brahms weinte.

' In Wien ließ sich das Publikum auch durch noch so heftiges Zischen der Gegner die Freude an dem neuen Werk mit dem knappen Anfangsmotiv, das in jedem Satz anders durchformt erscheint, nicht nehmen. Hugo Wolf, zwanzigjährig und als Komponist noch unbekannt, ein fanatischer Anhänger von Bruckner und Wagner, attestierte Brahms, daß er zwar ein tüchtiger Musiker sei und sich auf seinen Kontrapunkt verstehe, daß ihm aber „zuweilen gute, mitunter schlechte, hie und da schon bekannte und häufig gar keine Einfälle kämen". Brahms pflegte Wolfs Kritiken zu seinem Pläsier den Freunden vorzulesen. Er nahm sie nicht ernst.

Die Aufführungen in Berlin und Meiningen entschieden eindeutig über den Erfolg des Werkes. Bülow hatte die Symphonie in Meiningen gleich zweimal auf das Programm der Erstaufführung setzen lassen, dazwischen die *Große Fuge op. 133* von Beethoven. Der Erfolg für Brahms war überwältigend, Bülow überglücklich. Der Herzog zeichnete nach diesem Abend den

Komponisten mit dem Comthurkreuz 1. Klasse „als Ausdruck und Zeichen meiner höchsten Bewunderung" aus. In Wiesbaden, wo es vollendet worden war, hat Brahms sein neues Werk zum erstenmal selber dirigiert, auch beim *Niederrheinischen Musikfest* in Düsseldorf. Der 3. Satz mußte hier wiederholt werden, wie übrigens auch in Wien.

Brahms' vierte Italienreise führte ihn mit Rudolf von der Leyen, einem Neffen Beckeraths, an die oberitalienischen Seen; von diesem gibt es respekt- und humorvolle Schilderungen der gemeinsamen Erlebnisse. Zuletzt folgte Brahms – ein seltener Fall, wie wir hörten – der Einladung des Meininger Herzogpaares in die Villa Carlotta am Comer See. Zweimal spielte er dort seine *3. Symphonie* auf zwei Flügeln mit Rudolf vor; es ging dabei ganz familiär zu, der Herzog wendete Brahms, Frau von Heldburg dem jungen Dilettanten die Noten um. Als sie über dessen Leistung staunten, erklärte Brahms stolz: So musiziere man eben in Krefeld – und dieser sei noch der Jüngste!

Wieder einmal überraschte Brahms seine Freunde durch die Wahl des Sommerquartiers. Es ist, als suche er es nach der jeweiligen Komposition aus, die ihn gerade beschäftigte. Für die Vollendung der *4. Symphonie* entscheidet er sich für Mürzzuschlag, das er 1867 mit seinem Vater und Josef Gänsbacher besucht und das ihm gut gefallen hatte. Auch hier vermittelten Freunde eine geeignete Wohnung im Fürstlich Sulkowskischen Herrensitz. Der Ort liegt jenseits des Semmering fast 1000 Meter hoch und ist von Wien aus leicht zu erreichen. So kamen denn auch viele Freunde zu kurzem Besuch: Robert Fuchs, ein junger Komponist, den Brahms schätzte und förderte, Max Kalbeck, sein späterer Biograph, Hanslick, der Kritiker, und Musiker wie Epstein und Door; einmal soll auch Clara Schumann dort gewesen sein. Brahms habe, um ein ungestörtes Mittagsmahl mit ihr halten zu können, das Bahnhofsrestaurant deshalb kurzfristig für andere Gäste sperren lassen!

Eine heitere Episode verursachte Simrocks heißer Wunsch, endlich ein gutes Porträt seines Komponisten zu erhalten. Er schickte deshalb den Maler Enke aus Berlin nach Mürzzuschlag. Offenbar hatte er die Vorstellung, daß Brahms in sommerlicher Umgebung leichter zu überreden sein würde, ein paar Sitzungen zu gestatten. Statt dessen schrieb er dem Verleger: „Ihr Maler ist gestern angekommen. Es sind hier viele Ungarinnen – aber einstweilen habe ich ihm keine besonders hübsche zu porträtieren (und sonst) rekommandieren können. Mich will er nicht, ich sehe ihm zu jüdisch aus und soll den Bart abschneiden.

Aber im Ernst, ich kann nicht, habe einen zu großen Widerwillen dagegen und schon oft gute Maler beleidigt. Auch Feuerbach hat mir das sehr übelgenommen – leider sagte ich ihm nicht aufrichtig meine Abneigung und hielt ihn immer hin." Herr Enke mußte unverrichteter Sache wieder abreisen.

In den Sommern 1884 und 85 entstand in Mürzzuschlag die vierte, Brahms' letzte Symphonie. Er kündigt sie Hans von Bülow in einem Brief an: „Ein paar entre'actes liegen da – was man so gewöhnlich eine Symphonie nennt. Unterwegs auf den Konzertfahrten mit den Meiningern habe ich mir oft mit Vergnügen ausgemalt, wie ich sie bei Euch hübsch und behaglich probierte, und das tue ich auch heute noch – wobei ich nebenbei denke, ob sie weiteres Publikum kriegen wird. Ich fürchte nämlich, sie schmeckt nach dem hiesigen Klima – die Kirschen werden hier nicht süß, die würdest Du nicht essen!"

Daraus spricht nicht nur der Wunsch, das neue Werk herabzuspielen, wie es Brahms gerne tat, sondern auch eine leise Unsicherheit, ob die herbe Eigenart dieser symphonischen Sprache weiteren Hörerkreisen überhaupt zugänglich sein würde. Erste Teste schienen seine Skepsis zu bestätigen. Die Freunde in Wien, denen er das Werk mit Ignaz Brüll auf zwei Klavieren vortrug, waren geradezu betroffen, rieten dringend zu Änderungen; Kalbeck empfahl Brahms sogar die Zurückziehung des Werkes, das bereits auf dem Programm der Wiener Philharmoniker angekündigt war! Brahms antwortete ihm: „Die Symphonie zurückzuziehen, habe ich keinen Grund. Was ich mir eingebrockt habe, werde ich auch ausessen. Die Schreier im Parterre sind mir Wurst, das übrige Publikum, unter uns gesagt, dito. Es kann ja sein, daß Sie recht haben. Aber wir wollen doch erst mal hören, was das Orchester dazu meint. Am Klavier und ohne animo – das will doch nichts heißen!"

Darauf fuhr er nach Meiningen, wie er es sich vorgenommen hatte. Hier erhielt er in den Proben ganz andere Eindrücke als die besorgten Freunde. Am 22. Oktober schrieb Hans von Bülow nach Hause: „Eben aus Probe zurück, Nr. IV riesig, ganz eigenartig, ganz neu, eherne Individualität. Atmet beispiellose Energie von A bis Z."

Bei der Uraufführung, die am 25. Oktober 1885 unter dem Komponisten in Meiningen stattfand, mußte das Scherzo wiederholt werden, und nach dem letzten Satz erhob sich der Herzog Brahms zu Ehren und mit ihm das ganze Haus. Später dirigierte der Komponist den 1. und 3. Satz auf Wunsch des Fürsten im geräumten Saal noch einmal. Eine gemeinsame Tournee von Brahms und Bülow mit dem *Meininger Orchester* folgte. Der Komponist dirigierte sein neues Werk in neun Städten. Bülow, der das Orchester gründlich mit der *4. Symphonie* bekannt gemacht und dadurch die Voraussetzungen für den Erfolg geschaffen hatte, trat höflich, wenn auch etwas enttäuscht, zurück.

Als Brahms sich während eines kurzen privaten Aufenthaltes in Frankfurt am Main überreden ließ, seine *Vierte* auch hier, und zwar mit dem *Frankfurter Museums-Orchester* aufzuführen, noch dazu *vor* dem für Bülows Konzert festgelegten Datum, war dieser tief verletzt. Gerade in Frankfurt, gerade an dem Ort, in dem Clara Schumann und andere Brahmsfreunde lebten, deren Skepsis gegen seine Interpretationen ihm wohlbekannt war, hatte er zeigen wollen, wie seine Meininger unter ihrem Intendanten klingen konnten, wenn sie Brahms spielten! Den unüberlegten Entschluß des Komponisten interpretierte Bülow als Ausdruck eines Mißtrauens, das er nicht hinnehmen konnte. Darüber hinaus fühlte er sich auch als Leiter des *Meininger Orchesters* gekränkt. Er kündigte daher – zum wievielten Mal? – telegraphisch seine Stellung.

Diesmal nimmt der Herzog die Kündigung an. Brahms ist bestürzt, als er von dieser Wirkung seines vielleicht gedankenlosen, doch keineswegs durch falschen Ehrgeiz hervorgerufenen Entschlusses erfährt. Er schreibt dem verletzten Freund erklärend: „Konzerte aber, und was dazugehört, zählen bei mir nun einmal nicht zu den ernsthaften Sachen, und es wird mir schwer, mich der Konzerte des Winters anders als mit Pläsir und obenhin zu erinnern." Bülow, für den Konzerte den Inhalt seines Lebens bedeuten, kontert böse: „Wenn ich tant bien que mal Propaganda für die Überzeugung von der Herrlichkeit Deiner Musik mache, so geschieht's, wahrhaftiger Gott, nicht mit der unehrerbietigen Prätention, Dir Pläsir zu machen... Lediglich mir selber zum Pläsir (andern zum Ärger, na das gehört ja dazu) geschieht's."

Danach schwiegen beide lange. Brahms nutzte Bülows Wiener Beethoven-Klavier-Abende im Januar 1887 zur Versöhnung. Er sandte ihm eine Visitenkarte ins Hotel, auf der nur einige Noten standen, die ersten Takte des Zauberflöten-Terzetts:

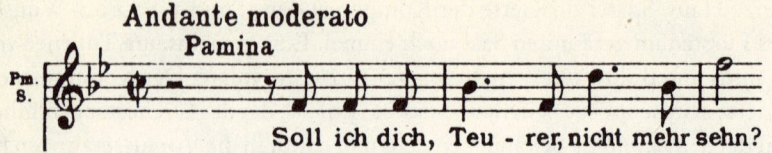

Andante moderato

Pamina

Soll ich dich, Teu - rer, nicht mehr sehn?

Bülow reagierte glücklich, die freundschaftliche Beziehung war gerettet. Er hat als Dirigent der *Berliner Philharmoniker,* denen er seit Oktober 1887 vorstand, und der Hamburger Abonnementskonzerte weiterhin Brahms' Werke in vorbildlicher Weise dargestellt und unermüdlich für sie geworben. Auch die schönste aller Brahms-Ehrungen ging auf seine Anregung zurück: Er legte Dr. Carl Petersen, dem Bürgermeister von Hamburg, nahe, Johannes Brahms zum Ehrenbürger von Hamburg zu ernennen. Brahms' Antwort auf die Ankündigung dieser Auszeichnung ist in ihrer Zwiespältigkeit charakteristisch für die Gefühle, die sie in ihm weckte. Er schrieb unter anderem: „Wie den Künstler ein so überaus großes Zeichen der Anerkennung, so beglückt den Menschen das herrliche Gefühl, sich in seiner Vaterstadt so hoch geachtet und geliebt zu wissen.

Es wäre mir eine befreiende Wohltat, könnte ich einem vertrauten Freunde weiter aussprechen, was alles mir durch Kopf und Herz geht... Ew. Magnifizenz bedenken freundlich, daß dies schöne Erlebnis gar zu vieles in mir weckt, daß sich gar zu vieles herandrängt, das ausgesprochen sein möchte – für einen Brief an Ew. Magnifizenz sind die Gedanken jedenfalls nicht ruhig genug. Und so ersuche ich Sie, hochverehrter Herr Bürgermeister, diese Zeilen nur als eine vorläufige Äußerung meines Dankgefühls nachsichtig entgegennehmen zu wollen."

Brahms hat seine *Fest- und Gedenksprüche für 8stimmigen Chor* dem Bürgermeister Hamburgs, Dr. Carl Petersen, „verehrungsvoll zugeeignet". Ihre Uraufführung leitete die Festkonzerte ein, von denen die *Hamburgische Gewerbe- und Industrieausstellung 1889* begleitet wurde. Der Leiter des *Cäcilienvereins* dirigierte die sorgfältig studierten Chöre, und Brahms wohnte der Aufführung als Zuhörer bei. Es mag ihn innerlich besonders berührt haben,

Der Hamburger Ehrenbürgerbrief.

Wir, der Senat der freien und Hansestadt Hamburg,

beurkunden hierdurch, daß Wir im Einvernehmen mit der Bürger=
schaft dem im In= und Auslande in Folge seines hervorragenden
schöpferischen Genies und edlen Wirkens hochgefeierten

Tonkünstler und Componisten,
Herrn Johannes Brahms,

dem werthen Sohne unserer Stadt, in welcher von Alters her
die Tonkunst mit Vorliebe gepflegt wird, und auch Er für seine
künstlerische Laufbahn Anregung und erste Ausbildung empfangen
hat, — in voller Würdigung seines Künstlerruhms, sowie in An=
erkennung seiner der Heimat vielfach bewiesenen Anhänglichkeit, —
die höchste Auszeichnung unseres Gemeinwesens:

das Ehrenbürgerrecht
der freien und Hansestadt Hamburg

verliehen haben.

Hamburg, den 14. Juni 1889.

Der Senat
der freien und Hansestadt Hamburg.
Der Präsident des Senats.
Carl Petersen Dr.

daß unter den dreizehn Vorgängern dieser hohen Ehrung sich Blücher, Bismarck und Helmut von Moltke befanden, Persönlichkeiten, die er, der sich
als Patriot verstand, bewunderte und liebte.

13 | Die Sommer in Thun

Nach der Vollendung seiner *4. Symphonie* und ihrer Aufführung in den wichtigsten Musikstädten war Brahms in recht guter Stimmung. Er wußte jetzt, daß er die symphonische Form, so wie er sie verstand, vollkommen beherrschte, und hatte erfahren, daß man auch mit strengen Forderungen vor ein großes Publikum treten konnte, wenn es dem Neuen nur etwas geneigt war. Das hieß vor allem: dem Komponisten. Und damit konnte er nun als anerkannter Meister rechnen. Der Brahms des Sommers 1886 ist in seiner Stimmung dem von 1876, nach der Feuerprobe der *1. Symphonie*, sehr ähnlich, doch zugleich auch wieder anders: noch sicherer, noch souveräner – und weniger empfindlich. Es fallen einem lauter lässige Wörter ein, wenn man ihn beschreiben will: Er ist bequem, aufgeknöpft, gutgelaunt, auch Fremden gegenüber, sofern sie ihn interessieren oder eine Spur von Originalität zeigen.

Die Wahl seines sommerlichen Domizils, Hofstetten am Thuner See, erwies sich als glücklich, seine Wohnung wie geschaffen für seine Bedürfnisse. Klimatisch ist es eine milde Gegend, auch dies erinnert an Pörtschach. Er konnte seine Mahlzeiten hemdsärmelig in Gartenrestaurants verzehren und brauchte hochherrschaftliche Hotels nur mit anspruchsvollen Gästen zu betreten – so, wenn sein Verleger Simrock ihn besuchte.

Das Beste an Hofstetten war aber, daß ganz in der Nähe, in Bern nämlich, Joseph Viktor Widmann wohnte. Wenn es Brahms am Thuner See zu einsam wurde, wenn er Ansprache oder ein gutes Instrument zum Musizieren brauchte, konnte er in knapp einer Stunde bei seinem jungen Freund sein, der seit 1880 Feuilletonchef des *Berner Bundes* war. Ein begabter Autor, ein fortschrittlicher Republikaner und ein temperamentvoller Diskussionspartner, mit dem es sich gut wandern ließ. Drei Sommer lang unternahmen die Freunde Touren und Ausflüge in die herrliche Umgebung, im zweiten Jahr erlebten sie zum erstenmal gemeinsam Italien; sie trafen sich am 55. Geburtstag von Brahms in Verona. Ihre Gespräche – oft Streitgespräche – waren tem-

Maria Fellinger

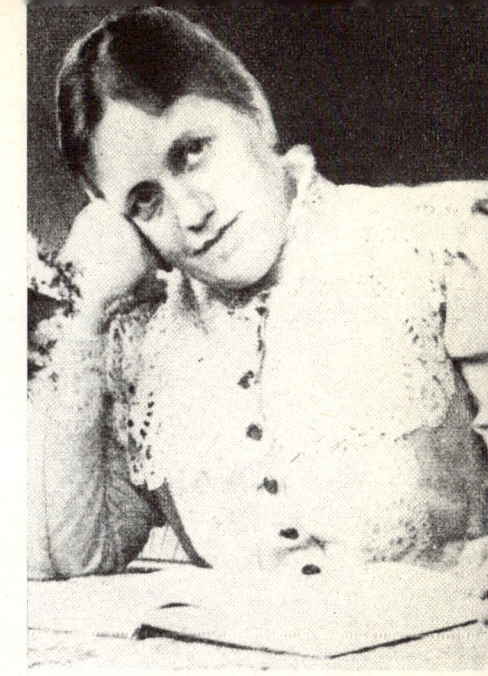

Brahms im Park von Fellingers
Links im September 1894, rechts im
September 1893

Clara Schumann in ihrem Frankfurter Heim

peramentvoll und unverkrampft. Die ganze Beziehung bewegte sich genau auf jener schmalen Grenze zwischen freundschaftlichem Verstehen und familiärer Intimität, die Brahms schätzte und deren Überschreitung er nur schwer ertrug.

Widmann hatte Brahms schon 1865 bei seinem Konzert in Winterthur mit Theodor Kirchner und Friedrich Hegar erlebt. Sein künstlerischer Eindruck war überwältigend, der menschliche nicht durchweg positiv gewesen. „Die kurze, gedrungene Figur, die fast semmelblonden Haare, die vorgeschobene Unterlippe, die dem bartlosen Jünglingsgesicht einen etwas spöttischen Ausdruck gab, waren in die Augen fallende Eigentümlichkeiten, die eher mißfallen konnten; aber die ganze Erscheinung war gleichsam in Kraft getaucht… eine künstlerische Persönlichkeit, die bis in die Fingerspitzen mit genialem Fluidum geladen zu sein schien."

Immerhin, die „böse" Unterlippe hatte Widmann Zurückhaltung auferlegt. Erst 1874 wurden beide auf dem *Schweizerischen Musikfest* in Zürich näher miteinander bekannt; Brahms eröffnete es als Dirigent mit seinem *Triumphlied*. Schon ihre erste Unterhaltung in diesen Tagen führte zu einer lebhaften Diskussion: über die Reformtheologie, die Brahms strikt ablehnte. Daß Widmann trotzdem unerschrocken für sie eintrat, gefiel ihm; Brahms schätzte es nicht, wenn ein Gesprächspartner ihm sofort zustimmte, der eben noch anderer Meinung gewesen war. Vor allem aber fanden sich beide auf der Ebene des Humors, und das mag Brahms, der so oft mit seinen „witzigen" Einfällen Verstimmungen auslöste, besonders gefallen haben. Außerdem war Widmann musikalisch, das Interesse für Brahms' Musik war echt. Brahms genoß das behagliche Familienleben, ernannte das jüngste Töchterchen Johanna zu seiner kleinen Braut und wurde von allen, einschließlich des dienstbaren Geistes Vreneli und des Schnauzers Argos, geschätzt.

Er kam an jedem Wochenende mit Plaid und Reisetasche von Hofstetten herüber – die Tasche enthielt Bücher, die er entliehen und ausgelesen hatte – und nahm sofort neuen Lesestoff auf. Unter den Werken, die ihn fesselten, waren solche von Hermann Kurz und Gottfried Keller, mit dem er sich auch persönlich gut verstand; interessante Reisebeschreibungen durften nicht fehlen, Dramen von Grillparzer – und immer wieder einmal *Des Knaben Wunderhorn*. Schon im Juni 1886 meldete Brahms sich mit folgenden schönen Versen an:

„Bescheidenheit ist eine Zier!
So komm' ich also erst nach vier!
Denn eher käm' ich ohne ihr!

Ihr J.B."

Als Widmann einmal dem Freund mitteilte, er wolle in seinem Berner Blatt gegen den Männergesangverein und „die rohe Blechmusik" protestieren, erhielt er vom Fachmann eine aufschlußreiche Antwort. Seine Absicht, so schrieb Brahms, erinnere ihn stark an die Mäßigkeitsvereine, die auch ihn manchmal um Teilnahme angingen – vergeblich, denn er hätte keine.

„Es ist so leicht, dem Volk seinen leider oft so nötigen Schnaps zu nehmen, ich wäre eifrigst dabei, wenn solcher Verein die Absicht und die Macht hätte, Ersatz zu schaffen, Wein, Bier, Kaffee billiger zu machen.

Nun ist dem gemeinen Manne auch der Männergesang und das moderne Blechinstrument bequem; anderes will vorsichtiger angefaßt, frühzeitiger gelernt und gewöhnt sein. In den sogenannten besseren Klassen ist leider jede Liebhaberei für ein anderes Instrument als das Klavier so gut wie völlig verschwunden. Es wäre ungemein zu wünschen und anzustreben, daß Eltern ihre Kinder andere Instrumente lernen ließen, Geige, Violoncello, Flöte, Klarinette, Horn usw.… In den Volksschulen aber könnte für den Gesang mehr und besseres geschehen und den Knaben sehr wohl schon früher die Geige in die Hand gegeben werden. In österreichischen Dörfern habe ich das oft gesehen; das Messe-Singen in den katholischen Kirchen ist auch nicht dumm; vom Blatt singen, in alten Schlüsseln lesen, mit Fugen auf Du und Du stehen!"

In diesen paar Sätzen sind pädagogische Einsichten enthalten, die heute Gültigkeit besitzen wie vor hundert Jahren.

Schon in länger zurückliegender Zeit war Brahms bei seiner heimlichen Suche nach einem geeigneten Opernbuch auf Widmanns Talent aufmerksam geworden. Vor allem durch den Erfolg der Oper von Hermann Goetz nach Shakespeares *Der Widerspenstigen Zähmung.* Widmann hatte das Buch geschrieben. Sie kamen ins Gespräch über ein neues Objekt; schließlich meinte Brahms, Gozzis *König Hirsch* und *Das laute Geheimnis* von Calderon seien märchenhafte Vorwürfe, die ihn reizen könnten. Er schrieb Widmann darüber: „Bei beiden Stücken will es mir einstweilen gleichgültig erscheinen, auf welche Weise (außer bei leidenschaftlichen Steigerungen) die Handlung sich bewegt." Das hieß in Brahms' Ausdrucksweise: er wollte *keinen* durchkomponierten Text, den er geradezu für schädlich und unkünstlerisch hielt. Er war also genau gegenteiliger Ansicht wie Richard Wagner und seine Anhänger. Übrigens drängte er Widmann ebensowenig, wie alle anderen Autoren bei früheren Versuchen. Als Widmann schließlich bei ihm anfragte, ob er den besprochenen Text nun ausarbeiten solle, antwortete Brahms aus Wien: „Habe ich Ihnen nie von meinen schönen Prinzipien gesprochen, Vater meiner Johanna? Dazu gehört: keine Oper und keine Heirat mehr zu versuchen..."

Die Unabhängigkeit von Dichterehrgeiz und Komponistenwünschen gab ihrem Zusammensein – in Thun, in Bern, Baden-Baden, dreimal in Italien – jene ferienhafte Beschwingtheit und Heiterkeit, die Brahms schätzte und die ihm die Thuner Sommer so lieb machte. Schon nach dem ersten schrieb er dem Freund: „Die Menschen sind doch schließlich immer die Hauptsache; wenn ich an das herrliche Thun zurückdenke – die Erinnerung an Sie ist doch das Liebste, das Wertvollste und Erwärmendste."

Widmann war nicht nur ein guter Freund, er war ein glänzender Beobachter; und er konnte schreiben. Manches von dem, was er mit Brahms erlebte, hat er spontan festgehalten, nicht nur Reiseerlebnisse. Er erzählt: „Ich habe nie jemanden gesehen, der den Erscheinungen des Lebens, mochten sie nun Gegenstände der Natur, der Kunst oder auch nur der Gewerbetechnik sein, so frische, echte und andauernde Teilnahme geschenkt hätte wie Brahms. Jede kleinste Erfindung, jede Verbesserung irgendeiner Gerätschaft im häuslichen Gebrauch, kurz jede Spur menschlichen Nachsinnens, wenn sie von praktischem Erfolg begleitet war, erfreute ihn herzlich. Und nichts entging seiner Aufmerksamkeit, kein Trambillet mit aufgedruckter Reklamenotiz, kein hübsch gearbeitetes Spielzeug, noch sonst der geringfügigste Gegenstand, wenn nur irgend etwas Neues, ein Fortschritt daran zu entdecken war."

Nur eine moderne Erfindung konnte Brahms nicht ausstehen: das damals aufkommende Fahrrad. Sein lautloses Vorübersausen, die scharfen Klingelsignale störten ihn erheblich auf einsamen Wanderungen.

Vom ersten Sommer an entwickelte sich reger Verkehr zwischen Thun und Bern, an dem auch häufig Freunde von Brahms teilnahmen. Als das „rheini-

sche Mädchen" Hermine Spies mit ihrer Schwester Minna ihren Besuch an-
kündigte, schrieb Brahms sofort an Widmann, er habe sie veranlaßt, „bei Ihnen einzubrechen und Ihnen mit meiner Hilfe eine scharfe Liederfolter" zu
versetzen. Es gab dann ein langes herrliches Brahms-Schumann-Konzert, das
keiner der Zuhörer je vergaß. Der Vorschlag, als Abschluß Schumanns *Dichterliebe* zu musizieren, war von Brahms sicher nicht zufällig gemacht worden. Der Zyklus entsprach in so manchem der ironisch-entsagenden Haltung
des alternden Liebhabers.

Der Sommer 1887 war kalt und verregnet. Frau Widmann verbrachte ihn
mit der Familie, jedoch ohne ihren an die Berner Redaktion gefesselten
Mann, in Merligen am Thuner See. Brahms schrieb Widmann vor einem besonders kalten Wochenende: „Ich denke mir, Sie werden morgen mit einem
Fotographen nach Merligen fahren, um Gruppenbilder der Erfrorenen herstellen zu lassen. Die Gemütsbewegung wird stark sein, aber vielleicht sehe
ich zu. Hernach suchen wir neu gebildete Eishöhlen, und schließlich die Re-
ste der Nahrungsmittel!"

Doch auch der schlechteste Sommer bot noch schöne Tage, und an einem
solchen wanderten die Freunde bei strahlendem Wetter von Mürren nach
Gimmelwald herab, die verschneite Kette des Hochgebirges vor sich. Widmann sprach darüber, wie unmöglich es sei, solche Herrlichkeit in Poesie
oder überhaupt in der Kunst wiederzugeben; da blieb Brahms stehen und rief
lachend: „Sie sind doch der gröbste Mensch, der mir jemals vorgekommen.
Jeder andre, der mit mir solche Alpenspaziergänge ausführte, würde irgendwann einmal ein artiges Wort anbringen, zum Beispiel, das ist ganz wie in Ihrer *3. Symphonie*, oder so etwas. Aber von Ihnen hört man nie etwas dergleichen." Als sie wenig später auf einem Hügel ausruhten, sagte Brahms: „Wir
gefallen mir. Na! Kann man vielleicht so nicht sagen, Sie deutscher Stilist? Sie
haben's vielleicht noch nie so gehört. Aber besinnen Sie sich nur, es ist ganz
korrekt… Wir gefallen mir!"

Zu den Besuchern aus Deutschland gehörten während der Thuner Som-
mer auch Simrock, Gustav Wendt, Philologe und Übersetzer klassischer
Dramen, Kalbeck und Hanslick aus Wien und Brahms' Landsmann Klaus
Groth, dessen Gedichte ihn zu einigen seiner schönsten Lieder inspirierten.
Und beide verband zudem die leise Verliebtheit in das „rheinische Mäd-
chen". Klaus Groth hatte den Zeichner Allers mitgebracht, der auf einer

Klaus Groth und Johannes Brahms in Thun 1888
Skizze von C. W. Allers

Wanderung die beiden äußerlich so verschiedenen Freunde porträtierte: von hinten.

1887 erlebte Brahms vor seiner Abreise nach Wien noch die große Aufregung um Argos, den Schnauzer, der dem Hausherren bei einer Tour auf das Grindelwalder Eismeer verloren gegangen war. Erst nach langem vergeblichen Suchen hatte Widmann den Abstieg begonnen und traf allein in Bern ein. „Den armen kleinen Burschen werden Sie nie wiedersehen", sagte Brahms vorwurfsvoll. Das war am Freitagabend. Die ganze Familie trauerte, zwei Tage lang. Am frühen Morgen des Montag scharrte es plötzlich heftig an der Wohnungstür, die schlaftrunkenen Familienmitglieder – nur Brahms, der Frühaufsteher, war schon angezogen – versammelten sich um Argos, den Rückkehrer. Aufgeregt winselnd und bellend suchte er zu erklären, wie er über Scheidegg, Wengen, Lauterbrunnen und Interlaken, um den Thuner See herumgelaufen war und schließlich, hungrig und durstig, nach Hause gefunden hatte. Brahms war tief gerührt. „Also so was gibt's, dergleichen ist nicht bloß Jägerlatein!" Argos durfte ihm Gesicht und Hände lecken.

Es ließe sich noch lange so fort erzählen, von gemeinsamen Besuchen im volkstümlichen *Schänzli-Theater*, deftigen Lieblingsspeisen und behaglichem Musizieren, wie es Brahms am liebsten hatte. Das Erstaunlichste ist, daß der Komponist, ungeachtet so vieler zeitraubender Ablenkungen, in Thun eine große Zahl bedeutender Werke geschaffen hat. Zum Teil vollendete er hier bereits begonnene, zum Teil nahm er neue in Angriff.

Darunter waren die letzten beiden Violinsonaten: quellfrisch, sommerlich-durchsichtig die *A-Dur-Sonate op. 100*, leidenschaftlich bewegt die großangelegte *d-Moll Sonate op. 108*, die Brahms Hans von Bülow widmete. Außerdem entstanden hier die reizvollen *Zigeunerlieder für 4 Singstimmen* – temperamentvolle Gegenstücke zu den *Liebeslieder-Walzern* – und die *Fest- und Gedenksprüche für achtstimmigen Chor*. Auch das *Doppelkonzert für Violine, Violoncello und Orchester* wurde in Thun geschrieben; es war das letzte große Orchesterwerk von Brahms. „Ein Prachtstück, von einer merkwürdigen Freiheit der Erfindung" – diese Worte des Komponisten über

Rechts: Erste Seite des Manuskripts vom Doppelkonzert für Violine und Violoncello mit Orchester, op. 102

Viottis *a-Moll-Konzert für Violine und Orchester* möchte man dem *Doppelkonzert*, einem concerto grosso des 19. Jahrhunderts, mit auf den Weg geben. Wir kommen noch auf dieses Werk zurück.

Zu der gelösten Schönheit der *Lieder op. 105, 106* und *107* mag die glückliche Stimmung der Thuner Sommermonate beigetragen haben. Herausragend aus vielen schönen die schönsten: *Wie Melodien zieht es mir* von Klaus Groth; dann zwei Gesänge, die von Todesnähe gezeichnet sind: *Immer leiser wird mein Schlummer* und *Auf dem Kirchhofe,* dessen gebrochene Einleitungsakkorde von Vergänglichkeit geprägt scheinen: Ein bekannter Choral klingt versöhnend in den letzten Takten auf. Auch das übermütige *Ständchen,* das zärtliche Schwalbengezwitscher in *Das Mädchen spricht,* der kecke *Salamander* und das schwermütige *Auf die Nacht in der Spinnstub'n* sind Lieblingslieder in aller Welt geworden. Und wie viele auch heute noch fast unbekannte schöne Lieder gibt es von Brahms zu entdecken.

Zuweilen wurde und wird gerügt, daß Brahms nicht immer dem Sprachrhythmus der Dichtung folgt, daß er anders als der Autor, also „falsch" betont. In *Wie bist du, meine Königin* ist das besonders auffallend; ähnliche Mängel weisen auch andere Gesänge auf. Brahms, mit seinem empfindlichen Sprachgefühl, war sich dessen sehr wohl bewußt. Das Entscheidende war für ihn weder die korrekte Deklamation der vorgegebenen Texte noch deren literarische Qualität. Anders Hugo Wolf. Er vollzog seine Texte in ihren subtilsten Ausdrucksphasen nach. Für Brahms war die musikalische Substanz entscheidend, die, noch unentdeckt, in den Versen schlief und die nur seine schöpferische Kraft zum Leben erwecken konnte.

Die Komposition von Liedern hat Brahms sein ganzes Leben hindurch begleitet und innerlich beschäftigt. Immer wieder gingen die Anstöße von Versen aus, die ganz einfache, volksliedhafte Situationen ausdrücken: Abschied, Untreue, Verlassenheit, Tod. Hier fand er spontan – doch nur scheinbar mühelos – die für ihn einzig mögliche musikalische Aussage. Wie er dabei vorging, erklärte er einmal dem jungen Richard Heuberger, dessen Kompositionen er durchsah. Der hatte leichtsinnigerweise das Wort hingeworfen, eine bestimmte Melodie „sei ihm so eingefallen".

Brahms konterte sofort:

„Das *darf* einem nicht so einfallen... Glauben Sie, eines von meinen paar ordentlichen Liedern ist mir fix und fertig eingefallen? Da habe ich mich kurios geplagt!... Wissen Sie, ein Lied muß man – das ist ja nicht wörtlich zu nehmen – *pfeifen* können. *Dann* ist es gut.‟

Und pfeifen lassen sich viele Melodien, auch aus Brahms' instrumentalen Werken, mit denen er sich oft jahrelang „kurios‟ geplagt hat. Im *H-Dur-Klaviertrio*, im tief Atem holenden Andante des *c-Moll-Streichquartettes* mit dem ausgewogenen Gesang von 1. Geige und Cello darin – und in wieviel anderen Werken noch triumphiert das Melos. Die Verwendung ungerader Taktzahlen, asymmetrisch gebauter Phrasen oder die Kombination von Motiven verschiedener Länge geben seinen melodischen Entwicklungen zuweilen ein wundervolles Übermaß; es ist dann, als könnten Musizierende wie Hörende von diesem Stoff gar nicht genug bekommen. Wie bewußt er bei solchen damals ungewöhnlichen Bildungen vorging, verrät ebenfalls ein Wort zu Heuberger: „Solche Unregelmäßigkeiten kann man ja machen, aber sie müssen in der Sache begründet sein und sicher dastehen. Machen Sie einen Drei- oder Fünftakter, so müssen Sie sehen, wie Sie dann wiederum an richtiger Stelle in den geraden Rhythmus kommen! Auch muß sich eine derartige Konstruktion immer durch den Baß völlig erklären. Der Baß muß eine Art Spiegelbild der Oberstimme sein.‟

Als Brahms zwanzigjährig nach Düsseldorf und zu Robert und Clara Schumann kam, folgte er in seinem Schaffen dem Zuge der Zeit. Er verstand sich selber als Romantiker, nannte sich nach einer E. T. A. Hoffmann-Figur *Johannes Kreisler junior* und liebte Schubert, verehrte Robert Schumann. Doch verlor er nie die innere Bindung an die alten Meister der Polyphonie.

Schon aus den ersten veröffentlichten Werken läßt sich immer beides heraushören: das leidenschaftlich an den Formen rüttelnde Empfinden und die geistige Kraft, es zu zügeln. Denn das *Romantische* besteht bei Brahms nicht, wie bei manchen Zeitgenossen und Nachfolgern, in Auflösungstendenzen, impressionistischer Klang-Sensibilität oder ausufernden Gefühlsausbrüchen. Auch Wagners Weg war für ihn nicht gangbar. Es ist sein Verhältnis zur Natur, zum Naturhaften schlechthin, das den Romantiker in ihm kennzeichnet. Von Anfang an war dies sein eigenster Besitz, und er blieb es bis zuletzt. Dichtungen, die aus dieser Sphäre stammten, haben ihn zu seinen vollkommensten Liedern inspiriert: zur *Sapphischen Ode*, der *Feldeinsamkeit*, der *Alten Liebe*. Auch in Werken mit Gesang und Orchester fand dieses Naturgefühl seinen Niederschlag, in der *Alt-Rhapsodie* etwa. Am Ende des ersten Teils, bei den Worten „Die Öde verschlingt ihn", schlägt uns aus der Musik ein fast archaischer Schauder vor jener Einsamkeit entgegen, die Brahms nur allzugut kannte.

Mariechen Rückert, Tochter des Dichters, 1885 über Brahms:
„Von vorne wie ein Löwe, von hinten wie ein verbummelter Literat!"

14 | Nicht nur Brahms war schwierig

„Mit vierzig Jahren ist der Berg erstiegen" heißt es in einem der bekenntnishaften Lieder *op. 94*, die Brahms in Mürzzuschlag vollendete. Auch andere Gesänge dieser Gruppe spiegeln innerstes Erleben wider: Todesnähe, Erinnerungen an großes Glück und Jugendsinn – und unstillbares Heimweh. Das fünfte Lied dieser Reihe ist das kürzeste, das Brahms je geschrieben hat; ein zeitloses Lied. In der herben Führung der Singstimme, den unerbittlichen Schlägen der Begleitung erlebt der Hörer, was Brahms damit ausdrücken wollte: beklemmende Einsamkeit, stolze Abkehr (siehe Seite 216). Das Lied Nr. 4 ist eines seiner zartesten, poetischsten Liebesgesänge: „Rosen brach ich nachts mir vom dunklen Hage" – die *Sapphische Ode*. So breit gefächert war die Gefühlswelt, in der Brahms lebte.

In Mürzzuschlag hat er in den Sommermonaten 1884 und 85 seine letzte, die *4. Symphonie* geschrieben. Das Ringen „mit dem Riesen, der hinter ihm marschierte" war bestanden, der wütende Schmerz um versäumte Liebe, verfehltes Glück stiller geworden. Auch seine Empörung über Kränkungen, wie er sie von der Heimatstadt erfahren hatte, flammte nur noch selten auf. Er distanzierte sich. Er schätzte es jetzt, von ergebenen Freunden respektvoll geliebt zu werden: der Meister. Und bald: der alte Brahms. Die Musikverständigen unter ihnen durften auch höfliche Kritik an neuen Werken üben; er hatte sich und den anderen bestimmte Rollen zugeteilt, und es kam selten vor, daß einer aus dieser Rolle fiel. Dann allerdings veränderte sich die Szene, dann konnten Sarkasmus, Bitternis und Enttäuschungen erschreckend zum Vorschein kommen.

Es gab auch Mißverständnisse, Brahms bereinigte sie nur selten. An Clara schreibt er einmal über eine Verstimmung mit den ihn so herzlich verehrenden Herzogenbergs: „Mir ist das gerade bei ihnen ungemein leid – aber ich lasse die Welt laufen, wie sie läuft; ich weiß und erfahre zu oft, daß mit mir schwer umzugehen ist – ich gewöhne mich, den Schaden zu tragen."

„Kein Haus, keine Heimath"

"No home, no country."

(Aus einem Drama.)

(From a Drama)

(Friedrich Halm.)

English words by Mrs John P. Morgan of New York.

Johannes Brahms, Op.94.No 5.

Das fünfte Lied aus den Fünf Liedern für eine tiefe Stimme und Klavier

Als Lisl von Herzogenberg während einer langwierigen, schweren Erkrankung ihres Mannes vergeblich auf ein paar teilnehmende Worte, auf neue Noten von Brahms gewartet hatte, schrieb er ihr schließlich: „Mir darf man nichts übelnehmen, obschon ich gewiß nicht so schöne Rücksicht verdiene. Aber: Man könnte ja nicht aufhören, gekränkt zu sein, und da ist es doch einfacher, nicht erst anzufangen. Das sollen Sie aber wissen und glauben, daß Sie zu den wenigen Menschen gehören, die man so lieb hat, wie man es Ihnen – da der Mann immer mit liest und hört – nicht sagen kann; dieser selbst aber gehört auch zu den gedachten wenigen!"

Lisl von Herzogenberg, die herzleidend war, starb am 7. Januar 1892. Sie war 45 Jahre alt. Im Mai 1891 hatte Brahms ihr zuletzt geschrieben. Das mag nicht nur seine alte erschrockene Abwehr gegen Krankheit und Leiden bewirkt haben, auch die innere Angst vor jeder, selbst der freundschaftlichsten Verpflichtung, sobald sie sein Verantwortungsgefühl als Musiker betraf. Heinrich von Herzogenberg schrieb Kompositionen, die ihm nicht gefielen. Er mochte ihm nichts vorlügen – die Wahrheit aber, das spürte sogar er, konnte er ihm der Lisl wegen nicht mitteilen. Dies alles hatte ihn lange zögern lassen: zu lange für „das schlanke Frauenbild im blauen Sammet und goldenen Haar", das er auf seine schwer verständliche Weise geliebt hat.

Durch sein ganzes Leben ziehen sich Schwierigkeiten und Konflikte mit befreundeten Menschen, die ihre Liebe zu ihm, ihr Verständnis für seine Probleme tausendmal bewiesen hatten. Brahms war überempfindlich, neigte zu Mißtrauen – und das schon in jungen Jahren. Claras Brief vom 22. Dezember 1867, in dem sie auf einen Vorwurf von ihm eingeht, ist charakteristisch dafür: »Was das öffentliche Spielen Deiner Kompositionen betrifft, so geht es ihm (Joachim) damit wie auch mir oft. Dem Komponisten kann man es nie verdenken, wenn er viel seine Sachen spielt, der dritte hat aber mit der Opposition häufig recht hart zu kämpfen und muß daher vorsichtiger zu Werke gehen, man scheut sich auch oft, Werke, die einem ans Herz gewachsen, einer rohen, ungebildeten pietätlosen Masse preiszugeben. Es ist dies vielleicht nicht immer richtig, das Gefühl aber gewiß begründet – durch dieses verdienen wir uns doch sicherlich nicht solch ein Mißtrauen! Du kränkst damit Deine Freunde, was Du nicht solltest…"

Manchmal legt er Äußerungen anderer von vornherein negativ aus, klärt ein entstandenes Mißverständnis nicht auf – wie im Fall der Herzogenbergs –

und verharrt in selbstquälerischer Bitterkeit. Kleine Konflikte bauscht er innerlich auf und verurteilt Menschen, ohne vorher das Gespräch mit ihnen zu suchen, mit beleidigender Kälte. Alle diese großen und kleinen Verstimmungen wären sicher anders verlaufen, wenn er eine Frau zur Seite gehabt hätte, die Liebe, Heiterkeit und weibliche Diplomatie in schwierigen Situationen einzusetzen wußte. Doch soweit ließ Brahms es ja nie kommen: Er suchte die Menschen – und er floh sie.

Erfahrungen der frühesten Kindheit mögen sein latentes Mißtrauen, die instinktbereite Abwehr gegen jede als „feindlich" empfundene Umwelt hervorgerufen haben. Die armselige Umgebung wurde nur durch die Liebe und Zartheit der Mutter, die heitere Natur des Vaters für die Kinder erträglich. Als Heranwachsender hat Johannes so manche Erniedrigung seines Vaters miterlebt, weil dieser als Musikant von der Straße, der Matrosenkneipe kam. Brahms vergaß diese Lektion nie. Sie schärfte sein Empfinden für soziale Gerechtigkeit, für eine Menschlichkeit, die allen, auch kleinen Leuten, zugute kommen sollte. Den Vater liebte er wie er war, mit all seiner Schlichtheit, seinem schelmischen Witz, seinem bäuerlichen Stolz. Von Johannes' Kompositionen war bei ihrem Zusammensein kaum die Rede, höchstens von Honoraren – später von Ehrungen. Doch die größte, die Ernennung zum Ehrenbürger von Hamburg, hat der alte Mann nicht mehr erlebt. Ein nie verwundener Schmerz für Brahms.

Das erste wirkliche Verständnis für das, was ihn innerlich unablässig beschäftigte und bewegte, fand er bei Joseph Joachim, dann bei den Schumanns. Da war er bereits zwanzig Jahre alt! Im Herzen blieb er bis zuletzt ein Kind des Volkes – und er war stolz darauf. Er hoffte, daß manche von seinen Werken – die *Volkslieder-Bearbeitungen*, vierhändigen Musikstücke, die *Walzer*, die *Ungarischen Tänze* – Hörer dieser Kreise erfreuen würden. So, wie er es sich dachte, ist es nicht gekommen, aber ein großer Teil, namentlich der *Lieder*, fand Eingang in die Hausmusik, später auch manche Kammermusikwerke und Klavierstücke. Das große, unbefangene Verständnis, auf das er gehofft hat, entfaltete sich erst im 20. Jahrhundert; heute stehen seine symphonischen Werke, das *Deutsche Requiem*, die *Alt-Rhapsodie*, die *Klavierkonzerte* und das *Violinkonzert* mindestens so häufig auf Konzert- und Rundfunk-Programmen wie entsprechende Werke von Beethoven.

Am wenigsten haben sich diejenigen Stücke durchgesetzt, die er direkt für häusliche Musikausübung gedacht und geschrieben hat: die mehrstimmigen Lieder, die Kanons, die Volkskinderlieder; ausgenommen das bekannte *Guten Abend, gut Nacht.*

Doch soviel Sympathie, Musizierfreudigkeit und Verständnis Brahms überall begegnete: daß die Verständigung mit ihm schwierig sein konnte, haben gerade manche seiner Freunde erfahren müssen. Klärungen, Erklärungen bewirkten bei ihm nichts. Kompromisse waren ihm verdächtig. Darüber ist manche Beziehung zugrunde gegangen, zum Beispiel die Freundschaft mit Hermann Levi, der 1861 eigens von Rotterdam nach Hamburg gefahren war, um den damals noch unbekannten Johannes Brahms kennenzulernen, dessen frühe Werke ihn aufhorchen ließen. Namentlich während seiner Karlsruher Hofkapellmeisterzeit hat Levi sich intensiv mit Brahms' Schaffen beschäftigt und Werken von ihm durch seine überzeugenden Interpretationen den Weg zum Erfolg gebahnt. Nachdem er als Münchener Opernkapellmeister die Bedeutung der Wagnerschen Musikdramen erkannt hatte und sie in hervorragenden Aufführungen interpretierte, begann Brahms' Mißtrauen. Es schien ihm unglaubwürdig, daß einer, der *Tristan und Isolde* mit Überzeugung musizierte, gleiche Intensität und Hingabe seinen so viel herberen Werken widmen könne. Allgeyer, beider Freund, hat liebevoll versucht, Johannes diese Zweifel zu nehmen. Auch wußte er ja, daß dieser kein verbohrter „Anti-Wagnerianer" war. Er schrieb ihm 1876: „Laß mir den Glauben, daß Du zu groß und edel denkst, als daß Du Dich ohne Schonung von einem Mann abwenden könntest, dem durch alle Wandlungen seines erregbaren Wesens und aufregenden Berufes hindurch im Grunde doch immer Du und Deine Kunst höchster Inhalt war, ist und bleiben wird." Der Appell nützte nichts. Die Beziehungen zwischen den einst so guten Freunden schliefen ein.

Herzerwärmend und getragen von echtem musikalischem Verstehen war die Freundschaft, die Theodor Billroth Brahms entgegenbrachte. Sie lernten sich 1865 in Zürich kennen, als letzterer dort konzertierte. Billroth hatte an der Züricher Universität den Lehrstuhl für Chirurgie inne. Er war Mittelpunkt eines leistungsfähigen Musikkreises, zu dem der Mathematiker Durège, der Kunsthistoriker Lübke, die Geiger Jean Eschmann und Friedrich Hegar sowie der Komponist und Organist Kirchner gehörten. Billroth spielte ausgezeichnet Klavier, auch Geige und Bratsche, nebenbei war er als anspruchsvoller und kenntnisreicher Kritiker tätig. Er war sich sofort der Bedeutung von Brahms' Kompositionen bewußt. Er, Prof. Lübke und Otto Wesendonck (in dessen Hause Richard Wagner die Tragödie des Tristan erlebte und niederschrieb) arrangierten ein Privatkonzert, in dem das *d-Moll-Klavierkonzert* und die *A-Dur-Serenade* zu Gehör kamen. Diese Großzügigkeit, sicherlich auch die Tatsache, daß Billroth sein engerer Landsmann war, mögen die Beziehungen zwischen ihm und dem sonst so zurückhaltenden Brahms gefördert haben.

Billroth stammte von der Insel Rügen und war nach dem frühen Tod seines Vaters in Greifswald aufgewachsen. Sein Großvater, eine überragende Persönlichkeit, war dort 25 Jahre lang Bürgermeister; sein Einfluß auf soziale und kulturelle Verhältnisse dehnte sich nach und nach auf ganz Pommern aus. Von ihm mag der Enkel manche Eigenschaft geerbt haben: seine Musikalität, sein soziales Empfinden, auch die Neigung zu einem aristokratischen Lebensstil. Im Gegensatz zu Brahms wirkte Billroth schon in jungen Jahren durchaus als Weltmann; er war sprachbegabt, offen für alle Arten künstlerischer Schönheit, begeistert für Fortschritt und Pädagogik. Er fand 1867 in Wien die ideale Umgebung für seine Lebensziele als Arzt, Universitätslehrer und Musikliebhaber. Kollegen und Patienten liebten ihn, die Studenten gingen für ihn durchs Feuer.

Sein Haus wurde für die vielen ihm befreundeten Musikliebhaber und Musiker, ganz besonders für Brahms, zu einem der wichtigsten in Wien, vor allem zwischen 1867 und 87. Billroth war vier Jahre älter als Brahms, er hatte sich ein schönes, stilvolles Heim geschaffen, 1875 wurde es um einen Musiksaal mit Möbeln und Kunstwerken der italienischen Renaissance bereichert. Die Musikabende, die er hier veranstaltete, waren Feste der Freundschaft und Feste hoher Kunst; Interpreten wie Zuhörer suchte er mit Brahms' Einverständnis aus. Zu den vielen wichtigen Anmerkungen, die Billroth über Brahmssche Musik und ihre Ausführung machte, gehört die Notiz: „Brahms will überall sehr gemäßigte Tempi, weil sich diese Musik während ihres vielen (durch die ungewöhnlich reiche Thematik bedingten) harmonischen Wechsels sonst nicht entfalten kann." Auch der Komponist hat wiederholt gerügt, daß seine Werke immer zu rasch gespielt würden.

Nach einer schweren Lungenentzündung im Jahre 1887, die seine Lebensweise, nach und nach auch sein Wesen wandelte, schrieb Billroth an Brahms einmal: „Und fange ich an, darüber nachzudenken, in welchen Stunden mei-

Evocation. Radierung

2 Blätter aus der
„Brahmsphantasie"
von Max Klinger

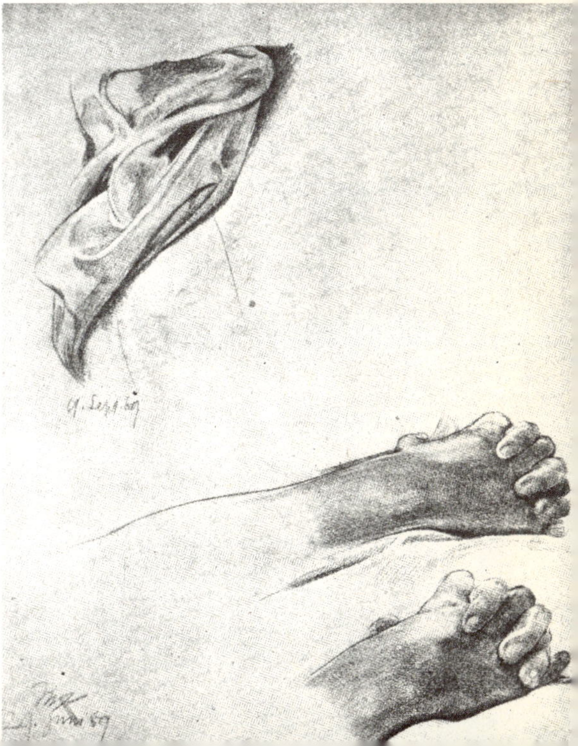

Handstudie. Zeichnung

Brahms und Johann Strauß (Sohn) auf der Kur-
promenade in Bad Ischl

Der Klarinettist Richard Mühlfeld,
von Adolph Menzel als „Muse" verfremdet
dargestellt

Theodor Billroth
Stich von L. Michalek

nes Lebens, mit dessen Reichtum sich wohl wenig Sterbliche messen können, mir am wohlsten war, so nimmst Du doch den breitesten Platz ein."

Billroths angestrengtes Bemühen, trotz der durch die Krankheit entstandenen physischen Schwäche noch die gleiche Aktivität wie früher zu entfalten, berührte Brahms unbehaglich und peinlich. Ein Ungeschick des gemeinsamen Freundes Eduard Hanslick gab Brahms unseligerweise Einblick in einen Brief von Billroth, in dem dieser bedauernd „die verwahrloste Erziehung" seines großes Freundes erwähnte; eine Behauptung, die ungerechtfertigt war und Brahms zutiefst verletzen mußte. Weder von Hanslick noch von Brahms wurde Billroth über diesen Vorfall aufgeklärt. Ein Tabu war verletzt – Brahms zog sich innerlich wie äußerlich zurück. Als er bemerkte, daß Billroth aus einem ihm gewidmeten Originalmanuskript einige Notenzeilen herausgeschnitten hatte, um sie unter der Photographie des Freundes zu befestigen, war er empört. Als respektvoller Sammler von Musikerhandschriften hätte er sich einen derart willkürlichen Eingriff nie erlaubt.

Zu Brahms' Verstimmung trug auch bei, daß Billroth sich mehrmals arglos begeistert über Massenets Oper *Werther* äußerte und den Freund sogar zu einem gemeinsamen Essen mit diesem Komponisten einlud, den Brahms nicht gerade schätzte. Ablehnen konnte er nicht gut, empfand aber schon das Ansinnen als Zumutung. Im November 1892 hatte Billroth einige Berufskollegen zu einem Herrenabend geladen, den Brahms durch sein Klavierspiel verschönen sollte. Ein Abend mit Frackverpflichtung, die Brahms bekanntlich nicht schätzte. Er erschien bereits in schlechter Laune, spielte als erstes ein unbekanntes Stück und antwortete auf die Frage nach dem Komponisten: „Ob von Bach, Massenet oder mir, das ist doch alles ganz egal!" Später trug er dann doch noch von seinen eigenen Klavierkompositionen einiges vor, doch der festliche Charakter des Abends, auf den sich Gastgeber und Gäste gleichermaßen gefreut hatten, war zerstört. Billroth schilderte seiner Tochter Else den Verlauf des Abends in einem erregten Brief unmittelbar danach. Über Brahms sagte er: „Eine gewisse Freude an Frotzelei, selbst eine Art Schadenfreude ist ihm Bedürfnis; es mag ein Rest von Bitterkeit sein, der ihm von früher Jugend geblieben ist, als er, sich schon als erster fühlend, nicht nur nicht anerkannt, sondern verhöhnt wurde... Jedenfalls hat mir der heutige Abend die Lust benommen, mit Brahms wieder etwas ähnliches zu unternehmen. Er macht es einem recht schwer, ihn lieb zu behalten."

Die Beziehung zwischen beiden wurde distanzierter, auch sachlicher; äußerlich wurde die Abkühlung nicht spürbar. Billroth bat Brahms hin und wieder um Stellungnahmen zu musikalischen Problemen, die ihn beschäftigten; z. B., ob in alten Volksliedern, bei Bach und den Klassikern, Dur- oder Moll-Tonarten vorherrschten. Brahms antwortete mit einer genauen Aufstellung. Nach seinen und Hanslicks Ermittlungen überwogen auch in früher Zeit die Dur-Tonarten, nicht, wie Billroth annahm, das Moll.

Wenige Tage vor seinem Tod am 6. Februar 1894 verschnürte Billroth seine unfertigen Ausführungen über musikalische Fragen. Er bevollmächtigte Eduard Hanslick, darüber zu verfügen. Die Aufzeichnungen erschienen im Herbst 1895 in Wien unter dem Titel *Wer ist musikalisch?*

Auch mit seinem ältesten, ihm künstlerisch so eng verbundenen Freund, mit Joseph Joachim, kam es mehrmals zu krisenhaften Situationen. Wir erinnern uns der brieflichen Auseinandersetzung gelegentlich der Nicht-Aufnahme des *Deutschen Requiems* ins Programm des Schumann-Festes 1873 in

Bonn. Ein sehr viel tieferer Bruch entstand durch Joachims offenbar krankhafte Eifersucht, die schon den jungen Johannes erschreckt hatte. Zweifellos war auch Eifersucht im Spiel gewesen, als er von seiner jungen Braut, der Sängerin Amalie Schneeweiss, verlangte, nach der Eheschließung keine Opernverpflichtungen mehr zu übernehmen.

Doch auch als hervorragende Konzertsängerin erlebte Amalie überwältigende Erfolge; in jeder Stadt, nach jedem Auftreten wurden ihr Bewunderung und dankbare Zuwendung aus den Kreisen begeisterter Hörer zuteil. Das irritierte den überempfindlichen Gatten und steigerte seine unselige Eigenschaft ins Absurde. Er beschuldigte Amalie schließlich des Ehebruchs mit Brahms' Verleger Fritz Simrock, es kam zum Prozeß. Brahms hatte wiederholt versucht, Joachim von diesem entsetzlichen Schritt abzuhalten, der nach dem damaligen Ehrenkodex Amalies moralischen Ruf ruiniert hätte, wäre nur ein Fünkchen von Verdacht an ihr hängengeblieben. Er schrieb in diesem Zusammenhang einen langen Brief an die verstörte, tief verletzte Frau, der seinen Standpunkt deutlich macht. Daraus einige wichtige Partien:

„Mir ist Ihre Angelegenheit so lange bekannt, als sie existiert, und lassen Sie mich vor allem sagen: Mit keinem Wort, mit keinem Gedanken habe ich je Ihrem Mann recht gegeben, d. h. selbstverständlich recht geben können... Ich glaube nicht, daß irgend jemand Ihre Sache so klar und richtig einsehen kann wie ich. Das mag Ihnen fraglich erscheinen, trotzdem Sie wissen, daß meine Freundschaft älter ist als Ihre Ehe.

Immerhin aber mag Ihnen aufgefallen sein, daß ich trotz dreißigjähriger Freundschaft, trotz aller Liebe und Verehrung für Joachim, trotz aller künstlerischen Interessen, doch so vorsichtig im Umgang mit ihm bin, so selten länger und vertraulicher verkehre und gar nicht daran denke, in einer Stadt zu gemeinschaftlicher Tätigkeit mit ihm verbunden leben zu wollen. Jetzt brauche ich wohl kaum noch zu sagen, daß ich die unglückliche Charaktereigenschaft, mit der Joachim sich und andere so unverantwortlich quält, früher als Sie kannte... Ich will Ihnen also nur ausdrücklich und deutlich sagen, wie ich es Joachim schon unzählig oft tat, daß er, meiner Einsicht und Meinung nach, Ihnen und Simrock schwerstes Unrecht getan und daß ich auch nur wünschen kann, er möge von seinen falschen und entsetzlichen Einbildungen lassen..."

Brahms schrieb am Schluß seines Briefes: „Verfügen Sie über mich, wie und wann Sie glauben, daß ich Ihnen nützen kann." Amalies Frage daraufhin, ob sie seinen Brief eventuell verwerten dürfe, bejahte er. „Was ich Ihnen sage, kann mein Brief und ich selbst jedem wiederholen, dem Sie es gesagt wünschen."

Im Prozeß legte Amalie seine Ausführungen als Beweis dafür vor, daß gemeinsame Freunde Joachims Vorwürfe für ungerecht hielten. Der Richter sprach daraufhin Amalie Joachim von jeder Schuld frei. Ihr Mann aber sah die briefliche Stellungnahme von Brahms als Hinterhältigkeit an. Er brach die Beziehungen zu seinem ältesten Freund ab. Mit Recht kann man in diesem Fall fragen: Wer ist der wahrhaft „Schwierige" gewesen? Brahms, der in seinem Brief an Amalie nur wiederholte, was er bereits mehrmals in beschwörender Form ihrem Manne gesagt und geschrieben hatte?

Zum Glück traten Empörung, Verletztheit und andere Empfindungen, die zunächst einen Abstand zwischen die Freunde legten, nach einiger Zeit zurück. Die Musik war wichtiger. Joachim führte weiterhin Werke von Brahms auf, die ihm teuer waren, und Brahms hoffte auf eine Gelegenheit, wieder in Kontakt mit ihm zu kommen. Sie ergab sich durch seine *3. Symphonie*, die er – nach einer ersten Aussprache in Koblenz – Joachim zur Berliner Erstaufführung anbot.

Das eigentliche Versöhnungswerk, das *Doppelkonzert a-Moll für Violine, Cello und Orchester,* entstand, wie erwähnt, in Hofstetten. Joachim und Hausmann probierten es mit Brahms in Baden-Baden; Clara hörte zu. Die Uraufführung fand am 18. Oktober 1887 in Köln statt, und Brahms dirigierte. Den Zuhörern, den Zeitgenossen überhaupt, behagte das Stück nicht sehr; es galt wieder einmal als zu herb, zu trocken, zu schwer. Joachim, dem es gewidmet ist, hat versucht, der Violinstimme nachträglich jene Brillanz zu verleihen, die dem Publikum fehlte, auch Brahms hat noch Änderungen vorgenommen. Doch technische Kniffligkeiten interessierten ihn nicht mehr sehr. Wenn er im stillen den Wunsch gehabt hatte, ein weiteres Doppelkonzert, noch eine Symphonie zu schreiben, so gab er diese Gedanken nun auf. Er wandte sich ganz der Kammermusik und dem gesungenen Wort zu.

Clara gegenüber äußerte er: „Es ist doch was anderes, für Instrumente schreiben, deren Art und Klang man nur so beiläufig im Kopf hat, die man nur im Geist hört – oder für ein Instrument schreiben, das man durch und durch kennt, wie ich das Klavier, wo ich durchaus weiß, was ich schreibe und warum ich so und so schreibe." Später sagte er im Gespräch mit einer Wiener Musikfreundin: „Jetzt weiß ich, was es war, was die letzten Jahre in meinem Leben gefehlt hat. Ich fühlte, daß etwas fehlte, konnte aber nicht sagen, was: Es war der Klang von Joachims Geige. Wie er spielt!"

Mißverständnisse, Auseinandersetzungen und stummes Gekränktsein lernten nicht nur Jugendfreunde wie Levi und Joachim oder treue Anhänger wie Herzogenbergs und Billroth kennen. Es fällt schwer, in diesem Zusammenhang Claras Namen anzuführen, nachzuzeichnen, wie zerbrechlich, wie gefährdet die Freundschaft zwischen diesen beiden großen Musikern gewesen ist, wie schmerzhaft das Eingeständnis gegenseitigen Versagens für beide. Eine Art Schlüsselwort dafür findet sich in einer Tagebuchnotiz von Clara aus dem Sommer 1867.

„Ich sehne mich sehr nach Juliens liebem zärtlichem Blicke... es ist ihr so eigen, daß sie es mir immer so zeigt, und das tut mir wohl. Ich brauche Liebe so nötig zum Leben als die Luft... sie ist mir wie das Licht zum Gedeihen."

Claras Kindheit war arm an Liebe gewesen. Seit sie als Fünfjährige von der Mutter getrennt worden war, fehlte familiäre Nestwärme; das noch kleine Kind wurde von vornherein an Leistung und Gehorsam gewöhnt, die Anforderungen an ihre musikalische Intelligenz, ihre pianistische Begabung waren hoch. Wenige Jahre später begann die zunächst zarte, fast märchenhafte Beziehung zu Robert. Clara war damals ihrer Erscheinung, ihrer menschlichen Entwicklung nach noch ein Kind. Von dieser Zeit an umfing und trug sie Schumanns Liebe.

Ihre Kräfte wuchsen im Laufe der Ehe, während die seinen mit zunehmender nervlicher Labilität abnahmen. Doch selbst wenn Meinungsverschiedenheiten zwischen ihnen aufflammten, war die gegenseitige Liebe nicht in Frage gestellt. Dann folgten die Jahre der Verdüsterung, Roberts schwere Krankheit. Ein Alptraum, den sie ohne den jugendlichen Johannes kaum bewältigt hätte. Nie wieder gab er seinem menschlichen Gefühl so differenzierten Ausdruck wie damals in den Briefen an Clara.

Die unumgängliche Wandlung seiner Liebe in Freundschaft nach Roberts Tod brachte Erschütterungen, denen Clara kaum gewachsen war. Ihr blieb der große, verständnisvolle Kreis der Freunde – und sie hatte ihre Kinder. Der erste, der ihr verlorenging, war Ludwig. Er dämmerte als Geisteskranker in einer Heilstätte dahin. 1872 starb die schöne, zärtliche Julie, sieben Jahre später Felix, beide an Tuberkulose. Zuletzt erlag Ferdinand den Spätfolgen des siebziger Krieges.

„Ich brauche Liebe so nötig zum Leben als die Luft."

Der einzige, der es wußte, der auch der Alternden noch hätte geben können, wonach sie verlangte: Verstehen, Herzlichkeit, das Einbezogenwerden in sein großräumiges, von neuen Interessen und wachsenden Erfolgen geprägtes Dasein – Brahms – war ihr längst nicht nur räumlich entrückt. Über seinen Mangel an Mitteilsamkeit klagen viele der Freunde, nicht nur Clara. Er zog sich zurück, überhörte aufrichtige Fragen nach seinen Arbeiten. „Er habe in den letzten Jahren das Empfinden gehabt, mich mit seinen übersandten Manuskripten belästigt zu haben", notiert sie im August 1866 im Tagebuch. „Man sieht, wie verwöhnt er ist, es hat ihn beleidigt, daß ich ihm nicht gleich darüber geschrieben."

Ein schwerer Konflikt brach 1891 zwischen ihnen aus. Brahms hatte Clara jahrelang bei der Revision der Schumannwerke geholfen, hatte ihre vielen Zweifel angehört, sie zerstreut und sich stets bemüht, alles so zu gestalten, wie sie es für richtig hielt. In einem Punkt aber war er abweichender Meinung: Er wünschte seit Jahren, Schumanns *4. Symphonie* nicht nur in der 1851 von Robert hergestellten Instrumentation gedruckt und aufgeführt zu sehen, sondern auch in der ursprünglichen von 1841, deren zartere Strukturen er besonders liebte und bewunderte. Clara hatte er wiederholt davon gesprochen – mündlich und auch schriftlich. Sie schwieg aber dazu. Für sie – und das wußte Brahms – war einzig Roberts letzte Entscheidung maßgebend. Daran konnten auch künstlerische Meinungen anderer nichts ändern. Später hat sie diese Sache wohl gar nicht mehr bedacht, hat sie verdrängt – oder erwartete, daß Brahms vor einer endgültigen Realisierung noch einmal an sie herantreten würde.

Im Oktober las sie nun in den *Signalen*, daß Franz Wüllner die erste Instrumentation der *4. Symphonie*, die er von Brahms erhalten, als Schumann-Reliquie herausgeben werde. Der Briefwechsel, der darauf entstand, Claras Befremden, ihre Fassungslosigkeit, daß Brahms diese Ausgabe veranlaßt und Wüllner dafür herangezogen hatte, sein Verletztsein wiederum durch ihre heftige Reaktion, seine Antwort: „In Deinem Brief behandelst Du mich und Wüllner nicht wie zwei ehrliche Männer und Künstler, die sich in Deinen Augen vielleicht irren – sondern wie das gerade Gegenteil" – schufen Barrieren zwischen den alten Freunden, die zunächst unüberwindbar schienen. Von Mitte Oktober bis kurz vor Weihnachten schwiegen beide.

Clara ist um diese Zeit schon über siebzig. Sie ist müde, Erregbarkeit und Überempfindlichkeit haben sich gesteigert, seit sich zu den familiären Schicksalsschlägen eigene gesundheitliche Störungen gesellen. Sie leidet an schmerzhaftem Rheumatismus und quälenden Gehörsirritationen. Die ungetrübte Aufnahme neuer Werke ist ihr unmöglich geworden, sie kann nicht mehr konzertieren, leidet in den Konzerten anderer, selbst eigenes Spielen ist nur selten – während vorübergehender Besserung ihres Zustandes – möglich. Auch die Generationszugehörigkeit machte sich jetzt stärker als zuvor bemerkbar. Unter den jüngeren Komponisten neben Brahms war nicht einer, der ihren Qualitätsvorstellungen entsprach; Bruckner lehnte sie ebenso ab, wie Johannes es tat, Wagner noch entschiedener als er.

Brahms verstand das durchaus. Sein eigenes sachlich anerkennendes Urteil über den großen Kontrahenten hielt er Clara gegenüber ganz bewußt zurück. Der einzige Komponist, dem er volle Sympathie und freundschaftliche Gefühle entgegenbrachte, Anton Dvořák, schien Clara nicht bedeutend genug. Brahms liebte ihn sehr. Der um neun Jahre Jüngere besaß das gleiche enge Verhältnis zur Volksmusik wie er selber. Brahms bewunderte die Ursprünglichkeit seiner schwungvollen Musik, ebenso wie er den ganzen natürlichen, liebenswerten und bescheidenen Menschen ins Herz geschlossen hatte – immer bereit, ihm zu helfen.

Am 22. Dezember 1891 schrieb Brahms nach langer Pause einen Weihnachtsbrief an Clara. Er beginnt mit dem Satz: „Die kommenden Festtage wollen mir erscheinen wie allgemeine Audienzen höchster Herrschaften, zu denen sich auch hinzudrängen darf, wer sonst an seiner Berechtigung zweifeln möchte. So laß denn auch mit vielen anderen Dir sagen, daß ich gerade diesmal gar viel Deiner gedenken werde…"

Damit kam der Briefwechsel zwischen den Freunden wieder in Gang. Im Februar 1892 erkrankte Clara schwer an einer Lungenentzündung; danach kündigte sie ihre Stellung am *Hochschen Konservatorium*. Und nun erst gesteht ihr Brahms, daß er schon vor Jahren das Gefühl gehabt habe, Clara sei es nicht sympathisch, seinen und Roberts Namen in einem Werk vereint zu sehen; so habe sie seinerzeit die von Brahms herausgegebenen Klavierstücke nicht in die Gesamtausgabe übernommen… Clara ist fassungslos. „Ich habe immer in dem Glauben gelebt, alles in bezug auf die Ausgabe nach Deinem Rat getan zu haben." Und sie holt das Versäumte nach.

Im Februar 1893 besuchte Johannes Clara, der „bange ums Herz" war – sie fürchtete, er könne wieder heftig werden. Doch ihre Sorge war unberechtigt. Das Zusammensein verlief in schönster Harmonie, Brahms spielte ihr seine neuen Stücke vor, es war wie in alten Zeiten. Nachträglich wanderte ein Brief voller Dankbarkeit aus Wien nach Frankfurt. Im Mai dieses Jahres sendet Brahms ihr sein *Klavierstück op. 119,1* und schreibt dazu: „Ich bin in Versuchung, Dir ein kleines Klavierstück abzuschreiben, weil ich gern wüßte, wie Du Dich damit verträgst. Es wimmelt von Dissonanzen! Diese mögen recht sein und zu erklären – aber sie schmecken Dir vielleicht nicht, und da wünschte ich, sie wären weniger recht, aber appetitlich und nach Deinem Geschmack. Das kleine Stück ist ausnehmend melancholisch, und ‚sehr langsam spielen' ist nicht genug gesagt. Jeder Takt und jede Note muß wie ritardando klingen, als ob man Melancholie aus jeder einzelnen saugen wolle... Herr Gott, die Beschreibung wird Dir Lust machen!"

Brahms hatte ihr das Stück um die Zeit seines 60. Geburtstages gesandt. Sie antwortete ihm: „Du wußtest schon, wie ich schwärmen würde, als Du mir das wunderbare, trotz aller Dissonanzen traurig-süße Stück aufschriebst. In die Dissonanzen legt man sich ja mit Wonne hinein und denkt dabei an den Komponisten, wie er es tut! Hab Dank für diese neue herrliche Gabe. Es ist (eine) recht verkehrte Welt, anstatt daß ich Dich zu Deinem Geburtstag, wie gern, beschenkt hätte, beschenkst Du mich!"

Damit ist die Zeit der Mißverständnisse, der quälenden Auseinandersetzungen zwischen den beiden alten Freunden vorüber. Johannes schreibt an Clara herzliche, oft reizend witzige Briefe, und sie dankt ihm erfreut mit liebevollen Worten, hinter denen leise Wehmut spürbar ist.

Auch anderen gegenüber ist Johannes in den letzten Lebensjahren milder, verständnisvoller geworden. In der Öffentlichkeit feiert er überall große Triumphe, er wird verehrt, geliebt und bewundert wie kein anderer Musiker – außer Richard Wagner. Doch Wagner ist 1883 gestorben. Brahms aber, der ewige Einzelgänger, ist jetzt nicht mehr einsam. Wiener Kollegen und gute Freunde haben ihn in ihrer Mitte aufgenommen, er kommt und geht wie ein geliebtes, etwas schwieriges Familienmitglied, dem man verständnisvoll lächelnd zubilligt, was man anderen verweigern würde.

15 | Gruppenbilder – Momentaufnahmen

Wollte man den alten Brahms im Kreise seiner Freunde zeigen, so käme ein imponierendes Panorama zustande: Bedeutende Musiker, Musikwissenschaftler, Ärzte, Autoren, Maler, Schauspieler und Angehörige aktiver Musikliebhaber-Kreise gehörten dazu. Nicht nur in Wien, Berlin, Leipzig, auch im Rheinland, in Holland, in der Schweiz und im Hamburger Raum gab es zahllose Brahms-Enthusiasten. Sie trafen sich zu Ur- oder Erstaufführungen seiner neuesten Werke, diskutierten und stritten, zweifelten, sorgten und begeisterten sich. In manchen Fällen wuchsen Kinder mit seiner Musik auf, erlebten Brahms als eindrucksvolle Persönlichkeit im häuslichen Kreis. Sie konnten später durch Veröffentlichung eigener Erinnerungen, Briefsammlungen und Photographien die frischen Eindrücke ihrer Jugendtage weitergeben.

Das mag einer der Gründe sein, weshalb Brahms sich im Bewußtsein der folgenden Generationen vor allem als „der alte Brahms" eingeprägt hat. Der bärtige, sarkastisch-distanzierte Meister schiebt sich vor die Gestalt des leidenschaftlichen jungen Musikers, der als Zwanzigjähriger aufbrach in die große fremde Welt – und sie schließlich bezwang.

Eine ihm gemäße, besonders anregende Form musikalischer Geselligkeit fand Brahms in dem 1885 gegründeten *Wiener Tonkünstlerverein*. Er wurde im Dezember 1886 zum Ehrenpräsidenten auf Lebenszeit ernannt. Die Zusammenkünfte des Vereins dienten vornehmlich der Präsentation neuer Werke, nicht nur der arrivierten, sondern auch weniger bekannter Komponisten. Gäste von außerhalb wurden ebenfalls eingeladen, ihre neuesten Kompositionen im Wiener Verein vorzustellen. Auch Stipendien vergab man; Brahms hat diese durch Zuschüsse aus seiner privaten Kasse „königlich protegiert", wie er an Simrock schreibt.

Der musikalische Teil der Abende endete gewöhnlich im vergnüglichen Zusammensein der Mitglieder und Gäste. Brahms genoß das. Andererseits fanden manchmal im Führungsgremium auch harte Diskussionen statt, denen er sich nicht entzog; er nahm den Verein ernst.

Zu sonntäglichen Wanderungen in den Wiener Wald rief er gern einen Kreis jüngerer Kollegen zusammen: Man traf sich, außer während der Sommerreisezeit oder bei beruflicher Verhinderung, um 9 Uhr früh, meistens am Caféhaus gegenüber der Hofoper. Brahms war immer als erster zur Stelle. Epstein, Goldmark, Brüll, Robert Fuchs und Anton Door, auch Richard Heuberger, Kalbeck und Gustav Jenner nahmen teil, manchmal sogar mit Damen. Doch wurde ihre Beteiligung durch das lebhafte Wandertempo, das Brahms einschlug, in Grenzen gehalten. Eusebius Mandyczewski, der Nachfolger von Carl Ferdinand Pohl im Archiv der Gesellschaft, fehlte nie. Mit „Mandy", geboren 1857, verband den Meister eine ungewöhnliche Freundschaft. Ihm gegenüber konnte Brahms unbekümmert seinen tolpatschigen Witz spielen lassen, Mandy verstand ihn stets, ging auf alles ein, verpackte, wenn nötig, Brahmssche Kompositionen für den Postversand (ein Unternehmen, das dieser haßte), war ein hervorragender Musikkenner, ein zuverlässiger Wanderkamerad, Jünger, Freund und Sohnersatz in einem. Wie sehr Brahms gerade in späteren Lebensjahren eigene Kinder vermißte, geht aus vielen seiner Äußerungen hervor.

Seine Beziehungen zu Kindern sind schwer zu durchschauen. So fehlt jeder Bericht aus seiner eigenen Kindheit; wir erfahren nirgends, wie er als Junge zu der älteren Schwester, dem jüngeren Bruder stand. Haben sie miteinander gespielt? Gestritten? Gab es Eifersüchteleien? Hing Johannes als Kind an ihnen? Später hat er, wie wir wissen, trotz unterschiedlicher Ansichten von den Problemen des Elternpaares mit großer Treue und Hilfsbereitschaft auch zu den Geschwistern gehalten. Ob er als Zehn-, als Zwölfjähriger gleichaltrige Freunde hatte, erfährt man nirgends. Kamen richtige Kinderspiele im Leben dieses verträumten, scheuen, von früh an musikbesessenen Jungen überhaupt vor?

Kinder zwischen zwei und zwölf Jahren spielen zum erstenmal eine Rolle, als Johannes ins Schumannsche Haus kommt. Nach Roberts Zusammenbruch wächst er in die Rolle des ältesten Sohnes hinein. Er teilt den Alltag mit Claras Kindern, wenn sie auf Konzertreisen geht, liest ihnen die Briefe der Mutter vor, übt mit den größeren Klavierstücke des Vaters. (Den Jungen bringt er auch Purzelbäume bei.) In dieser Zeit, knapp 21 Jahre alt, vertritt

Johannes strenge pädagogische Ansichten: Die Geschwister sollen alle Geschenke miteinander teilen; nicht jede kindliche Leistung sollte sofort belohnt werden, nicht jeder Besucher etwas mitbringen. Der ältere und alte Brahms hat während seiner sommerlichen Reiseaufenthalte, vor allem in Österreich und Italien, die Taschen voller Zuckerln und kleiner Münzen gehabt. Er verteilte sie an die jeweilige Ortsjugend. Inkonsequenz? Er hat freilich nur arme, unverwöhnte Kinder damit bedacht, die deshalb den Doktor Brahms überall freudestrahlend begrüßten. Was er dabei empfand, schrieb er Clara aus Ischl: „Ich gehe nicht aus, ohne daß mir das Herz lacht und ich die Empfindung eines frischen Trunkes habe, wenn ich so ein paar allerliebste Kinder gestreichelt habe."

Den Kindern der Freunde gegenüber kehrt er gerne Prinzipien heraus. Manchmal müssen sie „Mutproben" bestehen, dann wieder zeigt sich die Neigung, gerade die Kleinsten durch haarsträubende Äußerungen zu erschrecken: Er würde ihnen das Näschen mit der Zigarrenschere abknipsen, sagt er, oder er gießt ihnen das erbetene Glas Wasser von hinten in den Halsausschnitt. Scherze einer pubertären Entwicklungsphase, die der jugendliche Hannes nie richtig hat ausleben können. Noch mit zweiundzwanzig Jahren beschäftigt er sich begeistert mit Zinnsoldaten, und als der 13jährige Huberman ihm 1896 sein Violinkonzert zu Dank spielte, vergaß er über dessen Briefmarkenalbum Zeit und Ort. Vielleicht auch holte sich der geniale Musiker aus Traumräumen der Kindheit jene Frische und Unberührtheit, die uns aus den schönsten seiner Melodien entgegenklingt; Melodien, die gewissermaßen auf den Spuren der Volkslieder entstanden.

Persönliche Beziehungen besonderer Art entwickelten sich im Laufe der achtziger Jahre zwischen der Familie Fellinger und Johannes Brahms. Dr. Richard Fellinger war 1882 als Generaldirektor der Firma Siemens und Halske von Berlin nach Wien versetzt worden. Im Zuge der technischen Entwicklung jener Jahre und durch die Tüchtigkeit seines Direktors wurde das Werk bald ein wichtiger Faktor in der österreichischen Industrie. Beide Eheleute waren kultivierte, grundmusikalische Menschen und mit Clara Schumann befreundet, die auch die Beziehung zu Brahms herstellte. Im Fellingerschen Haus wurde viel und gut musiziert, Maria studierte mit ihrer Freundin Anna Franz jedes neue Brahmslied. Vorgesungen hat sie ihm nie. Sie bemühte sich im Gegenteil, die Berufsatmosphäre, die ja bei fast allen Wiener Freunden dominierte, so weit wie möglich zurücktreten zu lassen. Brahms kam gern als einziger Gast ins Haus und fühlte sich mit Recht wie ein Familienmitglied. In späteren Jahren verlegte er manche Konzertproben zu Fellingers – Kammermusik mit Robert Hausmann, der ihnen nahestand, mit Marie Soldat oder Joachim – oder begleitete Hermine Spies zu Liedern, die sie im nächsten Konzert singen wollte.

An solchen musikalischen Genüssen nahmen die beiden jungen Söhne begeisterten Anteil. Sein Verhältnis zu ihnen war durchaus familiär, gefördert durch den gemeinsam in Mürzzuschlag verlebten Sommer 1885. Es war Brahms' zweiter Sommer dort, er arbeitete am Scherzo und Finale seiner 4. *Symphonie*. Doch hinderte ihn das keineswegs daran, allerhand gemeinsame Unternehmungen zu veranlassen, Wagenfahrten, Spaziergänge; einmal wurde in größerem Kreise die Vorstellung eines Zauberkünstlers besucht. Es gab dabei immer etwas zu lachen, Brahms vertrug sich glänzend mit den damals zwölf- und dreizehnjährigen Söhnen. Einmal erlebten sie gemeinsam ein aufregendes Ereignis. Im Nachbarhaus von Brahms war Feuer ausgebrochen, die Feuerwehr raste herbei, eine Zimmermannswerkstatt war am stärksten betroffen. Da das Feuer auf das Fürstlich-Sulkowskische Haus überzugreifen drohte, in dem Brahms wohnte, holte Dr. Fellinger dessen neuestes Manuskript heraus, während sich Brahms um die bedrohte Werkstatt kümmerte. Maria und die Söhne hatten dann das ehrenvolle Amt, auf den kostbaren handgeschriebenen Schatz aufzupassen: So etwas vergißt ein Kind nie.

Maria Fellinger war sowohl musikalisch als auch bildnerisch begabt. Sie hat Brahms wiederholt gezeichnet – nie in seiner Gegenwart, da sie wußte, wie unsympathisch ihm das war –, aber gleich nach seinem Fortgehen. Dabei, wie auch in verschiedenen bildhauerischen Arbeiten, gelang ihr manche charakteristische Ähnlichkeit. Eine ihrer Brahms-Büsten wurde später in Mürzzuschlag aufgestellt. Die schönsten Dokumente hat sie mit einer modernen Kamera geschaffen, oft unbemerkt vom Objekt. So entstanden echte Schnappschüsse, die mehr über Brahms aussagen als manche feierlichen Denkmäler, die nach seinem Tode errichtet wurden. Sie hatte ein instinktives Gespür für das, was er mochte und was nicht, was ihm gut tat, was man ihm unbedingt ersparen mußte. So kümmerte sie sich sofort um seine Wohnsituation, als die Wohnungsinhaberin gestorben war und er befürchtete, ein neues Domizil suchen zu müssen. Sie traf günstige Vereinbarungen für ihn und fand eine geeignete Betreuerin für seinen Haushalt, eine verwitwete Dame mit zwei kleinen Söhnen. Frau Truxa stellte sich ganz auf seine Wünsche ein, störte ihn nie und sorgte ohne alles Gerede, fast unbemerkt, für den praktischen Bereich. Brahms schloß ihre Kinder in sein Herz und bestand darauf, daß die weihnachtliche Bescherung unter dem brennenden Baum in seinen Zimmern stattfand. Den Jungen spendete er dann jedesmal geeignete und besonders hübsche Bücher.

Erst in reiferen Jahren entwickelte Brahms ernsthaftes Interesse für die bildenden Künste. Seine Italienreisen förderten Kenntnisse wie Begeisterung. Daß er aus dem Süden jedesmal heiterer, aufgeschlossener zurückkehrte, bewirkten natürlich auch die unbekümmerte Atmosphäre, die vielen kleinen Kontakte mit der Bevölkerung, dem „Volk" schlechthin. Doch auch sein ausgeprägter Sinn für Proportion, für natürliche Schönheit und Großartigkeit erfuhr Bestätigung. „Reine Schönheit konnte ihn bis zu Tränen rühren", sagte Widmann, der ihn dreimal nach Italien begleitet hat. Brahms reiste stets gut vorbereitet dorthin, aber er stand nicht mit dem Baedeker in der Hand vor Kirchen und Kunstwerken. Er suchte sie auf seine Weise zu ergründen, näher kennenzulernen – zu lieben. Erst wenn er sich in sein sommerliches Domizil begab, widmete er sich kunsthistorischen Werken, vor allem von Burckhardt und Gregorovius.

Fragen der zeitgenössischen bildenden Kunst haben ihn schon in jüngeren Jahren beschäftigt, so, als er in Baden-Baden mit Anselm Feuerbach zusammentraf, als dort die Freundschaft mit dem Kupferstecher und Photographen Julius Allgeyer vertieft wurde, den er seit den Düsseldorfer Jahren kannte. Er schätzte ihn sehr und war später von seiner Feuerbach-Biographie tief beeindruckt. An Henschel schrieb er einmal: „Es gibt wenig Menschen auf der Welt. Die beiden Schumanns, Robert und Clara, waren wirklich zwei schöne Menschenbilder. Alles Wissen, alle Bedeutung und Stellung nach außen hin wiegt das nicht auf, ein schönes Menschenbild zu sein. Kennen Sie Allgeyer in München? Das ist auch eines."

Ganz neue Erkenntnisse wurden ihm durch Max Klingers Radierungen zu *Amor und Psyche* zuteil. Er hatte Brahms diese Mappe gewidmet. Klinger war damals erst 23 Jahre alt, ein leidenschaftlicher Musikliebhaber, von Schumanns Musik in einer Art beeinflußt, „die zu erklären mir unmöglich ist". Noch unmittelbarer packten ihn Werke von Brahms. Er kannte viele, spielte die Klaviersonaten hervorragend, liebte seine Lieder, am meisten das *Schicksalslied für Chor und Orchester.* Zum 60. Geburtstag von Brahms schuf er über 40 Blätter, die er *Brahms-Phantasie* nannte und die den Komponisten zunächst bestürzten, dann faszinierten und schließlich tief beglückten. Brahms konnte nicht näher definieren, *was* ihn eigentlich an Klingers graphischem Werk so stark anzog, an der *Phantasie*, die ja keine Illustrationen der Liedinhalte bot. Die Tragödie des Menschen in Hölderlins *Schicksalslied* spiegelte sich für Klinger im Mythos des Prometheus. Brahms fühlte, daß Traumhaftes daraus sprach, Traum-Symbole, die in ähnlicher Weise in seiner Komposition verschlüsselten Ausdruck gefunden hatten.

Verständnis für Klingers Phantasien (die später von den Surrealisten als wesensverwandt empfunden wurden) verrät der Brief, mit dem Brahms sich für die Widmung dieses zweiten Werkes bedankt:

„Ich *sehe* die Musik, die schönen Worte dazu – und nun tragen mich ganz unvermerkt Ihre herrlichen Zeichnungen weiter; sie ansehend, ist es, als ob die Musik ins Unendliche weitertöne und alles aussprüche, was ich hätte sagen mögen, deutlicher, als Musik es vermag, und dennoch ebenso geheimnisreich und ahnungsvoll. Manchmal möchte ich Sie beneiden, daß Sie mit dem Stift deutlicher sein können, manchmal mich freuen, daß ich es nicht zu sein brauche. Schließlich aber muß ich denken, alle Kunst ist dasselbe und spricht die gleiche Sprache."

Die späteste Freundschaft mit einem großen Maler ergab sich mit Adolph von Menzel. Er war um achtzehn Jahre älter als Brahms und ebenfalls, wie Klinger, ein kenntnisreicher Musikliebhaber. In Berlin besuchte er regelmäßig die Konzerte des *Joachim-Quartetts* und erlebte als Abonnent die Erstaufführung der Brahmsschen *Klarinettenwerke.* Beeindruckt von dem herrlichen Spiel des Meininger Solo-Klarinettisten zeichnete ihn Menzel griechisch verfremdet und sandte das Ergebnis Brahms als Geburtstagsgruß: „Es wird hier vielfach Ihrer gedacht, und tauschen wir öfter unsere Verdachtgründe aus, daß höchstwahrscheinlich an jenem gewissen Abend zu Ehren des Werkes (in Meiningischer Gesellschaftstoilette unkenntlich) erschienen gewesen – die Muse, um eine gewisse Holzbläserpartie persönlich auszuführen. In der Anlage (ein) Versuch, die hehre Vision zu fixieren." Wir kommen auf die beiden Werke noch zurück.

Brahms und Menzel haben sich selten gesehen, aber stets prächtig verstan-

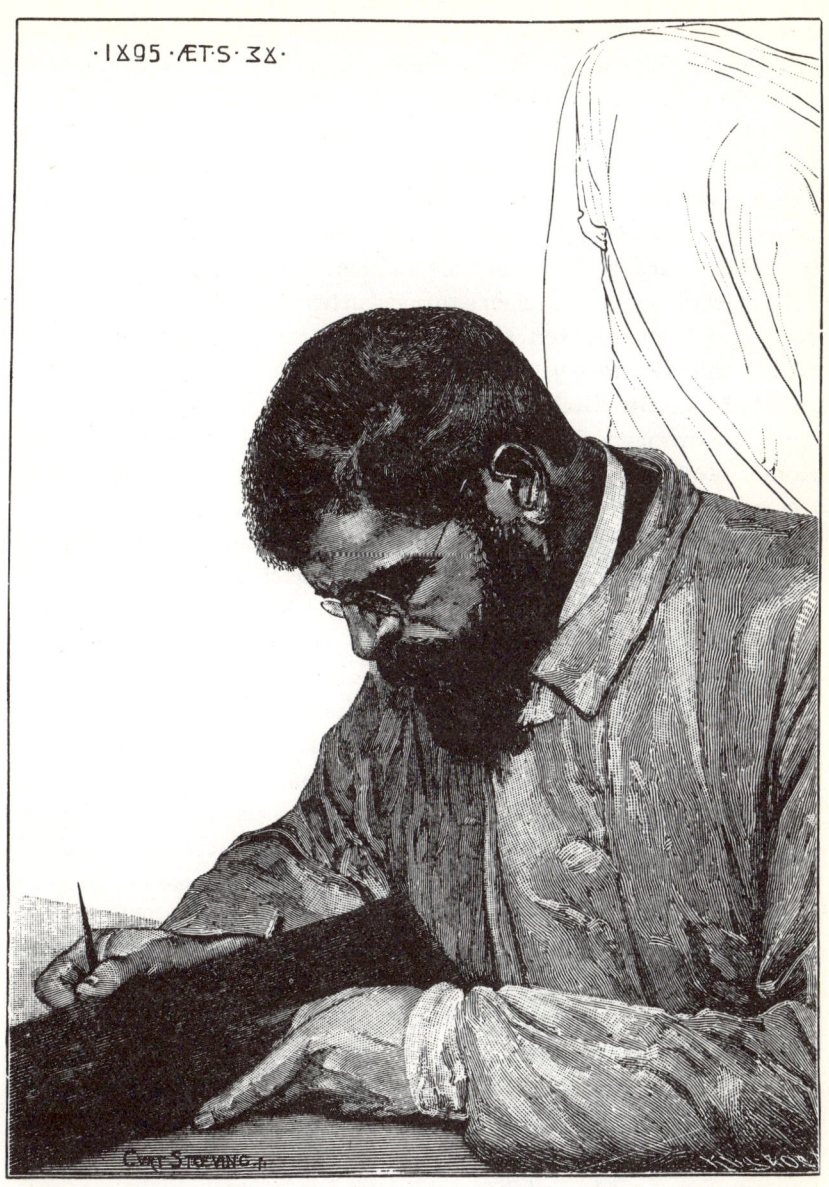

·1895· ÆT·S· 35·

Max Klinger, radierend. Holzstich nach einem Gemälde von K. Stoeving

den. So durfte Brahms nachträglich, da er zum termingerechten Datum nicht kommen konnte, Menzels 80. Geburtstag feiern, und zwar allein mit ihm im Atelier in der Margarethenstraße, mit Rheinwein, Sekt und Austern schlemmerhaft bewirtet. Sonst beharrte Menzel auf seiner von früh an geübten Bescheidenheit; der preußische Lebensstil gefiel Brahms und entsprach seiner eigenen Grundhaltung. Es ist charakteristisch für den berühmten Komponisten, daß er sich dem malenden „Kollegen" gegenüber – beide waren Ordensträger des Pour le mérite – als Laie und Lernender verstand.

Das Gebiet, auf dem er selber so manchem Lernenden hätte helfen können, blieb leider fast unbeackert. Offenbar wurde weder vom *Tonkünstlerverein*, noch von der *Gesellschaft der Musikfreunde* erkannt, welche hohen pädagogischen Fähigkeiten Brahms besaß. Er wäre auch durchaus bereit gewesen, in den Wintermonaten eine Art Meisterklasse in zwangloser Form am Wiener Konservatorium zu leiten, doch niemand forderte ihn dazu auf. So gibt es nur wenige Musiker, die von seinen Kenntnissen und Erfahrungen, seiner imponierenden geistigen Haltung profitiert haben. Das waren vor allem Richard Heuberger, Max Graf und Gustav Jenner, letzterer von Klaus Groth empfohlen. Er durfte Brahms eine Zeitlang jeden neuen Kompositionsversuch vorlegen, Lieder, Variationen, Sonatensätze. In diesen Stunden lernte er begreifen, warum Brahms so selten lobte, sich auf die sachlich wichtigsten Komplexe beschränkte und die jungen Kollegen dazu erziehen wollte, selbständig das Fehlerhafte in ihren Arbeiten zu erkennen und daraus die richtigen Schlüsse zu ziehen. Alle drei haben Erinnerungen an diesen „Unterricht" von Brahms festgehalten, oft auch wesentliche Äußerungen von ihm, Beobachtungen, die nicht nur Fachliches betreffen. Jenner schreibt einmal:

„Brahms' Art zu sprechen hatte etwas Kurzes, Abgerissenes... man hatte bei ihm den Eindruck, daß er nur ungern spreche und nur das Allernotwendigste. Seine Sätze stellte er präzise und scharf hin und traf hier jedesmal den Nagel auf den Kopf; aber er verschwieg weit mehr, ja oft die Hauptsache, ohne die seine Worte gar nicht richtig verstanden werden konnten. Alles das

Rechts: Brahms begleitet Alice Barbi bei ihrem Abschiedskonzert im Bösendorfer-Saal des Liechtenstein-Palais, Wien

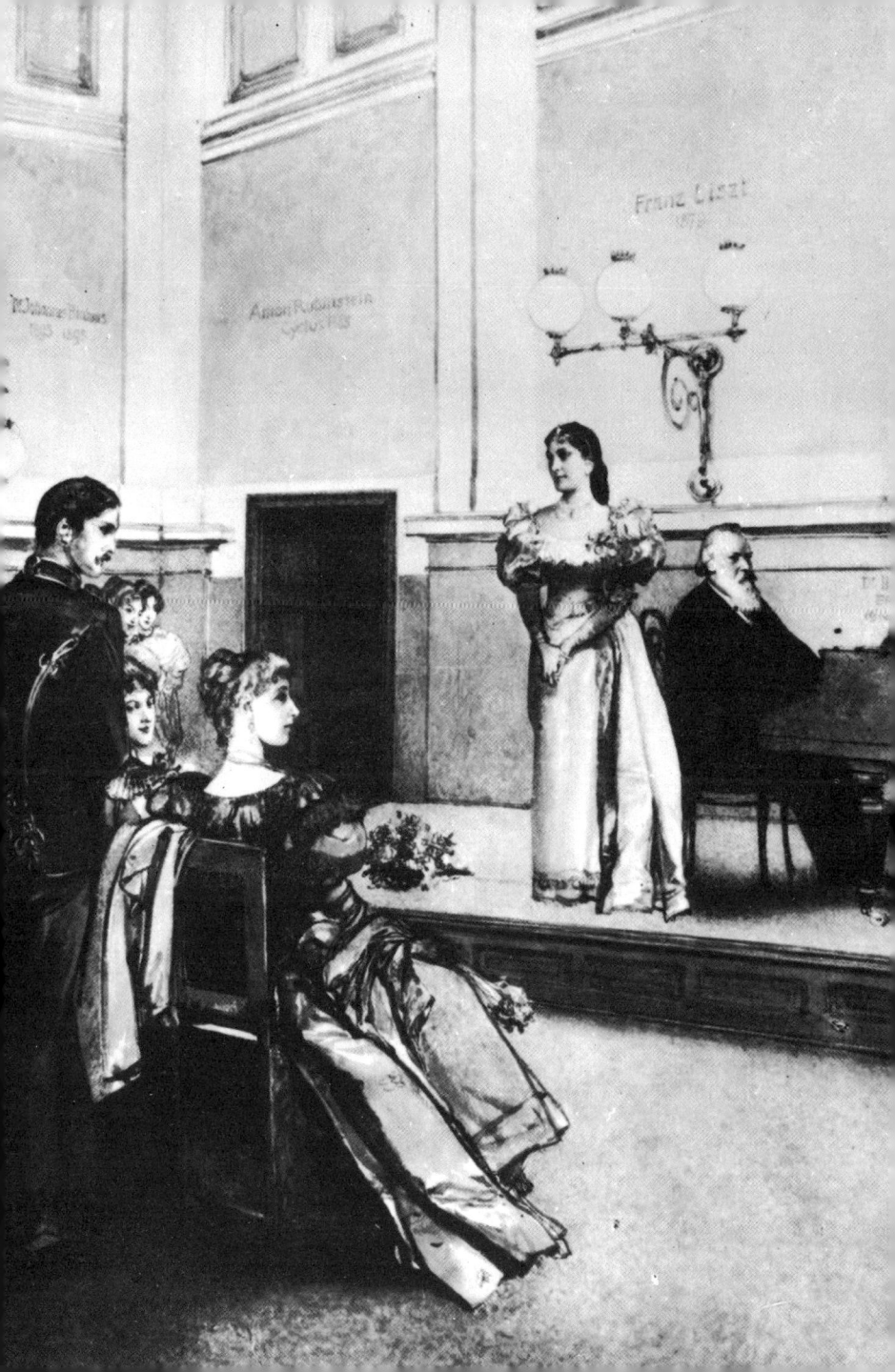

Clara Schumann am Klavier

steigerte sich, wenn er in die Lage kam, von sich selbst sprechen zu müssen. Jeder, der Brahms nähergestanden hat, weiß, wie kurz wegwerfend, fast verletzend er von seinen eigenen Werken sprechen konnte; gerade auf diesem Gebiet war es schwerer als sonst, ihn richtig zu verstehen."

Nein, Brahms wäre nicht geeignet gewesen, als Lehrender vor einer Klasse zu stehen oder gar das Haupt einer „Schule" zu repräsentieren. So sehr er reine Männergesellschaften schätzte – am Stammtisch, auf Reisen, bei beruflichen oder gesellschaftlichen Zusammenkünften und natürlich ohne Frackzwang –, das Gespräch mit einem Lernenden konnte für ihn nur der Dialog sein.

Da hier das Wort von den Männergesellschaften gefallen ist, muß man daran erinnern, daß der jugendliche Johannes seine Freunde zu sich nach Hause nie hatte einladen können. Selbst in finanziell günstigeren Jahren war Gastlichkeit in der kleinbürgerlichen Enge der elterlichen Wohnung nicht möglich. Er gewöhnte sich schon früh daran, Freunde und Kollegen in deren Häuslichkeit, lieber noch in einfachen Lokalen zu treffen. Als später durch den überall willkommenen Hamburger Frauenchor die Gewohnheit entstand, reihum zu proben, wurde im Sommer manchmal auch im Freien gesungen; Johannes dirigierte, wie Clara Schumann beschrieben hat, von einem Baum aus. Sicher wurde hinterher in irgendeinem Gartenlokal etwas verzehrt. Auf seinen späteren Sommerreisen bildeten sich stets gemütliche Stammtische mit Ortsansässigen und Freunden. In Wien fand Brahms sehr bald die behaglichsten und preiswertesten Lokale heraus, die als Treffpunkte des großen Freundeskreises geeignet waren: der *Rote Igel*, der *Kronprinz*, die *Goldne Kugel* oder die *Gausesche Bierquelle*, auch Dorfwirtschaften im Prater wie die *Csárda* – wegen der Zigeunerkapelle und der feurigen Nationalspeisen –, und natürlich die verschiedensten Cafés. Ein „Schwarzer" bildete stets den Abschluß einer Mahlzeit für Brahms, auch zu später Stunde.

Max Graf berichtet, daß er als Jura- und Musikstudent mit wenig Geld sein Abendessen meist in einem kleinen „Tschecherl" eingenommen habe, dessen Gäste nicht immer gesellschaftsfähig waren. In einer eiskalten Winternacht besuchte eine elegante Gesellschaft zu später Stunde das Beisel, angeführt von Brahms. Die Gruppe nahm Platz und bestellte Bier. Kurze Zeit danach trafen weitere Gäste ein: ein bekanntes Straßenmädchen mit zwei Zuhältern, alle drei ziemlich angetrunken. Sie nahmen in der Nähe von Brahms Platz,

Kaffeehaus in einer Wiener Vorstadt. 1893

bestellten Schnäpse und Likör, und die Frau rief durch den allgemeinen Lärm zu ihm hinüber: „Professor, spiel uns etwas auf, wir möchten gern tanzen! Graf hatte den Eindruck, daß Brahms sie kannte.

Er erhob sich und begann auf dem verstimmten Pianino Walzer und Quadrillen zu spielen, die längst aus der Mode waren. Die „Dame" tanzte abwechselnd mit ihren Freunden, auch andere Gäste benutzten die einmalige Gelegenheit, sich von Brahms zum Tanz aufspielen zu lassen. Etwa nach einer Stunde kehrte er an seinen Tisch zurück, zahlte und verließ das Lokal mit seinen Begleitern. Später erfuhr Graf, daß in jener Nacht Tanzmusik der fünfziger Jahre erklungen war, wie Brahms sie als Junge in Hamburger Matrosenkneipen gespielt hatte.

Man muß sich die Situation eines Junggesellen in der damaligen Gesellschaft vorstellen: Näherte er sich einem Mädchen der bürgerlichen Kreise oder einer jungen Künstlerin, mit der er beruflich zu tun hatte, über (sehr enge) erlaubte Grenzen hinaus, so kompromittierte er sie und es wäre ihm wie bei Agathe ergangen: Er hätte sie heiraten oder die Beziehung abbrechen müssen. Dieses Tabu zwang den Einzelgänger zu Beziehungen, über die „man" nicht sprach. Brahms hatte gelernt, damit zu leben. Das macht seine gelegentliche Gereiztheit und manchmal kränkende Ungerechtigkeit bürgerlichen Frauen gegenüber verständlicher.

Andererseits genoß Brahms es im Alter durchaus, nach erfolgreichen Konzerten von hübschen jungen Damen oder Künstlerinnen umgeben zu sein, besonders wenn er die Leistungen der letzteren anerkennen konnte. Er hatte dann einen gelockerten, Neckereien bevorzugenden Ton; fast ein bißchen Boheme-Atmosphäre kam auf. Die Sängerinnen seiner Lieder, die junge Geigerin Marie Soldat – sein „Soldätle" – waren so ziemlich die einzigen berufstätigen Frauen, die er kannte. Außer Clara. Aber sie war in jeder Beziehung ein Sonderfall, nicht nur als Pianistin. Im Laufe ihres schweren, von Katastrophen verdüsterten Lebens war sie ein sehr selbständiger, bewußt disponierender und zweifellos autoritärer Mensch geworden. In der männlich bestimmten Weltanschauung von Brahms hatten Frauen solchen Formats im Grunde keinen Platz. Er erkannte Claras künstlerische Leistung, ihre menschliche Bedeutung an und trat wiederholt anderen gegenüber in ritterlicher Weise für sie ein. Gleichzeitig aber waren ihm gerade ihre Vorzüge unbehaglich; leiser Spott klingt fast immer mit, wenn er ihre Gewissenhaftigkeit, ihren künstlerischen Ernst, ihr Verantwortungsgefühl lobt. Und manchmal kann man sich des Eindrucks nicht erwehren, als träten unbewußte Reaktionen auf, als werde er von nie Ausgesprochenem überwältigt, etwa: Durch diese Frau bin ich um mein Lebensglück betrogen worden…

Dann wieder gibt es Momente, in denen seine Verbundenheit mit ihr sich in ihrer ganzen Tiefe, mit dem ihm eigenen knurrigen Humor offenbart. So, als Clara ihre Kadenzen für Mozarts *d-Moll-Konzert* veröffentlichen wollte und entsetzt feststellte, daß einige Stellen darin von Johannes stammten. Er schrieb ihr:

„Ich bitte Dich, laß ja die Kadenz ohne weiteres mit Deinem Namen in die Welt gehen… Ich könnte Dir so manches Werk zeigen, an dem mehr von mir

Brahms auf dem Weg zum Roten Igel. Schattenriß von Otto Böhler

ist als eine ganze Kadenz! Zudem aber müßte ich dann von Rechts wegen zu meinen besten Melodien schreiben: eigentlich von Clara Schumann! Denn wenn ich an mich denke, kann mir doch nichts Gescheutes und gar Schönes einfallen. Dir verdanke ich mehr Melodien, als Du mir Passagen und derlei nehmen kannst."

16 | Das letzte Kapitel

Der Winter 1889/90 gab Brahms Veranlassung zu persönlicher Besinnung, ausgelöst wahrscheinlich durch eine heftige Influenza, die den bisher stets Gesunden jäh überfallen hatte. Er dachte zum erstenmal an ein Testament, schuf Ordnung in einigen noch unvollendeten Kompositionen, vernichtete andere, die ihm weniger gelungen erschienen. Schließlich „kastrierte" er das überschwengliche *H-Dur-Trio* von 1853/54. Brahms besaß die Fähigkeit, sich unbefangen in die Stimmung, die Ausgangslage früherer Werke zu versetzen; vielleicht, weil in seiner schöpferischen Entwicklung kein radikaler Bruch stattfand und wesentliche Grundzüge seines Komponierens von vornherein vorhanden waren. So blieb dem *H-Dur-Trio* die romantische Gefühlsintensität erhalten, während die Form konzentrierter, klassischer geworden war.

In Ischl, im darauffolgenden Sommer, schrieb er ein Kammermusikwerk von hinreißendem Schwung, das *2. Streichquintett G-Dur*, in das er Wiener Walzerklänge und Csárdás-Rhythmen eingebracht hat. Musizieren hieß für Brahms seit je: Kammermusik machen, am liebsten in kleinem Rahmen, am „behaglichsten" im häuslichen. In seinen Kammermusikwerken hat er am reinsten zum Ausdruck gebracht, worum es ihm ging; hier kommen die Feinheiten seiner Stimmführung, die komplizierten thematischen Verschränkungen, Freiheit und Weite des Melos am beglückendsten zum Ausdruck. Um die Symphonie hat Brahms gerungen, und bei der ersten ging es um Leben oder Tod; jahrelang noch hörte er den „Riesen" Beethoven hinter sich marschieren. Nicht bei der Kammermusik. In ihr schuf er sich eine Freizone, die das Vorangegangene fortsetzt, ihm neue Räume eröffnet. Er schuf sich eine eigene Welt, mit Sonne, Mond und Sternen, wie in den schönsten seiner Lieder.

Im August 1891 schrieb er an Simrock: „Wie oft habe ich mir fest vorgenommen, nichts mehr drucken zu lassen, niemals aber so sicher, lustig und energisch, als da ich Ihnen diesen Frühling meinen ‚letzten Willen' schrieb. Ich war so glücklich, fühlte mich so frei und sicher – daß mir immer das Hübscheste und Lustigste einfiel und zuflog. Mit gar vielem habe ich den Sommer gespielt, und einiges bleibt wohl auch…" Und dann kündigt er dem Verleger geheimnisvoll „zwei recht anständige Werke" an, „die noch dazu ganz neu in unserem Katalog sind".

Man kann sich vorstellen, wie aufgeregt Fritz Simrock nach dieser Andeutung seines Komponisten Tag für Tag auf die Manuskripte wartete! Es waren *Klarinettentrio und -quintett,* entstanden aus dem intensiven Klangerlebnis, das ihm der Soloklarinettist Richard Mühlfeld bei einem Besuch in Meiningen bereitet hatte. Brahms verliebte sich in den schwermütig klagenden Ton dieses romantischen Instrumentes, er erkannte die Möglichkeiten klanglicher Kombinationen mit anderen, nicht nur Streichinstrumenten. Sein *Klarinettentrio* wirkt herber, weniger vital als das *Quintett,* das in seinen reizvollen Klangmischungen eine Fülle thematischer Beziehungen zwischen den einzelnen Sätzen vermittelt.

1892 mußte Brahms seinen ersten Testamentsentwurf von Simrock zurückerbitten, weil der Tod seiner Schwester Änderungen erforderlich machte. Erst wenige Wochen vor seinem eigenen Ableben hat Brahms dann das schwierige Werk mit Dr. Fellinger besprochen, der für eine juristisch einwandfreie Vorlage sorgte. Doch Brahms war damals offenbar nicht mehr in der Lage, den Text abzuschreiben und zu unterzeichnen. Daher dauerte der Rechtsstreit nach seinem Tode viele Jahre.

Im selben Monat wie Elise war auch Lisl von Herzogenberg gestorben, sie, die er oft vernachlässigt, manchmal gekränkt und im tiefsten Herzen geliebt hatte. Das ging ihm lange nach. Ein Jahr später starb das lustige Herminche, Hermine Spies, die erst im Frühjahr 1892 geheiratet hatte. Brahms saß fassungslos vor dieser Nachricht. „Erst fast ohne Gedanken, dann mit wirbelnden."

Und doch hatte da schon eine Nachfolgerin sein Herz, sein Ohr mit Beschlag belegt: Alice Barbi, eine dunkelhaarige Südländerin mit samtener kultivierter Altstimme und einer Ausdrucksfähigkeit, die den Komponisten überwältigte. Als er zum erstenmal einige seiner Lieder von ihr gehört hatte, sagte er, glühend vor Begeisterung: „Ich wußte gar nicht, wie schön meine Lieder sind. Wenn ich jung wäre, würde ich jetzt lauter Liebeslieder schrei-

ben!" Und zu Freunden, gleich danach: „Heute, jetzt, eben habe ich zum erstenmal meine Lieder singen hören!"

Alice wurde die letzte Liebe seines Lebens. Er war glücklich, ihr die Wiener Schrammeln im Prater vorführen zu können, holte sie vom Hotel ab, korrekt gekleidet, sogar mit steifem Hut und Handschuhen – ein bei Brahms un-
gewohnter Anblick. Kurz vor ihrer Verheiratung nahm sie mit einem Lieder-
programm im *Bösendorfer-Saal* Abschied von ihrem Wiener Publikum. Zur
allgemeinen Überraschung betrat nach ihr nicht der gewohnte Begleiter das
Podium, sondern Johannes Brahms. „Etwas verlegen und mit der Unge-
schicklichkeit eines großen Neufundländers, der seiner Herrin folgt", beschreibt Max Graf den Auftritt. Er schildert die Art seines Begleitens:
„Brahms blieb auch als Klavierbegleiter der große selbstbewußte Musiker. In
diesem Konzert standen sich zwei gleichberechtigte Musiker gegenüber:
Brahms und die Barbi. Ihr Musizieren war gleichmäßig, mit gleichmäßig ver-
teilter Bedeutung vom Gesangs- und Klavierpart. Die Sängerin allein war
nicht die Hauptsache, nur das Lied war wichtig, und sowohl die Sängerin als
auch der Pianist arbeiteten im Dienste des Komponisten und des musikalischen Ausdrucks... Brahms' Spiel war einfach und kräftig. In ihm erkannte
man geistige und musikalische Stärke, nicht nervöse Überempfindlichkeit,
die in hundert kleine Farbflecke zersprüht. Wenn Brahms Klavier spielte,
war die Zeichnung wichtig und nicht die Farben.

Aber noch ein anderer Zug, der nicht mehr zu finden ist, trat in der Beglei-
tung Brahms' zutage. Sie war aufgebaut wie eine Symphonie. Sie zeigte Ein-
heit, Entwicklung und Steigerung. Die Musik erreichte ihre Höhe mit der
Verwendung musikalischer Kräfte, die von innen heraus wirkten. Wenn
Brahms seine Lieder begleitete, blieb er der Schöpfer großer symphonischer
Formen."

Hier ist einzufügen, daß Brahms, der so viel Sinn für alles Neue, auch neue
technische Erfindungen zeigte, durch Dr. Fellinger 1889 den Edisonschen
Phonographen kennenlernte, der im Wiener Grand Hotel vorgeführt wurde.
„Es ist wieder, als ob man ein Märchen erlebe", schrieb Brahms an Clara. Er
erklärte sich bereit, für den Phonographen zu spielen; einen *Ungarischen
Tanz* und Teile eines *Walzers*. Die Vorbereitungen waren langwierig und
schwierig, es mußte ein riesiger Trichter unter dem Instrument befestigt werden. Die Klaviertöne wurden vom Phonographen nur schwach wiedergege-

ben, Nebengeräusche übertönten sie zum Teil. Alle vorsichtigen Versuche, den Klavierklang stärker herauszuarbeiten, ohne die empfindliche Wachsrolle zu beschädigen, blieben erfolglos. Die Vorstellung, man hätte im 20. Jahrhundert erfahren können, wie Brahms im 19. Jahrhundert spielte – eine Utopie –, hat auch heute noch etwas Faszinierendes.

Den offiziellen Huldigungen zu seinem 60. Geburtstag wollte Brahms unter allen Umständen ausweichen und den Tag mit guten Freunden ungestört in Italien verleben. Er traf sich mit Widmann und zwei ihm befreundeten Musikern in Mailand, von dort ging es gemeinsam nach Neapel. Gleich zu Beginn der Reise verlor Brahms den größten Teil seines Reisegeldes, nahm es mit Humor und betrachtete den Verlust als Opfer für die Götter. Sonst war die Reise, die von Neapel nach Sorrent und dann nach Sizilien führte, „in jeder Beziehung vollkommen zu nennen. Das Wetter unausgesetzt herrlich wie das Land und die Leute. Man fährt aber durch ganz Italien wie durch den schönsten Garten, der sich mir sehr oft zum Paradies steigert." Seine drei erheblich jüngeren Begleiter konnten mit ihm kaum Schritt halten, er war entschieden „der Rüstigste und Ausdauerndste, stets der Letzte zu Bett und der Erste hinaus", meldete er Clara.

In Neapel sollte der eigentliche Festtag begangen werden, doch tat Widmann auf dem Schiff einen lebensgefährlichen Sturz und konnte von Glück sagen, daß er mit einem gebrochenen Bein davonkam. Es ist wohl das einzige Mal in seinem Leben, daß Brahms eines Erkrankten wegen sofort alle eigenen Pläne aufgab. Er schickte die beiden Musiker nach Pompeji und umsorgte den darniederliegenden Freund „wie eine Krankenschwester"; so Widmann später. Der Wunsch, den Geburtstag in südlicher Einsamkeit zu begehen, wurde Brahms also erfüllt – allerdings nicht ganz so, wie er sich's gedacht hatte. Am 7. Mai erreichten ihn wenigstens einige Glückwünsche von Freunden, darunter ein gereimter Gruß von seinem Kollegen und „Katter-Mäng-Partner" Ignaz Brüll, an dem Brahms sicher seinen Spaß hatte:

„Verehrter Freund!
Die Welt wird Sie heute nicht verschonen
Mit Gratulationen –
Auf eine mehr kommt es nicht an –
So denke ich und fange an.

Da höre ich Sie: ‚Das ist zu arg!
So viele Briefe! Zum Teufel mit dem Quark!‘
Das verschlagt mir die Red,
Ich werde ganz blöd!
Doch freuen darf ich mich immerhin
Daß ich Ihr Zeitgenosse bin –
So gratuliere ich denn ganz still

Ihrem treuen
Ignaz Brüll“

Im Februar 1894 starb nach langem schweren Leiden des Meisters „getreuester Taktstecken“, Hans von Bülow. Theodor Billroth war ihm um wenige Tage vorausgegangen. Abschiede von geliebten Menschen – und dadurch näherrückend: der Tod.

Die innere Auseinandersetzung mit ihm durchzieht wie ein unerbittlich fortschreitender Baß das ganze Leben und Schaffen dieses norddeutschen Musikers, der sich so gern in österreichischer Diesseitigkeit zu Hause fühlen wollte und den der tiefe Ernst seines Wesens, die bitteren Eindrücke und Enttäuschungen früher Jahre immer wieder eingeholt haben. Die Todesnähe der Düsseldorfer Zeit, durch Schumanns tragisches Schicksal geprägt, bildete den Hintergrund für seine ersten Orchesterversuche. Schon 1858 beschäftigte den Fünfundzwanzigjährigen ein *Begräbnisgesang für Chor und Blasinstrumente*, dem alle lichten Farben, wie Geigen und Flöten, fehlen. Es ist ein fast archaisches Stück von tiefer Trauer. Auch in das romantische *Waldhorntrio* von 1865 weht ein Schatten: Im Gedenken an den Tod der Mutter entstand das schwermütige Adagio mesto. Er veranlaßte Johannes auch zur Wiederaufnahme der Arbeit am *Deutschen Requiem*. Die tiefernste *Motette* „Warum ist das Licht gegeben den Mühseligen“ wurde im zweiten Pörtschacher Sommer vollendet; Brahms hat, wie schon beim *Requiem*, die Texte der Bibel entnommen. Die bohrende Frage nach dem Sinn des Lebens und Sterbens beherrscht wesentliche Partien des Werkes. Elf Jahre später, in Thun, komponierte er die wohl melancholischsten seiner vierstimmigen Sololieder auf Texte von Franz Kugler. Man kann innere Zusammenhänge mit dem heiteren Schweizer Sommer nur erahnen – mehr nicht. Das erste Lied heißt *Sehnsucht* und endet, wie das zweite, *Nächtens*, in tiefer Resignation.

Gedanken menschlicher Klage und Trauer begleiten hintergründig noch manches andere Werk von Brahms, nicht nur gesungene Texte. Besonders spürbar wird es in einigen der späten Klavierstücke – *op. 117, op. 119 –*, diesen Monologen eines Einsamen.

Im Sommer 1894 beschäftigt er sich noch einmal mit seiner größten, zärtlichsten Liebe: deutschen Volksliedern. Den Gedanken, eine „Streitschrift" gegen die Erk-Böhmesche Riesensammlung zu schreiben, hatte er glücklicherweise aufgegeben. Er veröffentlichte nun selber *49 Deutsche Volkslieder mit Klavierbegleitung,* die er für die schönsten hielt: „Bis auf wenige, die ich vom Rhein mitbrachte, stehen sie alle in Nicolai und Zuccalmaglio." Gerade letzterer galt der Musikwissenschaft als unzuverlässig. Doch das Entscheidende der Brahmsschen Sammlung liegt nicht in der Echtheit einzelner Lieder. Es wird von seiner Satzweise und der einfühlsamen und dabei einfachen Begleitung bestimmt, mit denen er die schönen (oder weniger schönen) Melodien auffängt und in eine Atmosphäre jenseits aller Konzertsäle versetzt. Letzten Endes sind es Volkslieder von Johannes Brahms. An Clara, die große Freude an den Liedern hatte, schrieb er: „Ist Dir wohl aufgefallen, daß das letzte Lied in meinem *op. 1* vorkommt? (Verstohlen geht der Mond auf)…Es sollte eigentlich etwas sagen, es sollte die Schlange vorstellen, die sich in den Schwanz beißt, also symbolisch sagen: Die Geschichte sei nun aus, der Kreis geschlossen.

Aber ich weiß, was gute Vorsätze sind, und denk sie nur, sage sie mir nie laut. Mit dem 60. nun wäre höchste Zeit, aufzuhören – auch ohne besonderen Grund!! Jedenfalls aber mache ich mir selbst nächstens ein Pläsier. Ich erwarte den Besuch des Klarinettisten Mühlfeld und werde zwei Sonaten mit ihm probieren. Es ist also möglich, daß wir Deinen Geburtstag musikalisch begehen (ich sage nicht: feiern!). Ich wollte, Du wärest dabei, denn er bläst sehr schön."

Das geschah dann in Berchtesgaden, vor einem kleinen Kreis von Freunden und Kennern. Die *f-Moll-Sonate* ist virtuoser, solistischer angelegt als die zweite in *Es-Dur*. Diese besticht durch ihre knappe Form und entwickelt, besonders im Trio des Scherzos und den Variationen des Finalsatzes, jene liedhafte Schlichtheit, die die schönsten Werke des Brahmsschen Altersstils auszeichnet.

Im folgenden Jahr wurden Brahms zahlreiche Beweise hoher persönlicher

Verehrung zuteil, Konzerte mit seinen Werken brachten ihm, besonders wenn er selber dirigierte, überwältigende Ovationen des Publikums. Eine Woche hindurch wurde er in Leipzig „als größter Komponist der Epoche" gefeiert. Er konnte im *Gewandhaus* ein Experiment wagen, das der junge Pianist des Abends ihm vorgeschlagen hatte. Dieser spielte seine beiden *Klavierkonzerte*, und Brahms dirigierte. Wahre Stürme der Begeisterung wurden im Publikum entfesselt; der geniale Pianist hieß Eugen d'Albert.

Im März 1895, zum 25jährigen Bestehen des Musikvereinsgebäudes, dirigierte Brahms das gut vorbereitete Schülerorchester des Instituts; die *Akademische Fest-Ouvertüre* erklang. Kalbeck saß neben der Orgel und konnte von dort, wahrscheinlich zum ersten und einzigen Mal, Brahms während der Aufführung ins Gesicht sehen.

„Er war mit ganzer Seele bei der Sache, und das Feuer seines Pathos riß die begeisterte Jugend vollends hin. Trotzdem machte er den Eindruck, als ob er unter den Dämonen, die sein Taktstock heraufbeschwor, zu leiden habe, als ob er erst mit ihnen ringen müsse, ehe er sie beherrsche. Immer wieder drückte er die geballte Linke aufs Herz, als ob es ihn schmerze, und gebrauchte sie dann wieder, um anzutreiben oder zu kalmieren. Sie hatte bei ihm eigentlich mehr zu sagen als die Rechte, weil das Wenige, das sie sagte, von entscheidender Bedeutung war. Er trug weder Pincenez noch Brille. Seine Augen bekamen einen eigenen, fremdartigen, starren Glanz, als sähe eine manchmal bis zum Entsetzen gesteigerte Angst aus ihnen heraus. Jeder Forteschlag erschütterte seinen stämmigen Körper, und die grauen Haarsträhnen flogen um sein Haupt."

Brahms galt als ruhiger, energischer, alle Äußerlichkeiten meidender Dirigent. Doch wer, außer Kalbeck, hat ihm je dabei ins Gesicht geschaut? Die jungen Orchestermitglieder werden sich mit seinen Noten, nicht mit seinem Gesichtsausdruck beschäftigt haben. Doch Kalbecks Schilderung ist ein Dokument, an dem man nicht vorübergehen kann.

Im Mai dieses Jahres wurde Brahms von Kaiser Franz Joseph als erster Musiker mit dem *Großen goldenen Ehrenzeichen für Kunst und Wissenschaft* ausgezeichnet. Bei seiner Liebe zu Österreich und seiner reichen musikalischen Kultur wird er sich darüber besonders gefreut haben. Im Kreis der Freunde tauchte damals ein Vers über die „Halskragenscheu" des Meisters auf, er heißt:

Nun hat er doch was um den Hals zu tragen,
es ist aber leider wieder kein Kragen!

(Brahms bevorzugte Jägerhemden ohne solchen.)

Im Herbst wurde in Meiningen ein dreitägiges Musikfest gefeiert, das Fritz Steinbach „den drei großen B", Bach, Beethoven und Brahms, gewidmet hatte. Hier nahm Brahms als Zuhörer teil und wurde ebenfalls begeistert gefeiert. Drei Wochen später begann das *Züricher Musikfest*, das Brahms mit seinem *Triumphlied* eröffnete. Wie in Leipzig und Meiningen erlebte er auch hier stürmische Huldigungen, und wenn er beim Dirigieren einen Blick auf die Deckenmalerei der Neuen Tonhalle warf, konnte er dort sein Bild sehen, das zu den großen Meistern erhoben worden war: Brahms zwischen Bach und Haydn, Mozart und Beethoven.

Von Meiningen aus hatte er für 24 Stunden Clara in Frankfurt besucht. Holländische Freunde, die den Meininger Triumph miterlebt hatten, waren dabei; Antonie Kufferath sang aus seinen Volksliedern, und Brahms begleitete sie. Am nächsten Morgen bat er Clara, ihm etwas vorzuspielen. Sie wählte eine Bachsche Orgelfuge und zwei Stücke aus Brahms' *op. 118*. Eugenie beschreibt, wie sie die Freunde danach antraf: „Mama saß seitwärts an ihrem Schreibtisch, ihre Wangen waren sanft gerötet, und das Auge strahlte wie von innerem Licht. Brahms saß ihr gegenüber und sah weich und ergriffen aus. ‚Ihre Mutter hat mir ganz herrlich vorgespielt', sagte er."

Wenig später mußte er gehen. Johannes und Clara umarmten sich zum letztenmal. Ob Brahms mit dieser Ahnung von ihr schied? Ob ihn dabei der Gedanke an die *Vier ernsten Gesänge* beschäftigte, mitten in einer Zeit größter künstlerischer Erfolge?

Der Winter verlief erfreulich; Weihnachten verbrachte er wie seit Jahren bei Fellingers. Am 24. Dezember war das Zusammensein mit Menschen, die ihn lieb hatten und verstanden, das eigentlich Weihnachtliche für ihn. Maria Fellinger hatte, wie schon mehrmals, eine „Überraschung" vorbereitet. Vor seinem Gabentisch stand allerdings etwas Entsetzliches, offenbar ein Blumenständer! Es bedurfte guten Zuredens, ehe Brahms sich näher an das unsympathische Ding herantraute, um dann beim Auspacken erleichtert zu erkennen, daß es kein überflüssiger Luxusgegenstand, sondern etwas sehr Nützliches war: ein Klavierstuhl. Der Spaß war also ein voller Erfolg.

Am 26. März 1896 erlitt Clara Schumann einen leichten Schlaganfall. Joachim schrieb einen erschütterten Brief an Johannes, das Ende voraussehend. Er antwortete: „Erschrecken kann uns der Gedanke, sie zu verlieren, nicht mehr, nicht einmal mich Einsamen, dem gar zu wenig auf der Welt lebt. Und wenn sie von uns gegangen ist, wird nicht unser Gesicht vor Freude leuchten, wenn wir ihrer gedenken? Der herrlichen Frau, deren wir uns ein langes Leben hindurch haben erfreuen dürfen – sie immer mehr zu lieben und zu bewundern."

So etwas kann man schreiben, mannhaft, gefaßt. Aber kann man es leben? Clara ist ja ein Stück von ihm selber, ein Stück der eigenen Existenz. Auch die Mißverständnisse, die quälenden Auseinandersetzungen gehören dazu – die in nichts zusammenschmelzen, wenn er jetzt ihr Schicksal überdenkt und das seine. Wieviel Leid hat sie ertragen, wie viele Tode überleben müssen. Und warum wurde das alles dieser einen, einzigen Frau auferlegt, die ihr Leben lang anderen Menschen durch ihre Musik Trost geschenkt hatte? Er dachte auch an ihre Meinungsverschiedenheiten, an den bösen Brief, den sie ihm schrieb, nachdem er Schumanns 4. Symphonie in der frühesten Fassung hatte veröffentlichen lassen. Äußerlich war sie im Unrecht gewesen und sicherlich im Tonfall, in ihrer Heftigkeit. Aber im tiefsten Innern hatte sie recht gehabt. Das alles bewegte ihn sehr.

Angstvolle Wochen vergingen, alles war in der Schwebe. Marie Schumann hielt ihn auf dem laufenden. Er wagte nicht, Clara zu besuchen, er wagte auch nicht, ihr zu schreiben. Doch in ihm selber schrieb es, in Tönen. Er vollendete vor seinem Geburtstag die *Vier ernsten Gesänge*. Wie alle zum Komponieren ausgesuchten Texte waren auch diese in sein Quartheft eingetragen. Biblische Worte, sorgfältig ausgewählt. Der Gedanke an sie hatte ihn oft beschäftigt; Orchesterbegleitung war erwogen und verworfen worden. Nun waren es *Vier ernste Gesänge* für Baßstimme und Klavier, eine Art Solo-Kantate, wie es noch nie eine gegeben hatte.

Er kündigte Simrock „ein paar kleine Liederchen" an, die er sich zum Geburtstag geschrieben habe; er wolle sie Max Klinger widmen, dessen Vater gestorben sei. „Sie sind verflucht ernsthaft und dabei so gottlos, daß die Polizei sie verbieten könnte, wenn die Worte nicht alle in der Bibel stünden." Am 13. Mai sandte er Simrock „Die Schnadahüpfln vom 7. Mai", am 14. Mai reiste er nach Ischl.

Clara starb sanft am 20. Mai 1896, im 77. Lebensjahr. Die Trauernachricht, aus Wien nachgesandt, erreichte Brahms verspätet. Nach strapaziöser vierzigstündiger Reise betrat er den Bonner Friedhof, als der lange Zug der Trauergäste Claras Sarg zur letzten Ruhestätte begleitete. Johannes konnte ihr nur noch einige Hände Erde zum Abschied mitgeben. Die rheinischen Freunde nahmen ihn mit in den Hagerhof bei Bonn – zur Besinnung, wie sie sagten. Es waren liebe Freunde und gute Instrumentalisten, es sollte musiziert werden, lauter Werke, die in enger Beziehung zu Robert und Clara standen. Doch Brahms' Stimmung war zerrissen, er war physisch und psychisch erschöpft, oft den Tränen nahe. So wurden alle Gespräche in seiner Nähe vorsichtig, als belanglose Konversation geführt. Das war unerträglich. Er stand plötzlich auf und sagte mit seiner brüchigen Stimme: „Ach was, es ist doch alles eitel in dieser Welt; der einzige Mensch, den ich wirklich geliebt habe, den habe ich heute begraben! Gute Nacht, meine Herrschaften!" Dies hat Dr. Ophüls berichtet, der den schönen Band Brahmsscher Gesangstexte zusammenstellte.

Am nächsten Tag sang er den Freunden die *Vier ernsten Gesänge* vor, es war nicht viel mehr als ein heiseres Andeuten der Melodie. Beim 3. Gesang „O Tod, wie bitter bist du" liefen ihm die Tränen über das Gesicht. Der kleine Kreis der Freunde erlebte dieses Stück Urmusik als das Bekenntnis eines Mannes, der bereits dem Tod ins düstre Antlitz schaut.

Danach kehrte Brahms nach Ischl zurück und versuchte, seine gewohnte Lebensweise wieder aufzunehmen. Es gelang ihm nicht recht, er fühlte sich nicht wohl, und nach wenigen Wochen verfärbte sich sein Gesicht, und das Weiße im Auge wurde gelblich. Richard Heuberger war der einzige, der es wagte, ihn darauf anzusprechen und ihm zu raten, einen Arzt aufzusuchen. Er setzte tröstend hinzu, daß er selber einmal Gelbsucht gehabt habe und wieder ganz gesund geworden sei. Brahms war sichtlich betroffen. „Ich bin kein Hypochonder, beobachte mich gar nicht. Kein Mensch hat mir gesagt, daß er mich verändert findet. Ich danke Ihnen herzlich. Sie wissen, ich mag mit den Ärzten nichts zu tun haben, aber wenn es was Ernstliches ist, so heißt's dazu schauen. Aber es ist ärgerlich… die paar Jahre, die man noch zu leben hat… und zum Arzt gehen!" Es war neun Monate vor seinem Tod.

Die verschiedensten Spezialisten wurden zu Rate gezogen, Brahms wurde Karlsbader Wasser verordnet und im Herbst, da sein Zustand sich weiter ver-

Brahms' Kopf. Unvollendete Zeichnung von Olga von Miller zu Aichholz

schlechterte, eine Kur in Karlsbad. Dr. Fellinger, der ihn schon in Ischl aufgesucht hatte, begleitete ihn auch dorthin, und Brahms war ihm unendlich dankbar dafür. Auch andere Freunde kamen, und Karlsbader Bekannte halfen, seinen Aufenthalt so angenehm wie möglich zu machen. Die Ärzte hielten sein Leiden übereinstimmend für das gleiche, an dem sein Vater gestorben war: Leberkrebs.

Brahms hat Krankheit sein Leben lang als Makel angesehen, als etwas, das einem nicht passieren *durfte*. Schon seine starke Kurzsichtigkeit war ihm von früh an peinlich gewesen; nie trug er in der Öffentlichkeit Pincenez oder Brille. Auch jetzt setzte er zunächst alles daran, sich so wenig wie möglich anmerken zu lassen. Er magerte ab, sein Gesicht verfärbte sich stärker, nach einiger Zeit fiel ihm auch das Gehen schwer. Doch noch scherzte er, daß die Krankheit „seinen Rundbogenstil in Spitzbogenstil" verwandelt habe. Er hatte die Ärzte gebeten, ihm „nichts Unangenehmes" mitzuteilen und sprach selber von „einer kleinen bürgerlichen Gelbsucht". Wenn Brahms in der ersten Zeit noch auf Besserung gehofft hatte, so muß er sich später über seinen Zustand im klaren gewesen sein. Doch der Gedanke, von Freunden oder jedem beliebigen Fremden auf seine Krankheit angesprochen und bedauert zu werden, ließ ihn wieder einmal Schranken errichten, die nicht überschreitbar waren.

Jetzt erwiesen sich die herzlichen menschlichen Beziehungen, die er zu vielen Wiener Familien, vor allem zu Fellingers hatte, als segensreich. Soweit Schwäche und Ruhebedürfnis es zuließen, ist er in den letzten Monaten seines Lebens nie ganz allein gewesen. Die Freunde holten ihn zu Wagenfahrten in den Prater ab, sie luden ihn zu Mahlzeiten ein, solange er noch etwas vertrug, und brachten ihn, wenn er es wünschte, zu dieser oder jener Veranstaltung. Sein letzter Konzertbesuch fand am 7. März 1897 statt; Hans Richter dirigierte im Philharmonischen Konzert seine *4. Symphonie*. Der Komponist wohnte der Aufführung im Hintergrund der Direktionsloge bei. Nach jedem Satz brach überwältigender Beifall auf, Brahms mußte sich an der Logenbrüstung zeigen, ein entsetzlich veränderter, todkranker Brahms, der sich nur mühsam aufrecht hielt. Die Ovationen erreichten zum Schluß ein erschütterndes ungeheures Ausmaß, die Zuhörer begriffen, daß dies ein Abschied für immer war – und er selber wußte es auch.

Fellingers hatten mit dem behandelnden Arzt, Dr. Robert Brauer, vereinbart, Brahms zu sich zu nehmen, wenn er bettlägerig würde. Doch als der Zeitpunkt eintrat, mußte der Arzt ihnen mitteilen, daß der Kranke nicht mehr transportfähig sei. Brahms starb in seiner Wohnung, am 3. April 1897, gegen halb neun Uhr morgens. Frau Truxa, zu der er tiefes Vertrauen gefaßt hatte, war bei ihm. Das einzige Werk, das er nach Claras Tod und im Gedanken an sie noch vollendet hat, sind die *Choralvorspiele op. 122*. Er beschloß sie mit einer Phantasie über den Choral „O Welt, ich muß dich lassen".

Die Beerdigung wurde mit größtem Pomp und unter stärkster Beteiligung der Wiener Bevölkerung und vieler Trauergäste von außerhalb begangen. Das spanische Hofzeremoniell vermengte sich dabei mit den Prunkvorstellungen des wohlhabenden Bürgertums. Es war die Reverenz einer selbstbewußten Epoche, Johannes Brahms ganz fremd. Er hat sein Leben lang die Einfachheit geliebt. Doch sicher hätte es ihn gefreut, zu erfahren, daß in der Stunde seiner Beisetzung alle Flaggen im Hamburger Hafen auf Halbmast gesetzt wurden.

Nachwort

Dies sind Aufzeichnungen über einen Musiker, in denen weniger von seinen Werken gesprochen wird als von den Überlegungen, Widerständen und Erschütterungen, die zu ihrer Entstehung führten. In ihnen ist vorgebildet, was Brahms' Existenz so zwiespältig gemacht hat.

Unerbittlich von Anfang an war seine Kritik am eigenen Schaffen; sie wurde ergänzt durch die instinkthafte Fähigkeit, aus jeder, auch der ungünstigsten Lebenssituation, Positives für seine künstlerische Entwicklung zu ziehen. Daraus ergeben sich Hinweise auf einen erstaunlich modernen jungen Menschen. In seiner unbekümmerten Haltung den starren Autoritäten der Zeit gegenüber, im leidenschaftlichen Drang nach Selbständigkeit und Freiheit hat Brahms manches von dem vorausgenommen, was der heute jungen Generation selbstverständlich ist.

Doch Brahms war Musiker. Dieses Buch handelt von einem Menschen mit genialen Fähigkeiten und ungebändigten Kräften, der sich von früh an eigener strenger Zucht unterwarf. Er lernte es, Verzichte zu ertragen, stumm, wie es seiner Natur und den Forderungen der Gesellschaft entsprach. Bekenntnisse seiner innersten Welt legte Brahms nach den „Wertherjahren" nur noch in seiner Musik ab: „In meinen Tönen spreche ich." Wie gerne hätte er denen, die ihm nahestanden, ihre Inhalte deutlicher signalisiert! Er konnte es nicht – nicht mit Worten. Er vermochte nur anzudeuten und das Angedeutete erschrocken zurückzunehmen. Seine seelische Empfindsamkeit, sein derb zur Schau getragener Sarkasmus waren Schranken, nicht nur von ihm selber errichtet. Doch gibt es kaum einen großen Meister, bei dem Musik und persönliches Schicksal so untrennbar miteinander verbunden sind wie bei Brahms.

Die Werke, die er schuf, ihr nüchternes Pathos, ihre Leidenschaft und Zartheit, gerinnen zuweilen zu zeitloser Strenge; dann leuchtet, ihm immer bewußt, der große historische Hintergrund auf. Er suchte und fand ihn in der ganzen europäischen Musik, bei Palestrina und Johann Sebastian Bach, in den Vaterländern seiner Volkslieder, bei Mozart, den er bewunderte, und Beethoven, mit dem er rang. Er liebte Schubert und Schumann wie auch Dvořák und Johann Strauß, er akzeptierte vieles von Verdi und manches von Georges Bizet. Das Einmalige, das Unerhörte in Richard Wagners Lebenswerk hat Brahms schon früh erkannt, genauer, respektvoller als viele Wagnerianer.

Zuweilen, wenn wir ein Chorwerk von ihm hören, ein Lied, ein Kammermusikstück, dann ist es, als ob diese Musik die Gestalt ihres Schöpfers wie ein schützender Mantel umgibt. Der Mensch Johannes Brahms verbirgt sich darin vor den Menschen, die er liebte und floh, während seine Werke das ihm persönlich Unsagbare in einer musikalischen Sprache der Menschlichkeit und der Würde verkünden.

Lebensdaten

1833	Johannes Brahms wird am 7. Mai in Hamburg geboren. Vater: Johann Jakob Brahms, Musiker. Mutter: Christiane Nissen, 17 Jahre älter als der Ehemann. Johannes' Musikalität zeigt sich früh, vor allem im Klavierspiel.
1839	Schulbesuch.
1840	Klavierunterricht bei O. F. W. Cossel.
1843	Erstes öffentliches Auftreten. Ein Impresario will das „Wunderkind" nach Amerika bringen; Cossel verhindert es, und Johannes erhält Unterricht bei Eduard Marxsen.
1847	Abgang von der Realschule. Abendliches Aufspielen in Matrosenkneipen, daneben weitere Studien bei Marxsen.
1847/48	Sommeraufenthalte in Winsen an der Luhe, wo Johannes einen kleinen Chor leitet.
1849	Der ungarische Geiger Eduard Reményi kommt nach Hamburg. Mit ihm musiziert Johannes. Mit Theaterdienst und Klavierbearbeitungen beliebter Stücke für den Verleger August Cranz verdient er sich seinen Lebensunterhalt.
1853	Eine improvisierte Konzertreise führt Brahms und Reményi nach Hannover zu Joseph Joachim, der dort Konzertmeister und Kapellmeister ist. Bei Franz Liszt in Weimar trennt sich Brahms von Reményi. Freundschaft mit Joachim. Brahms unternimmt eine Rheinwanderung und kehrt bei Clara und Robert Schumann in Düsseldorf ein. Schumann empfiehlt ihn seinem Verlag Breitkopf & Härtel und veröffentlicht einen begeisterten Aufsatz über den noch unbekannten Brahms. Die ersten Sonaten und ein Liederheft erscheinen vor Weihnachten.
1854	Schumann stürzt sich am 26. Februar in den Rhein. Er wird gerettet und in die Heilanstalt Endenich bei Bonn gebracht. Brahms fährt zu Clara nach Düsseldorf, um ihr beizustehen. Seine künstlerische Produktion stockt fast ganz: Eine leidenschaftliche „Wertherliebe" zu Clara hat ihn erfaßt.
1855	Erstes Auftreten als Orchestersolist in Bremen und Hamburg.
1856	Am 29. Juli stirbt Robert Schumann. Clara siedelt nach Berlin über.
1857	Brahms nimmt eine Stellung als Chordirigent in Detmold an.
1858/59	Er arbeitet an neuen Kompositionen: zwei *Serenaden, Liedern, kleineren Chorwerken, Volkslieder-Bearbeitungen*. Bei einem Göttinger Besuch verliebt er sich in Agathe von Siebold; einer Verlobung mit ihr entzieht sich Brahms. Sein *1. Klavierkonzert d-Moll* fällt in Leipzig durch. Brahms gründet in Hamburg einen Frauenchor, der ihn zu verschiedenen Kompositionen anregt.
1859	Im April erstes eigenes Konzert in Hamburg nach zehn Jahren; mitwirkend Joseph Joachim und der Sänger Stockhausen. Das Spiel von Brahms, auch seine *Serenade op. 11* sind erfolgreich.

1860	Brahms setzt seinen Namen unter ein Manifest gegen die Neudeutschen, das ihm schadet.
1861	*Händel-Variationen* für Klavier, die ersten *Magelonen-Lieder* und die *Klavierquartette g-Moll* und *A-Dur* entstehen. Clara spielt unter seiner Leitung das *Klavierkonzert* in Hamburg.
1862	Reise nach Wien. Seine Konzerte finden dort starke Beachtung, doch hofft er im stillen auf ein Engagement als Dirigent der Philharmonischen Konzerte in Hamburg. Zu seiner Enttäuschung wird ihm der beliebte Sänger Stockhausen vorgezogen.
1863	Er wird Chormeister der *Wiener Singakademie*, legt die Leitung bereits ein Jahr später nieder.
1865	Tod der Mutter, Arbeit am *Deutschen Requiem* und am *Horntrio.*
1868	Uraufführung des zunächst sechsteiligen *Requiems* in Bremen, danach in vielen Musikstädten.
1869	Der *Magelonenzyklus* wird vollendet, die *Ungarischen Tänze* erscheinen bei Simrock, der bald sein wichtigster Verleger wird. Brahms hat überraschend hohe Einnahmen.
1871	Er begeistert sich für den Sieg von Sedan, die Kaiserkrönung in Versailles und komponiert das *Triumphlied op. 55*, das er Wilhelm I. widmet.
1872	Brahms wird Leiter des *Singvereins der Gesellschaft der Musikfreunde* und bezieht die Wohnung Karlsgasse 4, die er bis zum Tode innehat. Der Vater stirbt in Hamburg.
1873	Im Tutzinger Sommer vollendet Brahms die *Haydn-Variationen für Orchester*, die *Streichquartette c-Moll* und *a-Moll op 51*. Rücktritt von der Leitung des *Wiener Singvereins.*
1876	*1. Symphonie c-Moll op. 68* wird vollendet und in Karlsruhe uraufgeführt. Mannheim, München, Wien folgen. Das Werk findet starke Beachtung, doch unterschiedliche Beurteilung.
1877	Sommer in Pörtschach, hier entsteht die *2. Symphonie*, die schon am 30. 12. in Wien erfolgreich uraufgeführt wird.
1878	Im Frühjahr erste Italienreise mit dem berühmten Arzt und Musikkenner Billroth. Das *Violinkonzert D-Dur* entsteht und wird Joachim gewidmet.
1880	Brahms zum erstenmal in Ischl. Er komponiert zwei Ouvertüren, die *Akademische Festouvertüre* als Dank für den Breslauer Ehrendoktor.
1882	Das *2. Klavierkonzert B-Dur* entsteht und wird auf Hans von Bülows Aufforderung mit dem Meininger Orchester uraufgeführt.
1883	In Wiesbaden schreibt Brahms die *3. Symphonie*. Bei der Wiener Uraufführung lebhafte Proteste der Bruckner-Anhänger.
1884/85	In Mürzzuschlag entsteht im Sommer die *4. Symphonie*, deren erfolgreiche Uraufführung am 25. Oktober in Meiningen stattfindet.
1886–1888	In Hofstetten am Thuner See genießt Brahms die freundschaftliche Nähe des Schweizer Schriftstellers Widmann, seiner Familie und gemeinsamer Freunde. Er komponiert die *Violinsonaten op. 100* und *op. 108*, die *2. Cellosonate*, das *Doppelkonzert für Violine, Cello und Orchester* und wird zum Ehrenpräsidenten des Wiener *Tonkünstlervereins* gewählt.
1890	Von jetzt an ist Brahms jeden Sommer in Ischl. Hier schreibt er das *Streichquintett op. 111*, *Klarinettentrio* und *Klarinettenquintett*.

1893	Letzte (neunte) Italienreise mit Widmann und zwei Musikfreunden.
1895	Brahmsfestlichkeiten in Leipzig, Meiningen, Zürich. Er wird als „größter Komponist der Gegenwart" gefeiert.
1896	Vor seinem Geburtstag komponiert er die *Vier ernsten Gesänge op. 121*. Der Tod Clara Schumanns am 20. Mai erschüttert ihn tief. Im Sommer erkrankt er an Leberkrebs.
1897	Johannes Brahms stirbt am 3. April. Die Beisetzung auf dem Wiener Zentralfriedhof, nahe den Ehrengräbern von Beethoven und Schubert, findet unter größter Beteiligung der Wiener Bevölkerung und auswärtiger Kollegen und Freunde statt.

Werkverzeichnis

Die im Buch genannten Werke von Johannes Brahms

Bildnachweis

Autorin und Verlag danken dem Archiv für Kunst und Geschichte, Berlin, für die Abdruck-
rechte an den folgenden Abbildungen: Seiten 71, 90, 99, 108, 109, 110, 114, 127, 128 unten, 160,
165 unten, 183 oben, 183 unten, 186 oben, 221 oben, 239, 240, 242 und 255. Reinhard Friedrich:
Seite 166 unten. Alle übrigen Abbildungen wurden dem Archiv des Erika Klopp Verlages
entnommen.

Musikalische Formen, die Johannes Brahms häufig angewandt hat

Kanon
Eine musikalische Nachahmungsform (auch Radel, Singradel) mit zwei, drei oder auch vier Stimmen, die in gleicher Melodik und Tonlage aufeinander folgen und so eine harmonische, beliebig wiederholbare Mehrstimmigkeit ergeben (Beispiel: „Oh, wie wohl ist mir am Abend").

Komplizierte Kanonformen dagegen wechseln in den Folgestimmen die Tonlage bei gleicher Melodik oder bringen die Melodie in der Umkehrung, Spiegelung oder Rückläufigkeit (Beispiel: J. Brahms: „So lange Schönheit wird bestehen", Doppelkanon zu je 2 Stimmen in der Umkehrung. Nr. 6 aus *Dreizehn Kanons für 3–6 Frauenstimmen op. 113*).

Fuge (lat. fuga = Flucht)
Eine nach festen Regeln angelegte Form hauptsächlich der Instrumentalmusik, in der zwei bis zu sechs oder acht selbständige Stimmen mit dem gleichen Thema aufeinanderfolgen.

Die Fuge besteht aus mehreren Elementen:
Thema in Originalgestalt (gen. Dux = Führer),
Thema verändert in einer Nachbartonart (Comes = Begleiter),
Kontrapunkt (freie Begleitstimme zum Thema),
freie Zwischenspiele mit Überleitungscharakter zu weiteren sog. Durchführungen;
die erste Durchführung mit Thema, Kontrapunkt und verändertem Thema wird Exposition (Aufstellung) genannt. Die letzte Durchführung vor Schluß der Fuge bringt die Themen oft in der sog. Engführung (enge, dichte Themenfolge) oder auch mit Erweiterung des Themas (doppelte Notenwerte, also Verlangsamung, oder in der Kombination mit zwei Themen).

J.S. Bach hat die Vielfalt der Fugenform in seinem „Wohltemperierten Klavier" (1722/44) und der „Kunst der Fuge" (1750) zum Höhepunkt geführt.

Motette
Mehrstimmiges Chorwerk (seit ca. 1450) vorwiegend a cappella (d.h. ohne Instrumentalbegleitung), dem ein geistlicher Text (seit J.S. Bach auch ein Choral oder Lied) zugrunde liegt. Die Motette wird in der Form, Stimmführung und rhythmischen Behandlung vom Wort und dessen oft bildhafter Ausdeutung geprägt. Entsprechend werden auch im kürzeren oder längeren Ablauf der Motette nicht ständig alle Stimmen gleichzeitig eingesetzt. Nach wechselnd bewegtem, auch paarweise geführtem Zusammengehen von Ober-, Mittel- und Unterstimmen steht am Schluß meist die volle Mehrstimmigkeit.

Die Stimmbesetzung der Motette für gemischten Chor reicht von vier bis zu zehn oder zwölf Stimmen (auch doppelchörig); Motetten für gleiche Stimmen (z.B. Frauenchor) sind meist drei- oder vierstimmig.

Kantate (lat. cantare = singen)
Eine Folge von Chor- und konzertanten Solo- oder Duogesängen über frei zusammengestellte geistliche und weltliche Texte. Die Kantate wird instrumental begleitet (von Einzelinstrumenten bis zur Orchesterbesetzung).
Kantaten wurden häufig für einen bestimmten Anlaß geschrieben (z. B. Bachs Kantaten für die Sonntage des Kirchenjahres).

Passacaglia
Ursprünglich ein Tanz. Über einer vier- bis achttaktigen im $^3/_4$-Takt langsam schreitenden Baßmelodie, die ständig wiederholt wird, bewegen sich die Oberstimmen in phantasievollen entsprechenden Abwandlungen in der Art einer Kette von Variationen.
In zwei Orchesterwerken aus Brahms' Reifezeit entwickeln sich die letzten Sätze als Passacaglia: in den Variationen über ein Thema von J. Haydn op. 56 und in der Symphonie e-Moll op. 98.

Variationen (lat. variatio = Veränderung)
Ein gegebenes „Thema" wird in Wiederholungen abgewandelt, wobei es nahezu unbegrenzte Möglichkeiten der Veränderung gibt. Das Variationsprinzip ist eines der ältesten Elemente der Musik und erscheint in den Musikkulturen aller Völker, im wesentlichen in der musikalischen Improvisation. In der abendländischen Musik hat sich in langer historischer Entwicklung die klassische Variationsfolge herausgebildet: Ein oftmals liedhaftes Thema wird in einer Folge von charakteristischen Veränderungen verarbeitet, wobei die melodischen und harmonischen Bestandteile des Themas beibehalten werden. Variationsfolgen werden auch in Kompositionen wie z. B. Sonate oder Sinfonie als eigener Satz verwendet. Seit Beethoven löst sich die Variationsform von der bloßen Aneinanderreihung: Sie erhält einen in sich geschlossenen „dramatischen" Aufbau und wird zu einer sich aus dem Thema entwickelnden Formeinheit.

Sonatenform (lat. sonare = klingen)
Die musikalische Formenlehre bezeichnet damit im klassischen Sinn den Aufbau meist des I. Satzes einer Sonate (für Klavier, Violine u. a.), eines sonstigen Kammermusikwerkes oder der Sinfonie. Die Sonate erhält ihre innere Spannung durch die Gegensätzlichkeit zweier charakteristischer Themen, die im ersten Teil (Exposition) aufgestellt, im zweiten Teil (Durchführung) motivisch verarbeitet, in der Reprise wiederaufgenommen und dann zum Schluß (Coda) geführt werden.
   Das Schema der Sonate kann als allgemeine Hilfskonstruktion nur das dürre Gerüst einer jeweils unverwechselbaren persönlichen kompositorischen Schöpfung vermitteln.

Schema der Sonatenform
 I. Erstes Thema
   (Hauptthema in der Haupttonart)   Themenaufstellung
   Überleitung   (Exposition)
   Zweites Thema
   (Seitensatz in der Dominanttonart)
 II. Durchführung
   (motivische Verarbeitung der Themen,
   Aufzeigen von Bezügen und Gegensätzen)

III. Reprise
   (Wiederaufnahme von Teil I mit geringen Veränderungen, beide Themen in der Haupt-
   tonart)
IV. Coda (Schlußteil)

Lied
a) Strophenlied
Ein Gedicht, das aus einheitlichen Versabschnitten (Strophen) gebaut ist, trägt eine Melodie, die sich in jeder Strophe unverändert wiederholt (z. B. im Volkslied und Kirchenlied).

b) Variierte Strophenform
Darin ist nicht jede Liedstrophe mit der gleichen Melodie und Begleitung vertont, sondern kann auch zugunsten der tieferen Charakterisierung des Textes in rhythmischer und harmonischer Weise verändert werden.

c) Freie Liedgestaltung
Hier erscheint eine freiere Versform, das Element der Strophe tritt ganz zurück. Der Text wird durchkomponiert und vom Wortinhalt her musikalisch interpretiert. Dem nicht mehr nur begleitenden Klavierpart fällt in der stimmungshaften Ausdeutung eine wichtige und selbständige Rolle zu.

Literatur über Johannes Brahms, seine Werke, seine Freunde, seine Zeit

Avé-Lallement, Th. Fr. J., *Rückerinnerungen eines alten Musikers*, 1878

Balassa, O. v., *Die Brahmsfreundin O. Ebner und ihr Kreis*, 1933

Beckerath, Heinz von, *Erinnerungen an Brahms*, Sonderdruck i. Heimat, 27. Jahrg., Nov. 1958

Billroth, Theodor, *Wer ist musikalisch?* 1895

Conrat, Hugo, *Brahms wie ich ihn kannte*, Neue Musikzeitung, 24. Jahrg., Nr. 1

Crass, Eduard, *Johannes Brahms, Sein Leben in Bildern*, Leipzig 1957

Deiters, Hermann, *Erinnerungen*, Waldersee's Sammlung musikalischer Vorträge, 1880

Deutsch, O. E., *Musikalische Kuckuckseier und andere Wiener Geschichten*, 1973

Dietrich, Albert, *Erinnerungen an Brahms*, 1898

Door, Anton, *Persönliche Erinnerungen an Brahms*. Die Musik II, H. 15

Dückers, Alexander, *Max Klinger*, 1976

Ehrmann, Alfred von, *Johannes Brahms, Weg, Werk und Welt*, 1933

Ehrmann, Alfred von, *Johannes Brahms, Thematisches Verzeichnis seiner Werke*, 1933

Einstein, Alfred, *Die Romantik in der Musik*, 1930

Ernest, Gustav, *Johannes Brahms*, 1930

Fellinger, Imogen, *Über die Dynamik in der Musik von Johannes Brahms*, Berlin 1961

Fellinger, Marie, *Brahms-Bilder*, 1911

Fellinger, Richard, *Klänge um Brahms, Erinnerungen*, 1933

Furtwängler, Wilhelm, *Johannes Brahms, 2 Vorträge*, 1931 und 1934

Geiringer, Karl, *Johannes Brahms, sein Leben, sein Schaffen*, 1955, 1974

Graf, Max, *Legende einer Musikstadt*, 1952

Grasberger, Franz, *Johannes Brahms*, 1952

Grasberger, Franz, *Kostbarkeiten der Musik*, 1. Bd. Das Lied, 1968

Hanslick, Eduard, *Geschichte des Konzertwesens in Wien*, 1869

Heuberger, Richard, *Erinnerungen an Johannes Brahms*, 1897

Hofmann, Kurt, *Die Bibliothek von Brahms*, 1974

Huebbe, W., *Brahms in Hamburg*, 1902

Huschke, Konrad, *Frauen um Brahms*, 1936

Jenner, Gustav, *Johannes Brahms als Mensch, Lehrer und Künstler*, 1905

Kalbeck, Max, *Johannes Brahms*, Bd. I–IV, 1904–14

Kralik, Heinrich, *Das Buch der Musikfreunde*, 1951

Krebs, Karl, *Des jungen Kreislers Schatzkästlein*, 1909

Leyen, Rudolf von der, *Brahms als Mensch und Freund*, 1905

Litterscheid, Richard, *Johannes Brahms in seinen Schriften und Briefen*, 1943

Litzmann, Berthold, *Clara Schumann, ein Künstlerleben*, 3 Bände, 1903–1920

May, Florence, *Johannes Brahms*, 1911, 1925

Michelmann, Emil, *Agathe von Siebold, Brahms' Jugendliebe*, 1929

Miessner, Dr. Heinrich, *Klaus Groth und die Musik*, 1933

Miller zu Aichholz, Viktor, *Ein Brahms-Bilderbuch,* 1905
Müller von Asow, Erich H., *Johannes Brahms und Mathilde Wesendonck,* 1943
Neunzig, Hans A., *Brahms, der Komponist des deutschen Bürgertums,* 1976
Niemann, Walter, *Brahms,* 1920
Ophüls, Dr. G., *Brahms-Texte,* 1897
Ophüls, Dr. G., *Erinnerungen an Johannes Brahms,* 1921
Orel, Alfred, *Brahms, ein Meister und sein Weg,* 1948
Rehberg, Walter und Paula, *Johannes Brahms, sein Leben und Werk,* 1947
Reimann, Heinrich, *Johannes Brahms,* 1903
Schmid, Max, *Klinger,* 1901
Schönberg, Arnold, *Brahms, der Fortschrittliche,* Gesammelte Schriften, Bd. 1 *Stil und Gedanke/Aufsätze zur Musik,* 1976
Schramm, Willi, *Johannes Brahms in Detmold,* 1933
Stephenson, Kurt, *Johannes Brahms in seiner Familie,* 1973
Stephenson, Kurt, *Johannes Brahms und die Familie von Beckerath,* 1979
Studt, B., und Olsen, Hans, *Kurzgefaßte Geschichte der Stadt Hamburg,* 1964
Thomas-San Galli, Wolfgang A., *Johannes Brahms,* 1912
Widmann, I. V., *Johannes Brahms in Erinnerungen,* 1898
Widmann, I. V., *Sizilien und andere Gegenden Italiens, Reisen mit Johannes Brahms,* 1912
Wirth, Julia, *Julius Stockhausen,* 1927
Ziak, Karl, *Unvergängliches Wien. Ein Gang durch die Geschichte von der Urzeit bis zur Gegenwart,* 1964

Briefbände
16 Bände, herausgegeben von der Deutschen Brahmsgesellschaft m.b.H., Berlin, zwischen 1907 und 1922
Bd. 1, 2: *Briefwechsel mit Heinrich und Elisabeth von Herzogenberg*
Bd. 3: *Briefwechsel mit Reinthaler, Bruch, Deiters, Heimsoeth, Reinicke, Rudorff, Bernhard und Luise Scholz.*
Bd. 4: *Briefwechsel mit Julius Otto Grimm, R. Barth*
Bd. 5, 6: *Briefwechsel mit Joseph Joachim*
Bd. 7: *Briefwechsel mit Levi, Gernsheim, Hecht und Fellingers*
Bd. 8: *Briefwechsel mit Widmann, Ellen und Ferdinand Vetter, Schubring*
Bd. 9–12: *Briefwechsel mit Fritz Simrock*
Bd. 13: *Briefwechsel mit Engelmanns, L. Roentgen*
Bd. 14: *Briefwechsel mit Breitkopf & Härtel, Senff, Rieter-Biedermann, Peters, Fritzsch, Lienau*
Bd. 15: *Briefwechsel mit Franz Wüllner, E. Wolff*
Bd. 16: *Briefwechsel mit Spitta und von Dessoff*
ferner:
Billroth, Otto Gottlieb, *Brahms und Billroth,* 1935
Breitner, Alois, *Billroth im Briefwechsel mit Brahms,* 1964
Bülow, Marie von, *Hans von Bülow, Briefe,* Volksausgabe 1919
Litzmann, Berthold, *Clara Schumann-Johannes Brahms,* 2. Bd., 1927
Müller von Asow, E. W., *Briefwechsel mit Mathilde Wesendonk,* 1943
Orel, Alfred, *Johannes Brahms und Julius Allgeyer,* 1964
Pauls, Volquart, *Briefe der Freundschaft, Brahms–Klaus Groth,* 1964
Stephenson, Kurt, *Johannes Brahms und Fritz Simrock, Weg einer Freundschaft,* 1961

Zeitschriften, Sammelbände mit Aufsätzen verschiedener Autoren:
Veröffentlichungen der Brahms-Gesellschaft Hamburg e.V.
Brahms-Studien Bd. 1, 1974, Bd. 2, 1977, Bd. 3, 1979
Geschichte der K. K. Gesellschaft der Musikfreunde in Wien
Gießener Beiträge zur Kunstgeschichte, Bd. V, 1980
Musikblätter des Anbruch, 3. Jahrgang, Nr. 13/14

Honorare und Geldwerte

Abkürzungen:

Friedrichsdors	= Fds	Reichstaler	= R
Louisdors	= Lds	Neugroschen	= Ngr
Napoleondors	= Nds	Mark	= M.
Franken	= frs		

op. 1   Sonate C-Dur für das Pianoforte, Breitkopf & Härtel, 1853. Honorar 10 Lds = 162 M. Preis: 1 R 10 Ngr = 4 M.

op. 3   6 Gesänge für eine Tenor- oder Sopranstimme mit Pianofortebegleitung, Breitkopf & Härtel 1853. Honorar 6 Lds = 97,20 M. Preis: 20 Ngr = 2 M.

op. 8   Trio Nr. 1 H-Dur für Pianoforte, Violine und Violoncello, Breitkopf & Härtel. Honorar 12 Lds = 194,40 M. Preis: 1 R, 10 Ngr = 4 M.

op. 15   Konzert Nr. 1 d-Moll für das Pianoforte mit Begleitung des Orchesters, Rieter-Biedermann, Honorar 10 Fds = 170 M.; vierhänd.: 40 Taler = 120 M. f. 2 Klav.: 30 Fds = 510 M. Insgesamt 800 M.

op. 24   Variationen und Fuge über ein Thema von Händel für das Pianoforte, Breitkopf & Härtel, 1862. Honorar 10 Fds = 170 M. Preis: 1 R 5 Ngr = 3,50 M.

op. 33   15 Romanzen aus Tieck's Magelone für eine Singstimme und Klavier, 1865 und 1869, Rieter-Biedermann. Heft 1 u. 2: Honorar 16 Nds = 259,20 M; Heft 3–5: Honorar 48 Nds = 777,60 M. Insgesamt 1036,80 M. Preis: je Heft 3 M.

op. 39   Walzer für das Pianoforte, Rieter-Biedermann, 1867. Honorar vierhänd.: 20 Fds = 340 M; zweihänd.: 20 Nds = 324 M. (erleichtert): 20 Nds = 324 M. Insgesamt 988 M. Preis: vierhänd.: 1 R 15 Ngr = 4,50 M.

op. 46   Vier Gesänge mit Begleitung des Pianoforte, N. Simrock, 1868. Honorar 20 Fds = 340 M. Preis: 2,50 M.

Ungarische Tänze, Simrock, 1869: Heft 1 und 2: Honorar 80 Fds = 1360 M.; zweihänd. 80 Fds = 1360 M.; 3 Nummern für Orchester, 1872: 2000 Taler = 6000 M. Insgesamt 8720 M. Preis original je Heft 4,50 M.

op. 51   Zwei Streichquartette für 2 Violinen, Bratsche und Violoncello, Simrock, 1873. Honorar je 500–1000 Taler = 3000 M.; dazu für das Verkaufsrecht Simrocks in Frankreich 532 Taler = 1596 M; vierhänd.: je 30 Fds – 60 Fds = 1020 M. Insgesamt 5616 M.

op. 53   Rhapsodie, Fragment aus Goethes Harzreise im Winter, für eine Altstimme, Männerchor und Orchester, Simrock, 1870. Honorar einschl. Klavierauszug 40 Fds = 680 M.

op. 68   Symphonie Nr. 1 für großes Orchester, Simrock, 1877. Honorar einschl. vierhänd.: 5000 Taler = 15 000 M.

op. 77 Konzert D-Dur für Violine mit Begleitung des Orchesters, Simrock, 1879. Honorar einschl. Arr. m. Klav. 3000 Taler = 9000 M.

op. 83 2. Konzert B-Dur für das Pianoforte mit Begleitung des Orchesters, Simrock, 1882. Honorar vermutlich einschl. Arr. f. 2 Klav. 9000 M.

op. 90 3. Symphonie F-Dur für großes Orchester, Simrock, 1884. Honorar einschl. Arr. f. 2 Klav. 5000 Taler = 15 000 M.

op. 100 2. Sonate A-Dur für Pianoforte und Violine, Simrock, 1887. Honorar 1000 Taler = 3000 M.

op. 103 Zigeunerlieder, Simrock, 1888. Honorar (wie Liebeslieder) 2000 Taler = 6000 M.
49 Volkslieder, Simrock, 1894. 7 Hefte, Honorar 5000 Taler = 15 000 M. Preis: Heft 1–6 je 4 M., Heft 7 Part. 4 M., Chorstimme je 50 Pfg.

Zum Vergleich:

Brahms erhielt für seine Tätigkeit am Detmolder Hof vom 1. Oktober bis 31. Dezember jeweils 566 Reichstaler, also etwa 1698 Mark. Er hatte dafür den privaten Chor im Schloß zu leiten, die Schwester des Fürsten, Prinzessin Friederike, zu unterrichten sowie bei zahlreichen Veranstaltungen des Hofes mitzuwirken. Von dem für ein Vierteljahr berechneten Honorar konnte er, bei bescheidenen Ansprüchen, ein Jahr lang leben. Klavierstunden, die er in adligen Detmolder Familien gab, erbrachten pro Stunde zwei Reichstaler, also 6 Mark. Drei Jahre hintereinander, von 1857–59, hat er die Detmolder Stellung eingenommen.

1862 verlangte Brahms für ein Engagement in Oldenburg als Pianist 15 Louisdors, das waren 243 Mark. Er schrieb seinem Freund Albert Dietrich darüber: „Das Geld ist mir recht nötig, pro secundo ist mir meine Zeit kostbar und lasse mich ungern zu Konzerten verlocken; wenn aber, so muß *das* auch sein."

Für das *Deutsche Requiem* erhielt Brahms 1868 110 Napoleondors; er schrieb dem Verleger Rieter-Biedermann: „Recht sehr möchte ich bitten, mir leibhaftige Napoleons zu schicken. Ehrensold muß Gold sein, nicht Papier."

Um die Mitte des 19. Jahrhunderts betrugen die Lebensmittelkosten eines 5-Personen-Haushaltes wöchentlich etwa 3 1/2 Taler (10,50 Mark).
Wohnungsmiete: 21 Silbergroschen, 8 Pfennig.
3 1/2 Pfd. Fleisch: 12 Silbergroschen, 3 Pfennig.
Bier: 1 1/2 Silbergroschen.
Schulgeld: 4 Silbergroschen.
(Diese Angaben aus „Auf Heller und Pfennig" von Herbert Rittmann, Battenberg Verlag, 1976)

Inhalt

dtv junior Bücher für Musikfreunde

dtv junior 7936

dtv junior 70011

dtv junior 7700

dtv junior 7946

dtv junior 7974

dtv junior 7975